大众体育系列

围棋

刘桂萍◎编

合肥工業大學出版社
HEFEI UNIVERSITY OF TECHNOLOGY PRESS

图书在版编目（CIP）数据

围棋/刘桂萍编．—合肥：合肥工业大学出版社，2016.7
（大众体育系列）
ISBN 978－7－5650－2881－6

Ⅰ.①围…　Ⅱ.①刘…　Ⅲ.①围棋－青少年读物　Ⅳ.①G891.3－49

中国版本图书馆 CIP 数据核字（2016）第 164462 号

围　棋

刘桂萍　编　　　　责任编辑　汤礼广　张明辉

出　版	合肥工业大学出版社	版　次	2016 年 7 月第 1 版
地　址	合肥市屯溪路 193 号	印　次	2017 年 1 月第 1 次印刷
邮　编	230009	开　本	710 毫米×1000 毫米　1/16
电　话	总　编　室：0551－62903038	印　张	13
	市场营销部：0551－62903198	字　数	240 千字
网　址	www.hfutpress.com.cn	印　刷	三河市燕春印务有限公司
E-mail	hfutpress@163.com	发　行	全国新华书店

ISBN 978－7－5650－2881－6　　　　定价：28.80 元

如果有影响阅读的印装质量问题，请与出版社市场营销部联系调换。

前　言

围棋起源于中国，是我国优秀的传统文化遗产之一，有两千多年的悠久历史，早在春秋时期就已经非常普及，到了隋唐时期，已经非常兴盛，并开始流传到国外。

围棋的规则十分简单，却有十分广阔的空间可以落子，这使得围棋成为变化最多、最复杂的一种棋类运动，这也是围棋的魅力所在。

围棋对开发人的大脑智力很有帮助，它可以增强一个人的计算能力、记忆能力、创新能力、思维能力、判断能力，也能提高人对注意力的控制。

围棋对青少年的成长有很大的益处。围棋学习的过程，就是让一个孩子主动发展自己能力的过程。围棋集知识性、趣味性、竞争性为一体，可以吸引孩子全身心投入，能极大地提高孩子的思维能力，促进孩子大脑的健康发育。随着各地围棋活动的日益发展，无论是专业棋手的数量和水平，还是业余围棋爱好者的数量和热情，都得到了极大的提高。事实证明，广泛地开展群众性的围棋活动，不仅可以丰富广大人民群众的业余文化生活，而且对启发青少年的智慧、锻炼思维能力、培养顽强的意志都有十分重要的意义。

为了满足围棋初学者的需要，普及围棋活动，本书深入浅出地介绍了围棋的基本知识和基本战术，对于初学者了解围棋的基本常识、掌握围棋基本的作战手段，进而在以后进一步提高自己的围棋水平是非常有帮助的。

目　录

第一章 围棋简介

围棋的起源

围棋起源于中国，至今已有2000多年历史，是中国传统文化中一颗具有独特风采的明珠。传说围棋是舜帝或尧帝发明的，他们是因为自己的儿子不聪明，用围棋来启发儿子的智慧。

从文字记载上看，在春秋战国时代有好几本著作提到了它，而且已经出现有名的棋手，他的名字叫“弈秋”，说明那时围棋已经相当普及了。

最早的围棋盘是纵横各9道或11道。出土文物中见到了13道围棋盘图形，三国魏晋时代的围棋盘是纵横17道，到唐朝已经发展到纵横19道了。

古时最常见的棋盘是楸木做的，因为楸木的纹理细致，因而围棋盘又叫“纹枰”或“楸枰”。

围棋的别名很多，现在常说的有“烂柯”、“手谈”和“黑白世界”等等。有一个传说，晋朝时有一个叫王质的樵夫，一天进山去砍柴，看见两个小孩在下围棋，他过去站在一旁观阵，看得入了迷，忘了砍柴。后经下棋的孩子提醒，他惊奇地发现斧子的柄已经烂了。他急忙回到村里，村里的人已经都不认识他了，跟他同龄的人都已去世，原来已经100多年过去了。他这才知道那两个下围棋的孩子是神仙。因此，围棋有了“烂柯”的别名。“柯”就指的是斧柄。

神仙也爱下围棋，可见围棋多么高雅，多么迷人。我国从秦汉以来，历代的帝王将相、文人学士、宫女贵妇，爱下围棋的很多。汉朝有名的史学家班固，称围棋是一种最纯正又最优美的文体活动。由于围棋像打仗，早有“围棋法于用兵”的说法，所以有关大将元帅下围棋的故事特别多。至于古来的诗词歌曲中吟咏围棋的就太多了。传奇、杂剧和小说中几乎没有不涉及围棋的。

围棋可以说是科学与艺术相结合的一门独特的技艺。它下起来变幻莫测，奇趣妙味无穷，具有迷人的魅力。

围棋的棋具

一、棋盘

如图 1－1 所示，棋盘由纵横各 19 条线交叉组成，棋子就是下在这些线与线的交叉点上，而不是将棋子下到方格内。交叉点共有 19×19 即 361 个（以下简称为点）。

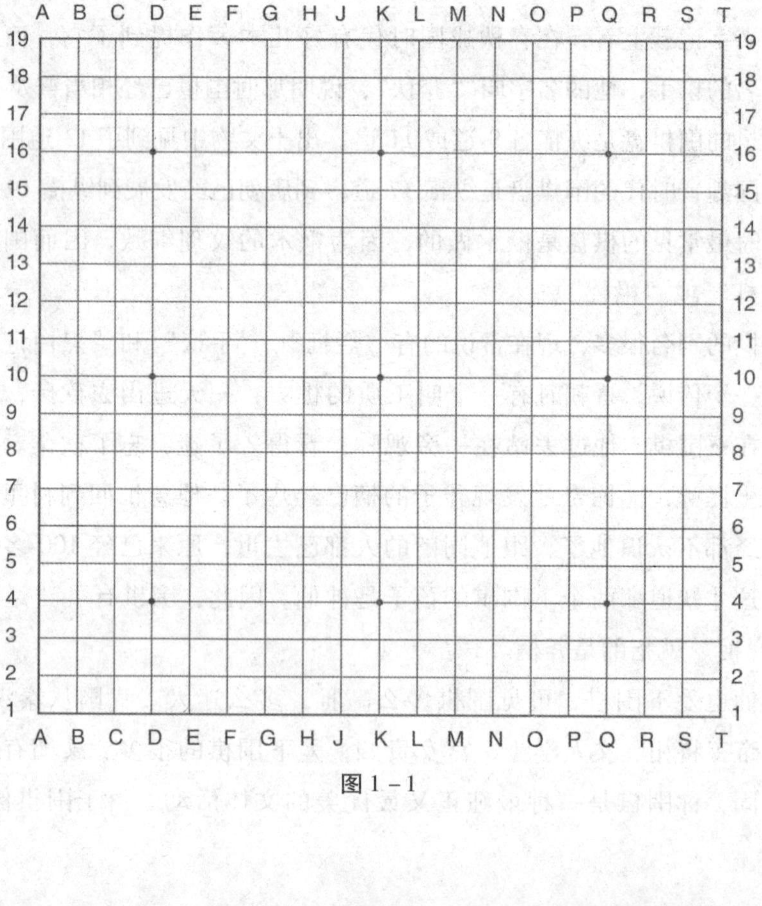

图 1－1

棋盘面上有九个黑点，叫作“星”。中央的星叫作“天元”。星的作用就是便于确定盘上交叉点的位置。

另外，盘面通常被分为三个部分，即称为“角”“边”和“中央”。到哪条线为止叫“边”，从哪里开始称为“中央”，并没有明确的界线，这只是大体的分法。

二、棋子

棋子分黑子和白子两种，对弈者双方各持一色棋子，棋子一般每色有180个左右，黑白两色为一副。

棋子有各种质地，常用的有玻璃、塑料、石料等。其中，一般认为云子是最好的围棋棋子。

围棋的基本规则

一、下子

两人对局，各拿一色棋，黑方先走第一着，然后白方走第二着（让子棋则白先黑后），每人每次下一子，轮流交替，直至终局。

棋子应当下在棋盘的交叉点上，而不能下在方格中。

下子后，不得拿回（所谓“悔棋”），也不许挪动。

二、棋子的“气”

什么是“气”呢？

棋子上下左右紧连的交叉点，是“气”。如图1-2，“×”号各点，就是棋子的“气”的位置：在角上的棋子有两口“气”；在边上的棋子有三口“气”；在中间的棋子有四口“气”（图中“▲”的位置，都不是它们的“气”）。

一个棋子或许多棋子被对方紧紧包围，它的“气”全被堵住，根据规则，应当立即把它从棋盘上拿掉，术语叫“提”。

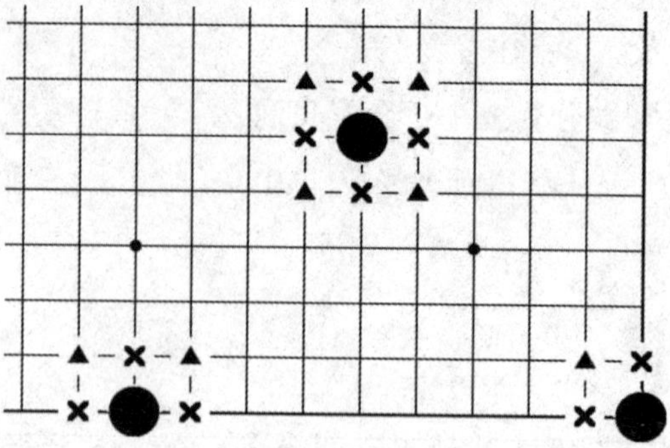

图 1 – 2

图 1 – 3 的 A 部分，是中腹四个黑子围住一个白子的形状；B 部分则是提掉一个白子之后的形状。

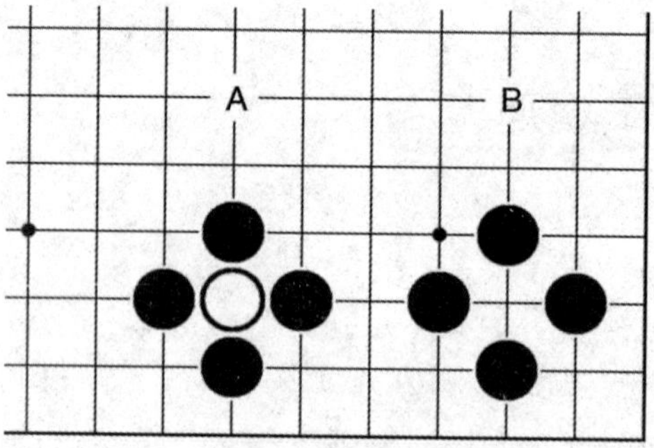

图 1 – 3

图 1 – 4 的 A 部分，是边上三个黑子围住一个白子的形状；B 部分则是提掉一个白子之后的形状。

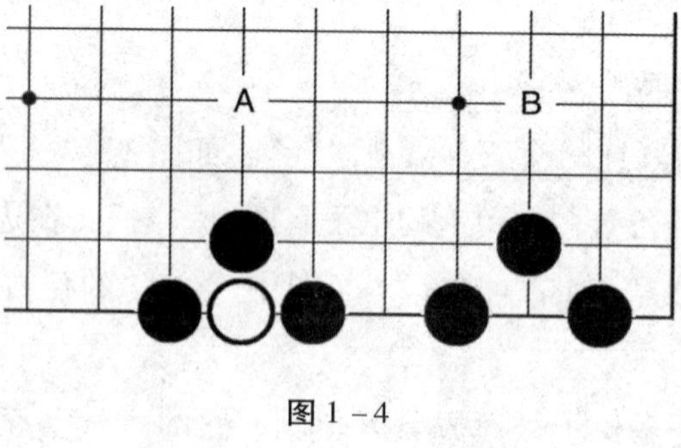

图 1 – 4

图 1－5 的 A 部分，是角上两个黑子围住一个白子的形状；B 部分则是提掉一个白子之后的形状。

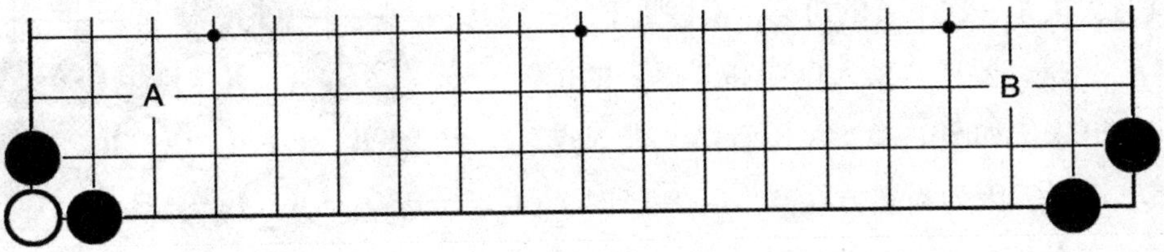

图 1－5

图 1－6 的 A 部分，是一群黑子被白子紧紧围住；B 部分则是提掉黑子之后的形状。

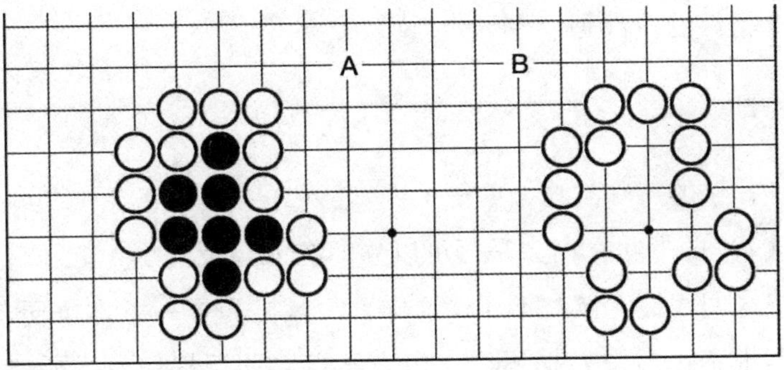

图 1－6

三、禁入点

“禁入点”是禁止对方下子的地方。

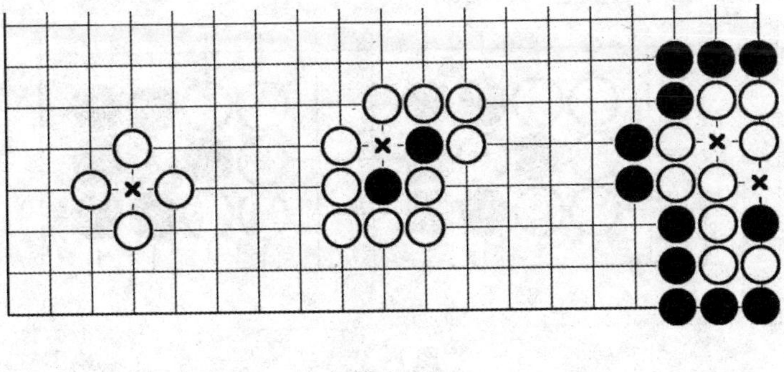

图 1－7

图1－7的三个类型的×位，都是“禁入点”，也就是说，黑方是不准在×位下子的。如果在此处下子，就立即被拿掉，并且失去了一次下子的机会，不许重下。

但是，要把“禁入点”和“提”的位置区别开来。如图1－8，A位看似“禁入点”，其实不是，因为当黑方在A位下一子时，白棋的三个子先现出无“气”状态，立即被提掉。而下在B位白方不能提掉黑方，那么，B位就成为黑方的禁入点了。

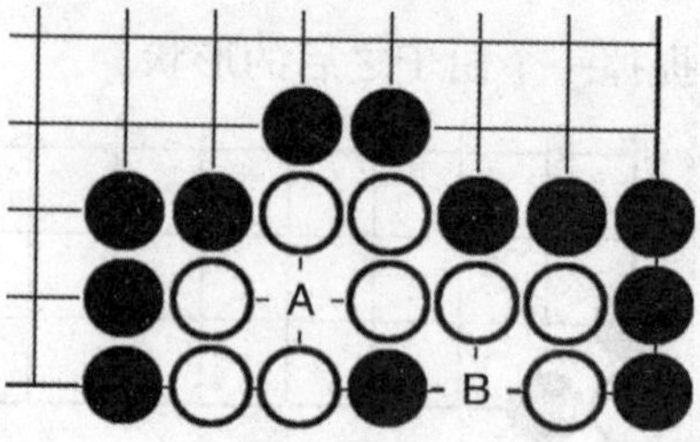

图1－8

由此可见，所谓“禁入点”，必须同时具备两个条件：（一）下子后，立即出现自己无“气”的状态；（二）又不能立即提掉对方的棋子。凡同时具备这两个条件的，都是“禁入点”。

四、打劫

有一种提子的特殊类型，如图1－9之（1），黑方于黑1位提掉白方一子，变成（2）的形状；白方是否可以立即在A位反提黑1之子呢？如果许可，那必将来回互提，彼此不让，这样，一盘棋为了一子之争便不能进展。所以，规则规定：当黑方提子后，白方不得立即反提；白方如要反提，必须先“寻劫”，就是要在别处下一着，造成对黑方一定的威胁，使黑方必须应付一子（术语叫“应劫”），然后白方才能反提。这种一方提子和对方在经过“寻劫”、“应劫”之后的回提，术语叫“打劫”。如果白方“寻劫”时，黑方认为那个劫材不太重要，也可以不应，而在A位填上一子，不再和白方“打劫”了，这就叫“粘劫”。

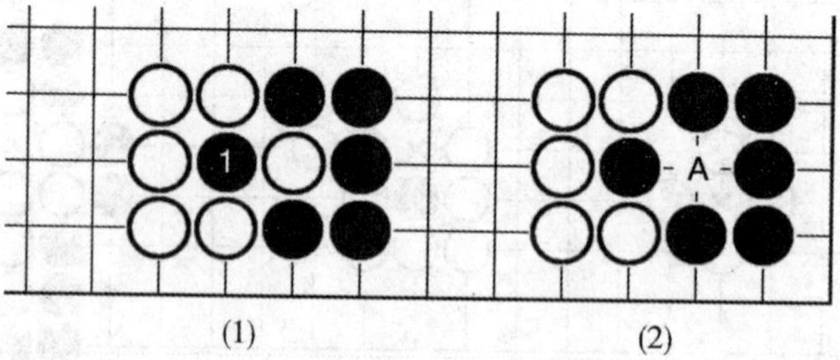

(1)　(2)

图1－9

有一种类型，很容易和“打劫”混淆。如图 1－10 之（1），黑方于 A 位提掉两个白子，变成（2）的形状，白方却可立即在 B 位回提一子。这不是“打劫”，术语叫“打二还一”。还有“打三还一”，“打四还一”，以此类推。

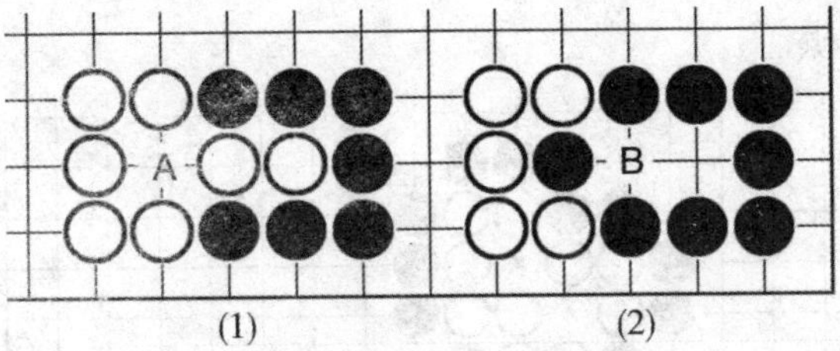

图 1－10

五、活棋和死棋

下围棋，必须弄清“死”“活”问题。要认清什么是活棋，什么是死棋，首先要有“眼”的概念。

什么是“眼”呢？几个子围住一个交叉点，那个交叉点就叫“眼”。图 1－11 中三个类型的×位，都是黑棋的“眼”。

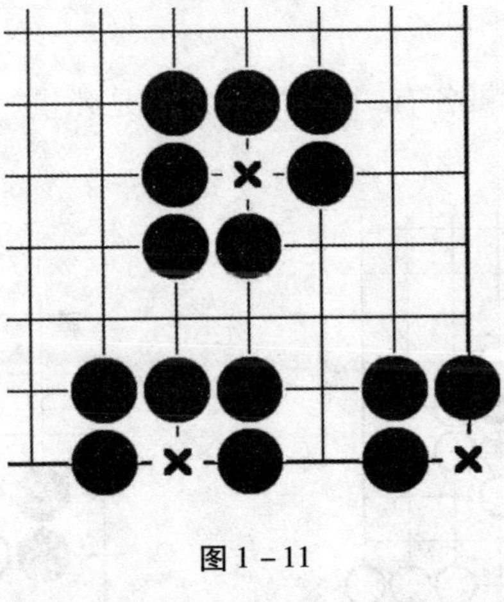

图 1－11

一块棋，最少要有两个“眼”，才算活棋（它能一直生存到全盘终了）。如图 1－12 的三个类型的白棋，都是活棋。为什么都是活棋呢？因为它们都具备了×位和▲位两个“眼”。这×、▲两位置，也可看作黑棋的两个“禁入点”。黑棋如在×位下子，▲位还有一口“气”；在▲位下子，则×位还有一口“气”；黑子无论下在×位或▲位，都不能提掉白棋，反而使自己的棋子出现无“气”状态，所以×、▲都是黑棋的“禁入点”，因此这三个类型的白棋都是活棋。

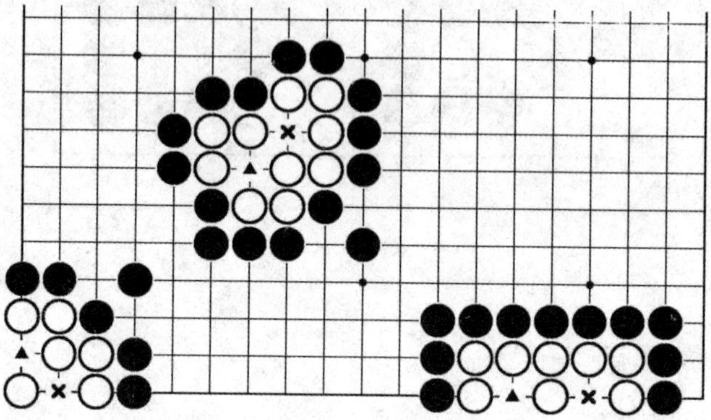

图 1－12

有两个“眼”的棋是活棋。那么，没有两个“眼”的棋就一定是死棋吗？除了有些特殊类型我们要在下面讲到之外，一般可以这样认为：没有两个眼的棋是死棋。

图 1－13，三块黑棋各有一个“眼”，都是死棋。因为，白方随时可在×位下子，提掉黑方。

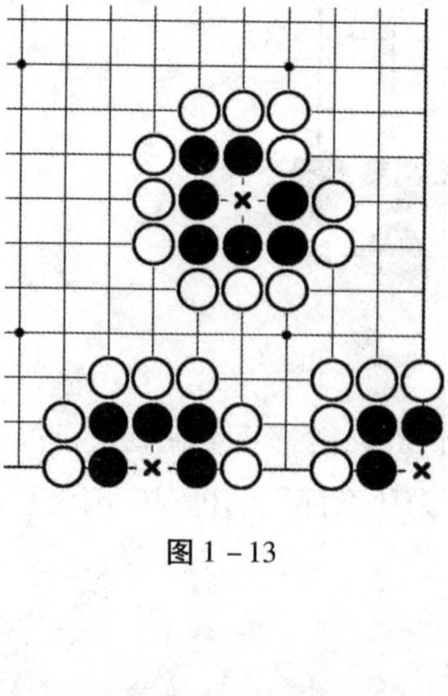

图 1－13

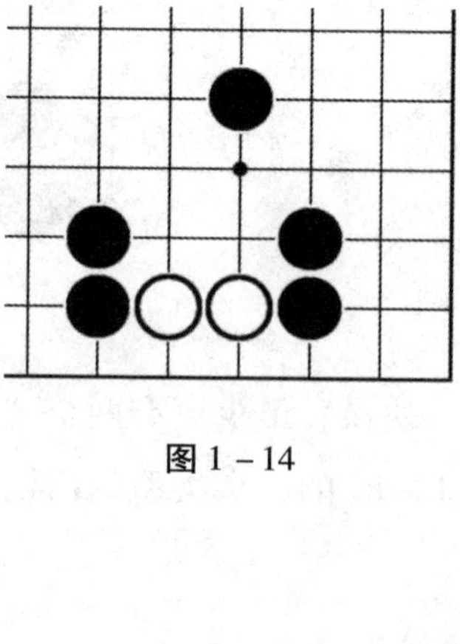

图 1－14

图 1－14，两个白子虽然还有四口“气”，但已被黑棋围住，不能出去，而在里面又无法做“眼”，所以这两个白子也是死棋，可以不用立即提掉，等到终局以后，再从棋盘上拿掉。

有一种棋，看起来好像有两个“眼”，其实，只有一个是“真眼”（整眼），另一个是“假眼”（断眼）。“假眼”不能起“真眼”的作用，所以，不管有多少个“假眼”，都是死棋。如图 1－15 的三块白棋，看起来好像都有两个“眼”，其实不是：（1）图中的白棋 A 位是真眼，B 位是假眼，黑方随时可在 B 位下子，提掉三个白子，然后再提其余部分；（2）图中的 A 位是真眼，B 位是假眼，如果白方在 C 位长，黑方可在 D 位打吃，使它长不出来，无法做成第二个真眼，或者黑方在 E 位跟着长，如此双方都长下去，到了角端，黑方即可全部提掉白子；（3）图中的 A 位和 B 位都是假眼，因而这块白棋是死棋。

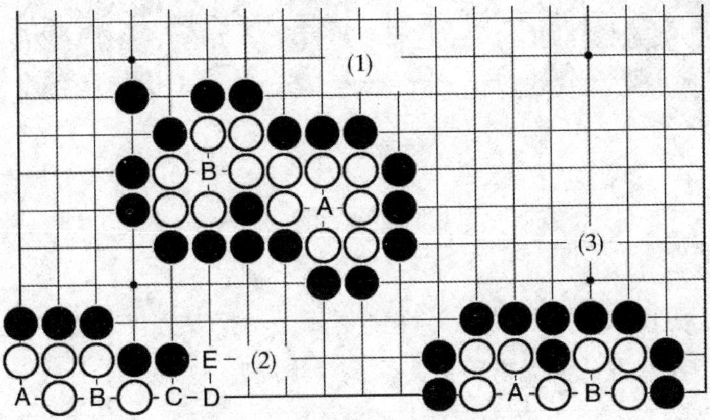

图 1－15

六、双活

“双活”也叫“公活”，是活棋中的一种特殊类型，经常会遇到。如图 1－16 的三个类型，都是双活棋：（1）型，黑白双方虽然都没有“眼”，但是共同享有 A、B 两口“气”（术语叫“公气”），谁也不能在 A 位或 B 位下子，下子就会被对方提掉，因此，只能认为这两块棋是“双活”；（2）型的“双活”，也有叫它“三活”的，两块黑棋各有一个眼，但被两个白子隔断，A、B 两点都是黑、白双方的“公气”，双方都不能入子，因此也是“双活”；（3）型，双方分别在 A、B 两点各有一个眼，同时还有 C 位一口“公气”，也是“双活”。

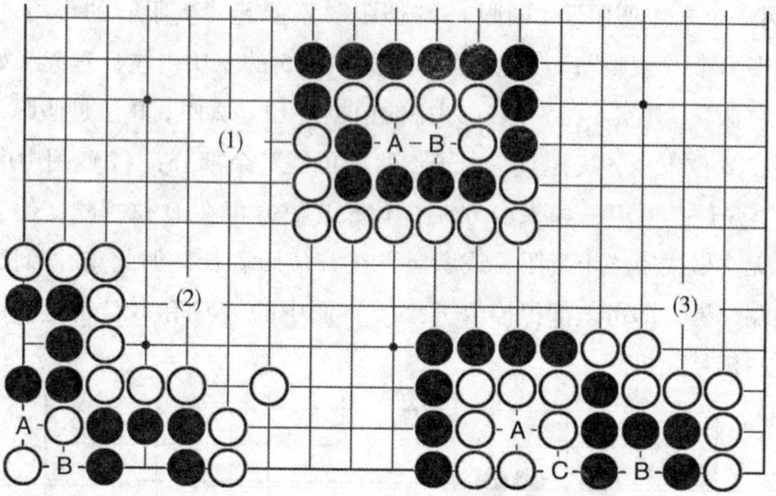

图 1－16

七、终局

棋盘上黑白双方活棋的地界已全划清，就是双方棋子交界处一个空白点也没有了，双方认为无棋可下，就是“终局”。

八、胜负的计算

终局以后，怎样判定胜负呢？

围棋的胜负，决定于双方活棋所占地盘的大小，也就是双方活棋在棋盘上所占的交叉点的多少。占得多者为胜，少者为负。具体地说，双方应有的基本数是 180 又二分之一子；多于此数的为胜，少于此数的为负；如果双方都是此数，即为“和棋”。让子棋在终局后，黑方首先要归还白方所让棋子的半数（如让二还一，让四还二等等），然后再计算胜负。对子棋，因为黑方占了先下一着的便宜，所以在计算时，要贴补给白方三又四分之三子（叫作“贴子”）。双方的子数，黑方达到185为胜，白方达到177为胜。

具体的计算办法：（1）把双方的死棋都拿掉；（2）任选一方的棋，进行计算（算一方就可知道对方的多少）；（3）决定计算某方（黑方或白方都可以）之后，就把它棋内所有的空白点都用同色的棋子填满，数一数棋子，就可以知道它的总数了。不过，为简便起见，可以把它的大块棋，以十为单位，做成形状整齐的整数（术语叫“做棋”），把里面的棋子拿掉，腾出一方方整齐的空地，看看有几十，然后再和盘上剩余的棋子加起来，就可得到某方棋的总数。用361个交叉点减去这个总数，就知道另一方棋的总数。两个总数比一比，子数多者为胜，少者为负。

第二章　围棋术语

围棋基本步法是对奕中最常用的一些基本行棋方法。这些基本步法都有专门的术语作为它们的代称。

长

延长己方原有的一排子叫作“长”。

长可以扩大原有的一排子的势力，或者延长它的气数。图 2－1 中白 1 长，这一着加强了原有二子的势力，是十分重要的一着。若被黑棋走在此处，白二子就处于十分被动的状态。

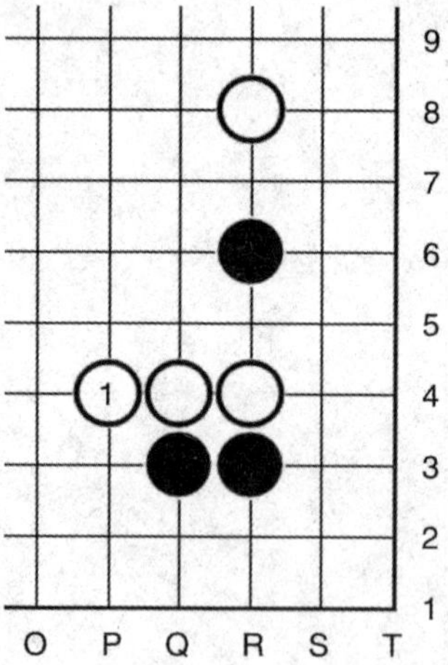

图 2－1

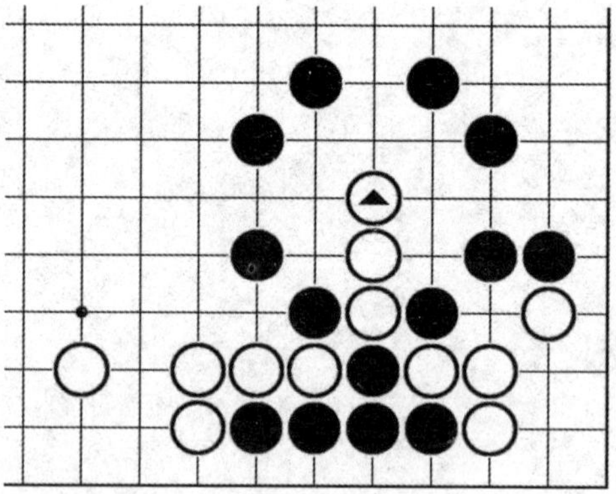

图 2－2

图2－2白△长，延长了原有二子的气数。白由三气增至五气，而黑被围四子仍只有四气，对杀结果黑差一气被杀。

立

在边、角向棋盘边线方向长，一般称作“立”。

立主要用于加强己方的阵地，挡住对方进入己方阵地的缺口，抢占官子等场合。

图2－3白方在△位立，加强了白阵，防止了黑在A位打入的手段。

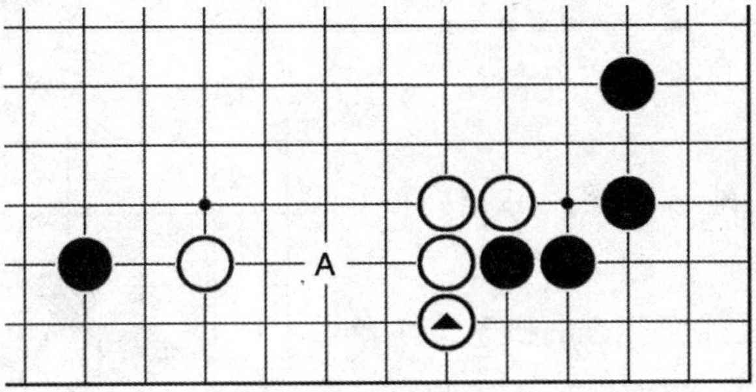

图2－3

图2－4白在△位立，挡住了黑由此进入白方阵地的缺口。

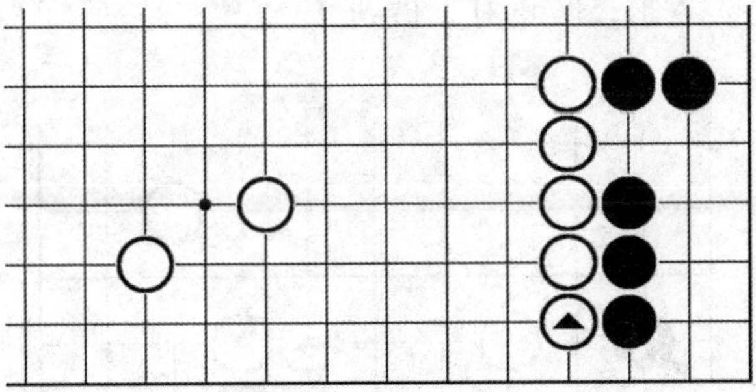

图2－4

图2－5，白在1位立，为保住角部黑空，黑需2位立挡住。白1立收到

了先手收官的效果。

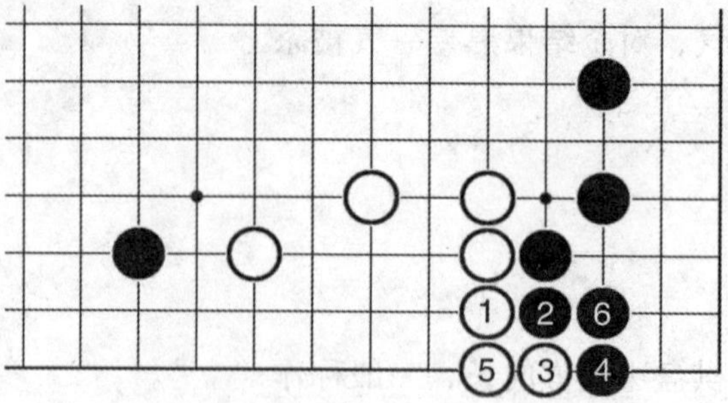

图 2－5

退

向己方阵地方向长，一般称作“退”。

退的作用是连回己方的棋子，或者是加固己方阵地，防止对方借劲行棋。

图 2－6 白△退，连回了单子，加固了角部阵地。

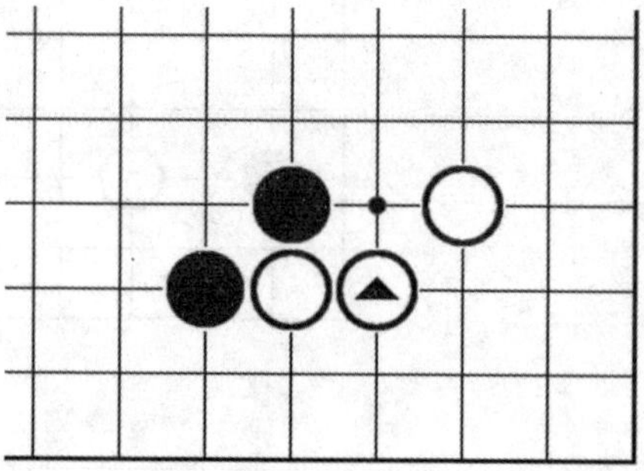

图 2－6

图 2－7 白走△退，防止对方借劲行棋。

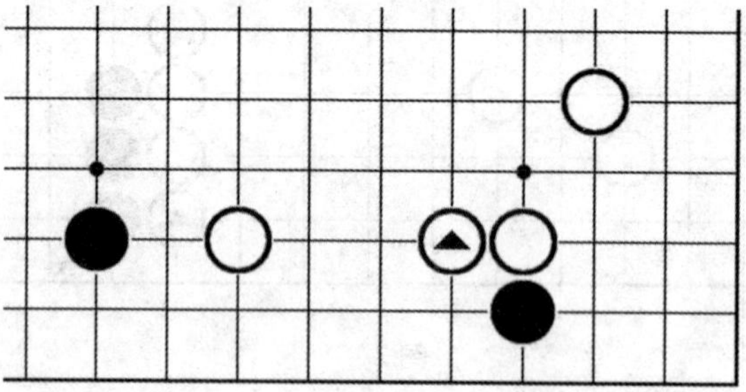

图 2－7

图2－8 白如不按前图退，走1位扳，则黑2断。黑可根据白的应手相应行动（围棋称“借劲行棋”），白不好。

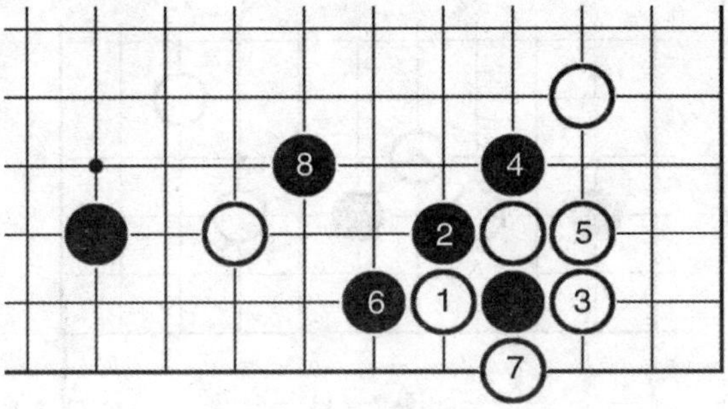

图2－8

尖

与己方棋子隔一路成对角线处下子，称作“尖”。尖的用途十分广泛，有“凡尖无恶手”之说。

图2－9 白走△尖，△子与原有白子是充分连接着的。黑占A位，白可走B位将二子连接起来，同样，黑走B位，则白占A位，仍可将二子连接。

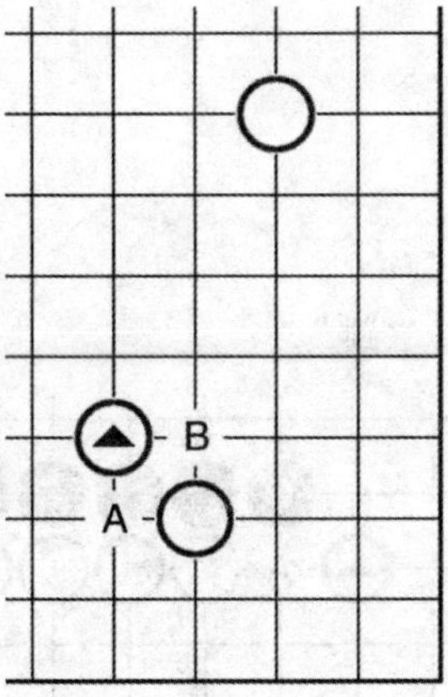

图2－9

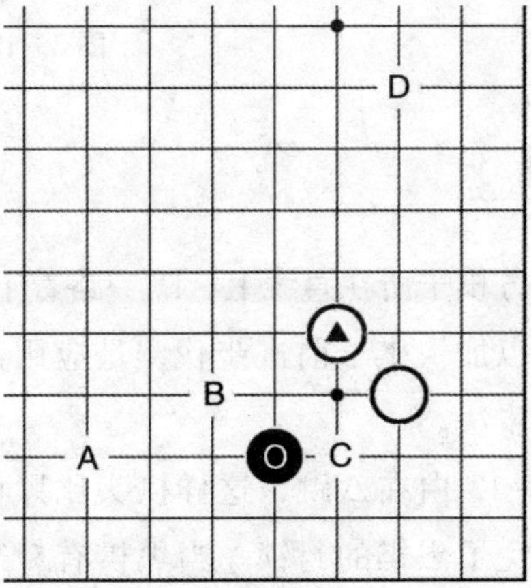

图2－10

图2－10 黑●挂角，白走△尖，是稳健的着法。下一手既可C位守空或D位拆，又可B位飞或A位夹，攻击黑●子。实属进退自如的一着。

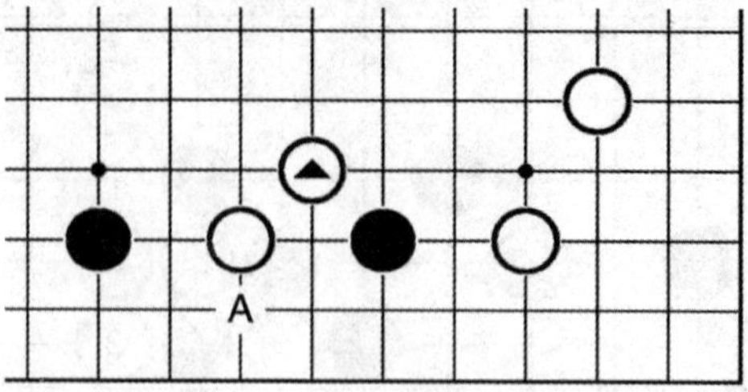

图2－11

图2－11 白走△尖，既可封住黑一子的出路，又可以防止黑在A位托过。

图2－12 白走△尖是抢占官子的要着，黑护空需●位挡，白取得了先手收官的利益。

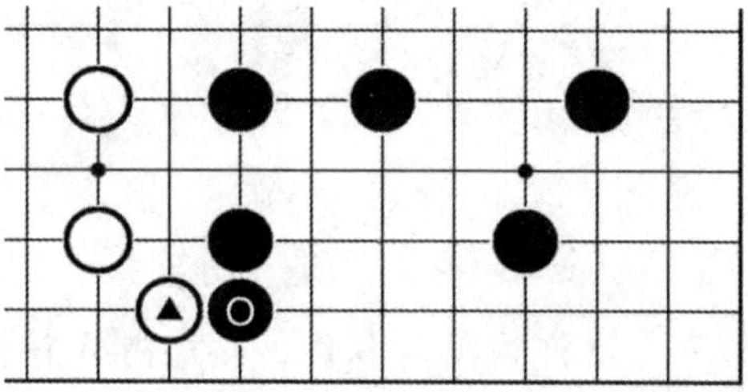

图2－12

跳

在己方棋子所在直线上，隔一路着子称作“跳”。

跳可以加快棋子前进步伐，是应用甚广的基本步法。

图2－13 白在△跳，这样棋头比黑快一路，避免了黑棋的封锁。当黑棋有●子时白走跳要注意黑A位冲断的手段。

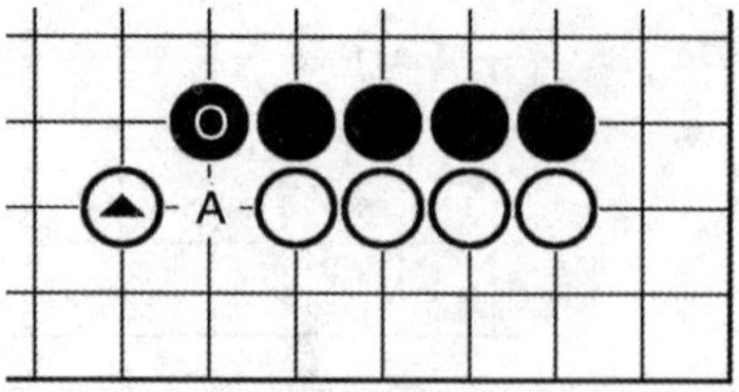

图2－13

图2－14 白走△跳，侵入黑方阵地，

黑空被削减很多。黑若A位冲，则白B渡，黑无法分断白△子。

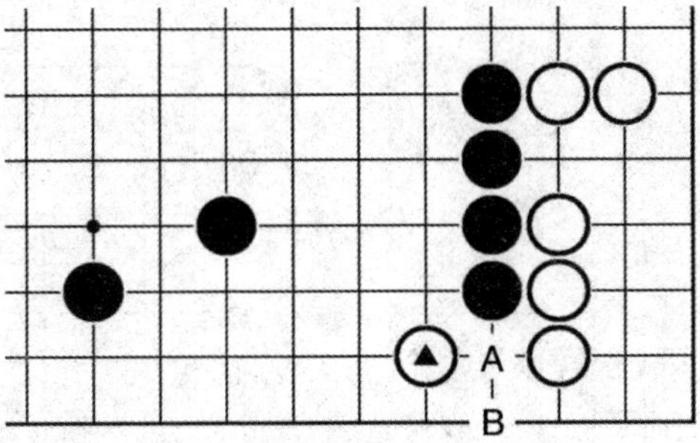

图2－14

图2－15 黑走●跳，补上了角部黑空的缺口，黑有了●子的接应，下一手黑在A位攻入白阵就十分严厉。若黑不走●子，直接在A位打入（深入对方阵地着子，围棋称为“打入”）。白方可以在三、3位点角转换（舍弃一处的利益，在另一处取得补偿，围棋称为“转换”）。

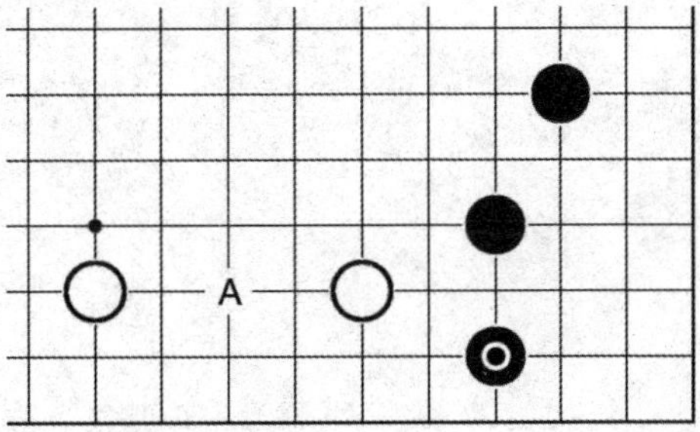

图2－15

图2－16 黑走●位关（向中央跳，又称作“关”），可以尽快地将孤棋逃向中央广阔地带。这是走畅孤棋的一种常用步法，有“逃宜关”之说。

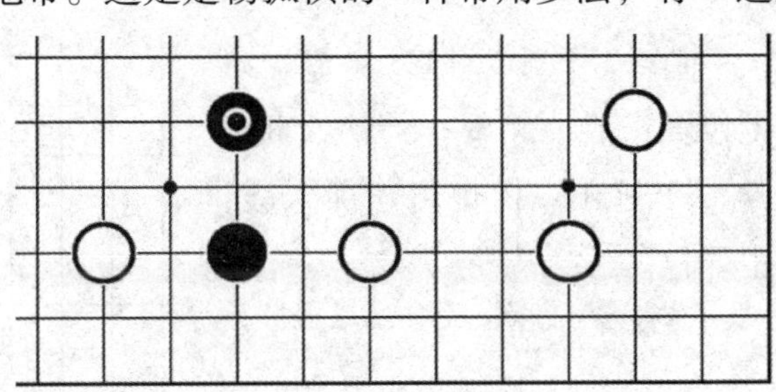

图2－16

图2－17 白走△关，加强了白阵，使这块空模样转化为实空。对于隔三、隔四的阵形，常需走关补强。

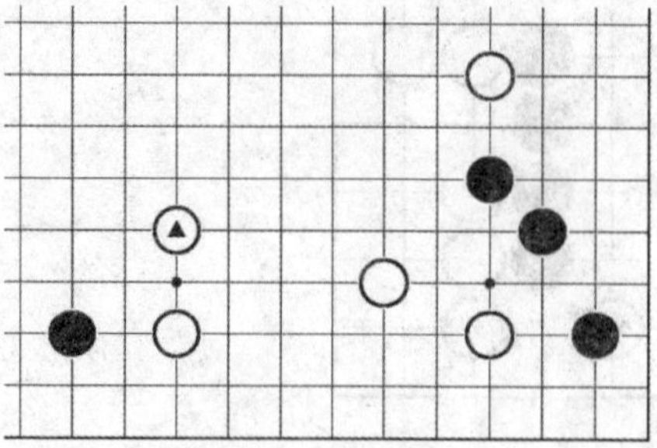

图 2－17

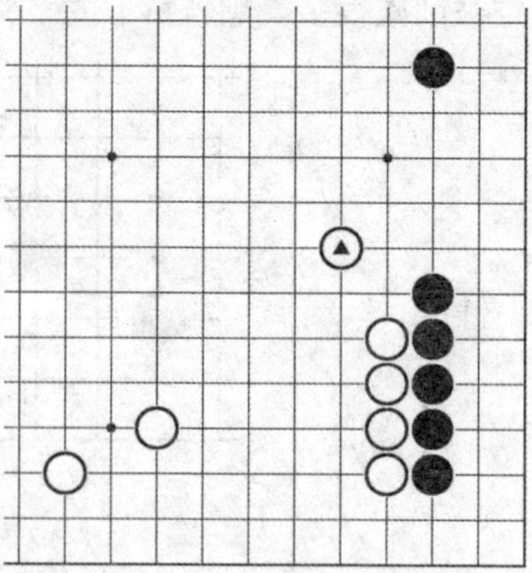

图 2－18

飞

在与己方棋子成日字的对角线点着子，称作“飞”。飞常用于扩张势力，攻击对方等场合，有“攻宜飞”之说。

图 2－18 下边一带是白方的空模样，右边一带是黑方的空模样。白在△飞，既可扩张己方模样、又限制了右边黑方模样的发展，是双方势力消长的要点。

图 19 黑●一子很弱，右下是白方厚势，白走△飞，对黑●子包围进攻，黑●一子较难直接行动。即使让黑●一子逃出，白也可正面入腹，获得中央行棋的主导权。

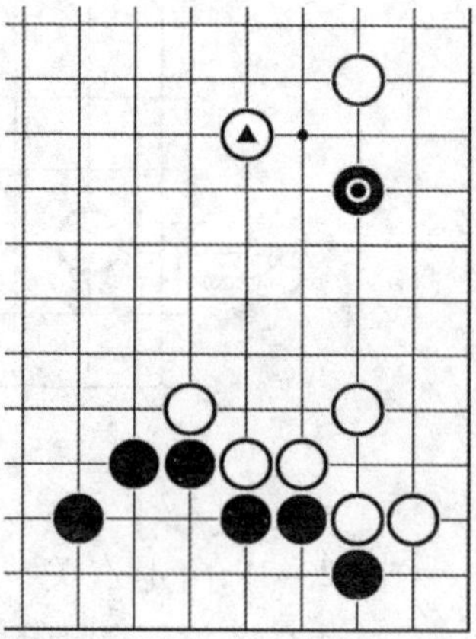

图 2－19

虎

如图 2－20，白走△位与另外两个白子成三面包围之势。犹如虎口，使对方不敢在 A 位着子，称作“虎”。

虎主要用于补断，构成较佳的棋形。

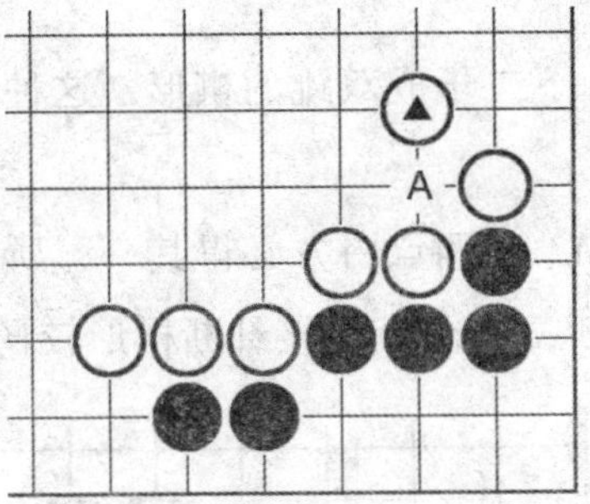

图 2－20

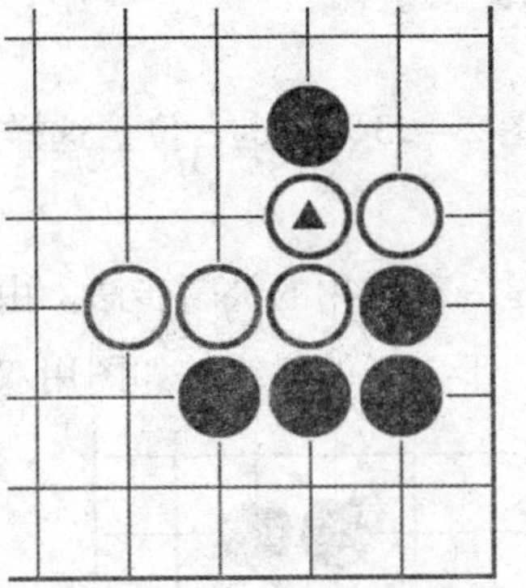

图 2－21

接

如图 2－21，白走△位将白子连接起来，称作“接”。接的作用是补断，增强己方棋子的战斗力。

粘

如图 2－22，白走△位将要被对方提掉的三子连回，称作“粘”。

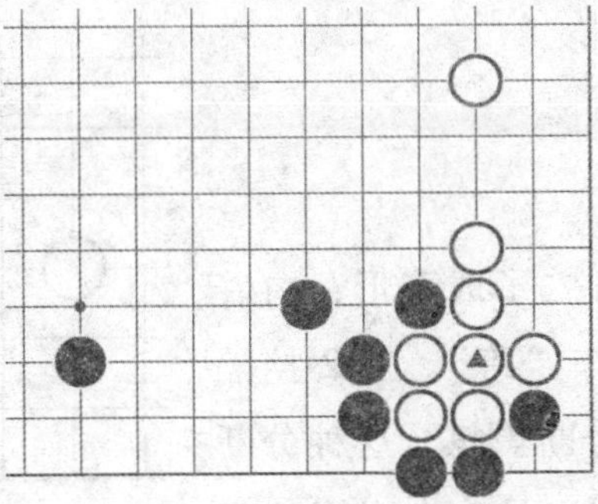

图 2－22

双

如图 2－23、白走△位，这样上、下二子成双跳的棋形，这种走法称作“双”。

这是一种常用的补断步法。由于 A、B 两点白方必得其一，所以黑无法切断上、下二子的联络。如图用双补断，比在 A 位接补断棋形较畅。

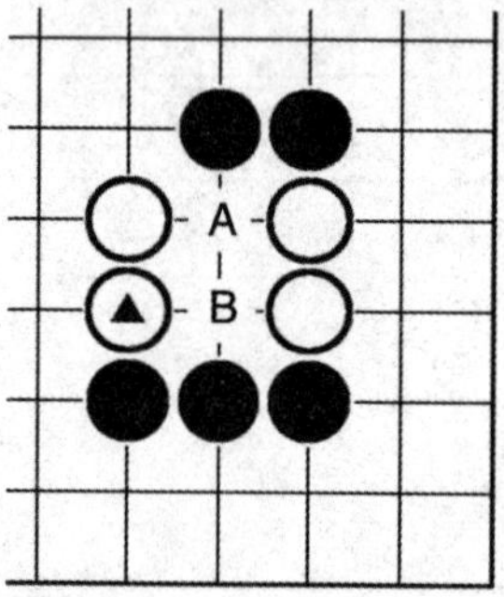

图 2－23

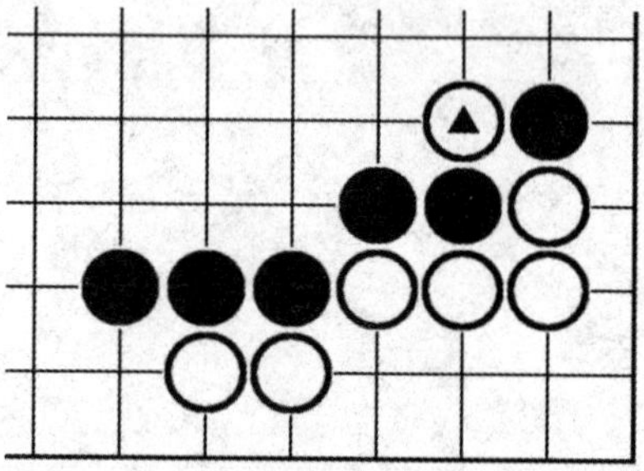

图 2－24

断

如图 2－24，白走△位，切断黑子的联络，叫作“断”。断是进攻对方的严厉手段，有“棋从断处生”之说。

跨

如图 2－25，黑方二子成飞形，白着于 1 位，这种步法叫作“跨”。黑 2 挡隔断白棋，白即可 3 位分断黑棋。这种分断对方的方法叫“跨断”，是攻击飞形的常用手段。

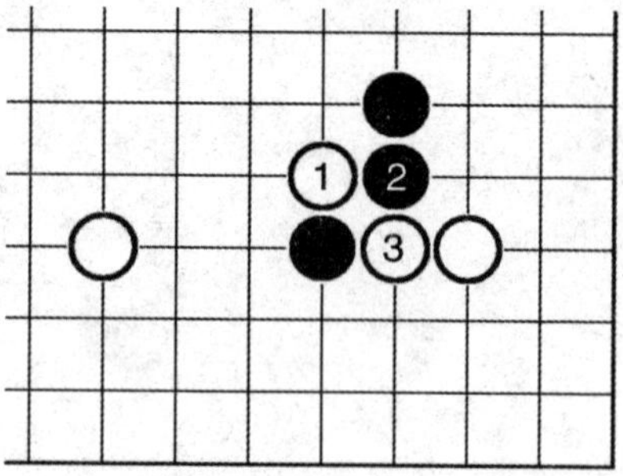

图 2－25

挖

如图 2－26，白△在对方一间跳的两子中间着子，称作“挖”。

利用挖可以切断对方一间跳二子的联络。这种分断方法叫作“挖断”。

图 2－27 白 1 挖后，黑 2 打，白 3 接。以后，A、B 两处断点白必得其一，右边黑棋被白断开后是死棋，白收获甚大。对于一间跳的棋形一定要注意挖断的问题。

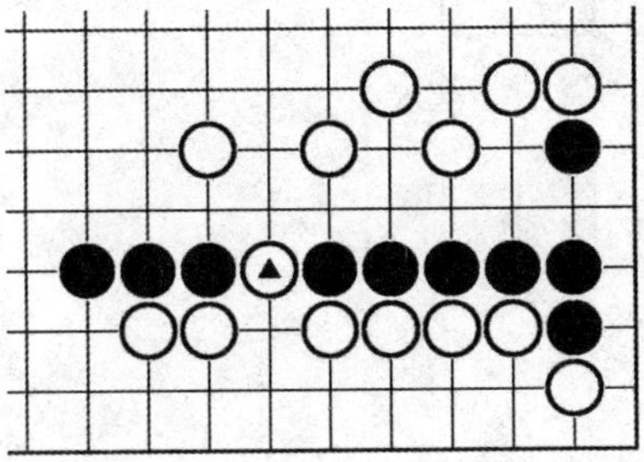

图 2－26

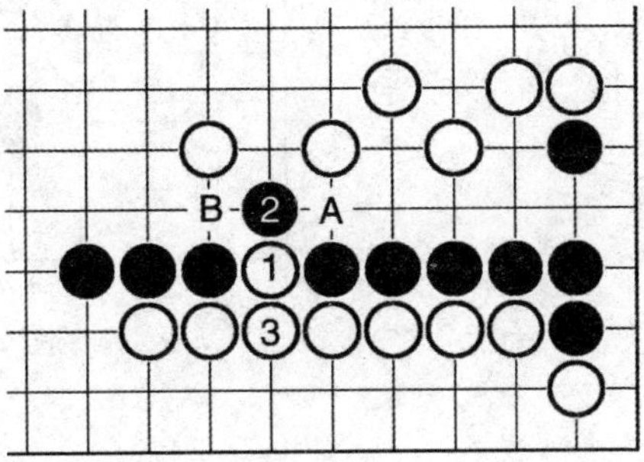

图 2－27

挤

如图 2－28，白走△位，把棋子挤进对方棋子间的空隙，叫作“挤”。

挤主要用于分断对方的棋，称作“挤断”。

白在△位挤后，使黑棋产生了 A、B 两处断点。

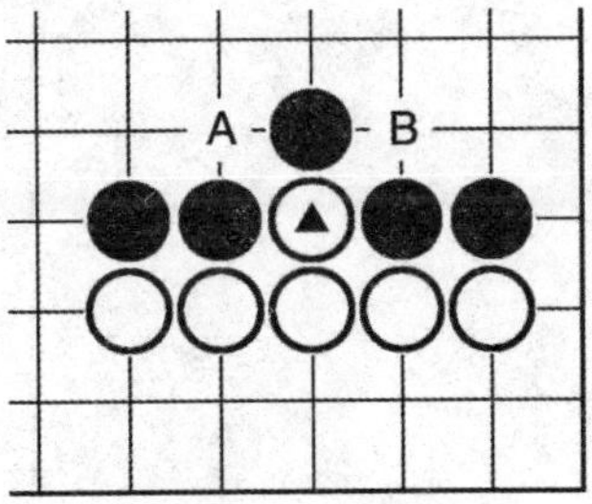

图 2－28

刺

如图 2－29，白走△位，在对方一间跳的两子中间的一侧着子，准备分断一间跳的两子，称作“刺”。刺使对方不得不接，有时可得先手利，但是对方接后，失去了挖的变化，有时反而不利。

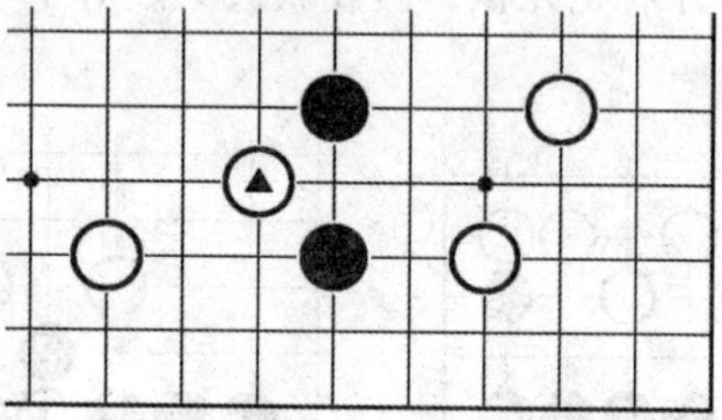

图 2－29

冲

如图 2－30，白走△位，冲进对方一间跳两子之间的空隙，叫作“冲”。向对方阵地长进也叫作冲。

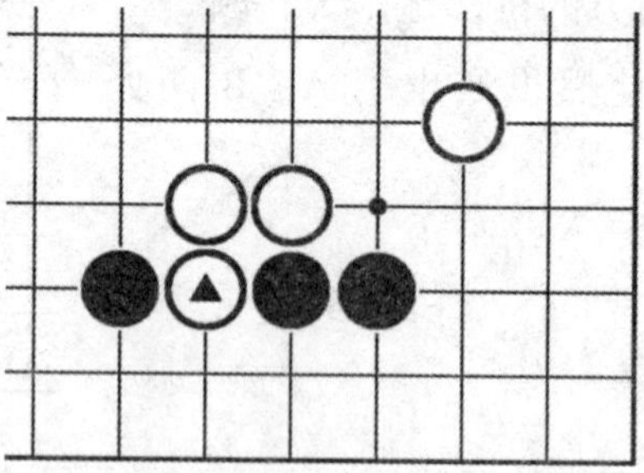

图 2－30

冲的作用是使对方的棋产生断点。利用冲分断对方的棋，称作“冲断”。

图 2－31 白走△位冲，黑●挡后，白并无可以利用的手段。而白△冲使白自身撞紧一气，并且失去了其他的变化。围棋称这种有害无益，损失变化的着法为“俗手”。

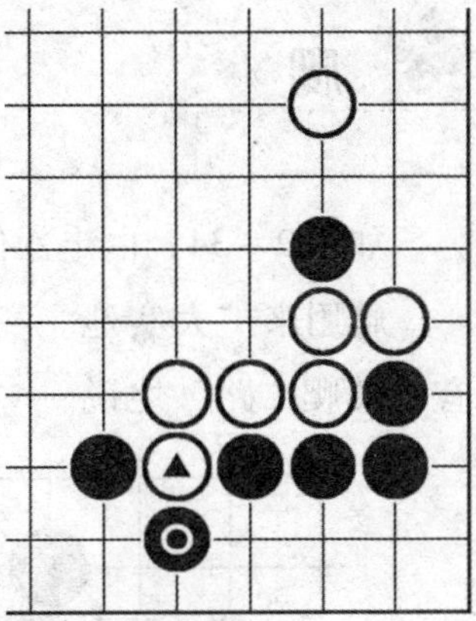

图 2－31

挡

如图 2－32，白走△位，阻止对方继续前进，称作“挡”。

白若让黑继续在△位长，白棋将支离破碎。所以白棋在△位挡是十分重要的一着。

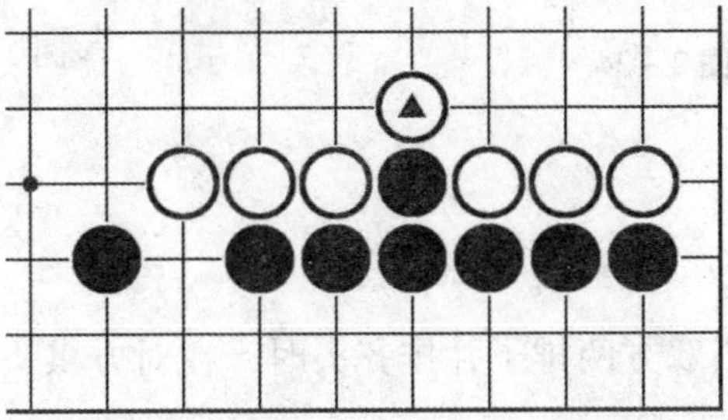

图 2－32

图 2－33 白走△位挡，堵住了白空境界线的缺口，是护住这块白空的关键一着。

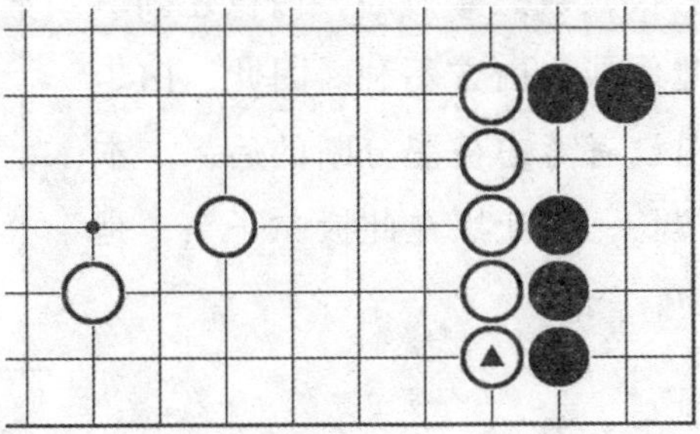

图 2－33

爬

如图2－34，白走△位，紧贴着对方棋子下边长，叫作“爬”。

爬用来扩大实地。一般在二路爬与对方在三路长交换不利，宜慎重，有“莫爬二路”之说。

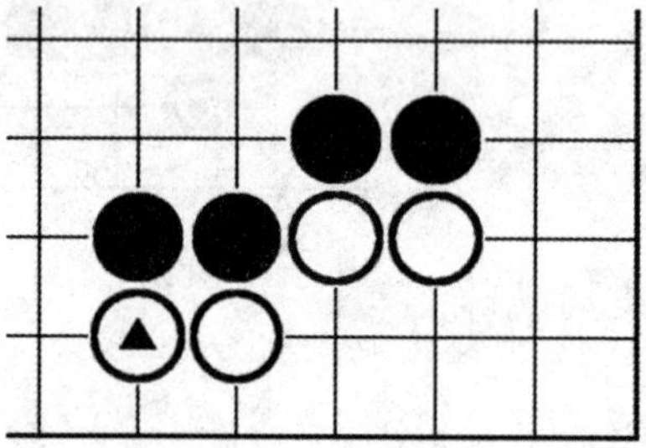

图2－34

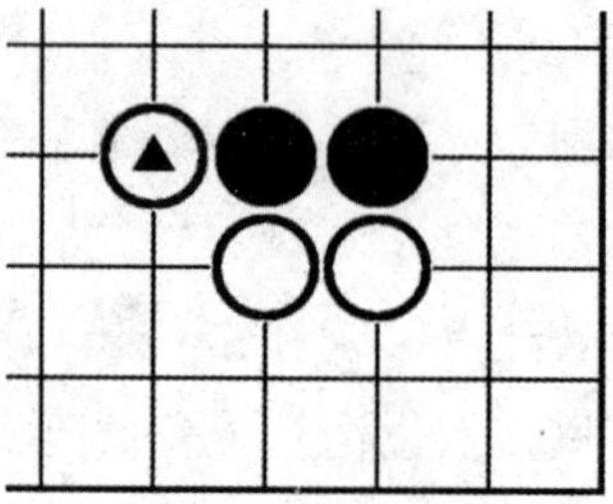

图2－35

扳

如图2－35，当双方两排子并排齐头时，在对方棋头上着子阻止对方继续长，称作“扳”。

扳的目的是限制对方的发展，扳要注意对方断的手段。

图2－35 白走△扳，黑二子处境十分局促。“二子齐头必扳”就是指这种棋形。

图2－36 白走△扳，被黑●位断，白棋还须A跳，黑B位长，如此作战，白方不利。因此，白走△是过分的一着，白没有考虑被黑分断的后果。本图形势，白应在●位长，不让黑在此扳二子头，是正着。

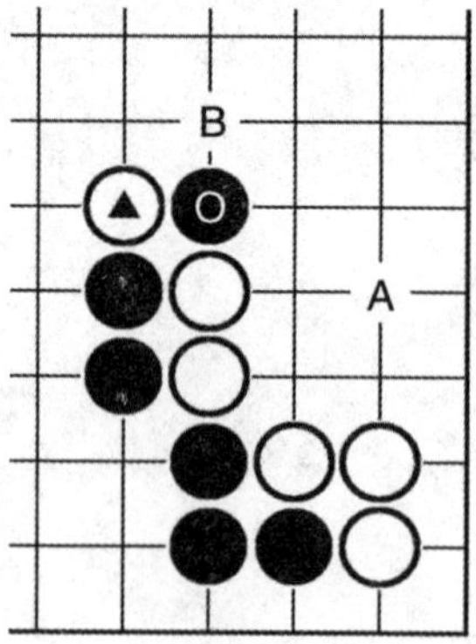

图2－36

图2－37 白走1位扳，黑2位的扳叫作“反扳”。白可以3位再扳，叫作“连扳”。

连扳时更要注意被对方分断的问题。连扳后变化比较多，所以有“懂得连扳，棋近初段”的说法。

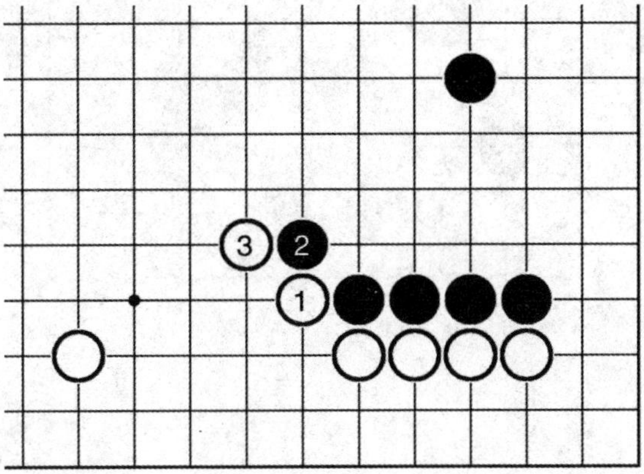

图2－37

鼓

如图2－38，白走△位，在己方一间跳的棋子中间，成虎形向对方棋头上扳叫作“鼓”。这种棋形十分有力，黑应极力争到△位长，避免被对方走成鼓的棋形。

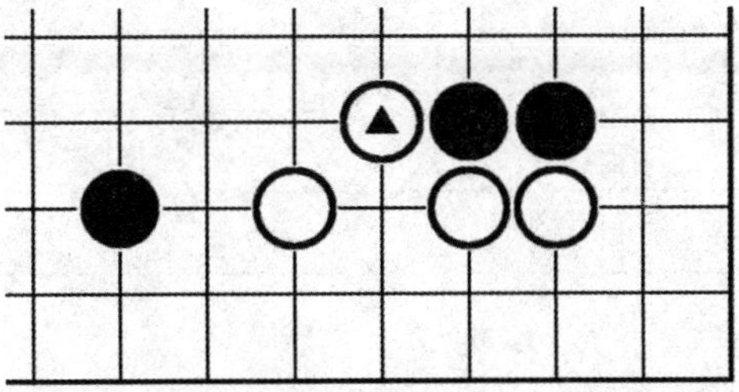

图2－38

如图 2－39，黑争到 1 位长，白为防被黑冲断，而于 2 位立。黑再 3 位飞封锁白棋。本图结果与上图白走△的结果相差太大。因此本图 1 位是双方必争之处，称作“急所”。

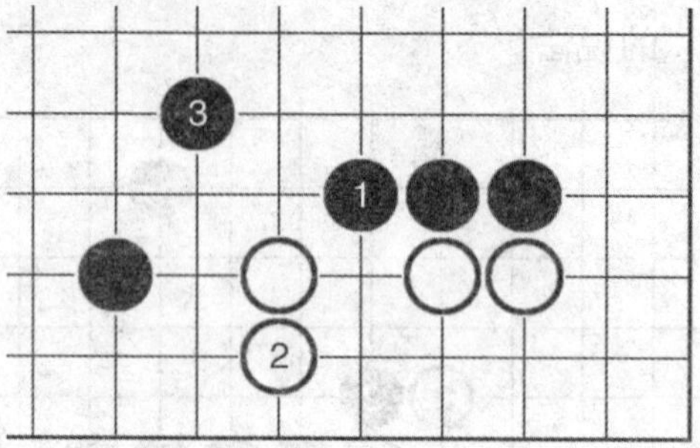

图 2－39

镇

在对方可以关的位置着子，限制对方形势的发展或挡住对方弱子向中央的出路，称作“镇”。

图 2－40 白走△位镇。这一着扩大了中央白棋形势，同时限制了黑边角的发展，以后白可在 A 位攻入，黑应极力避免本图结果。

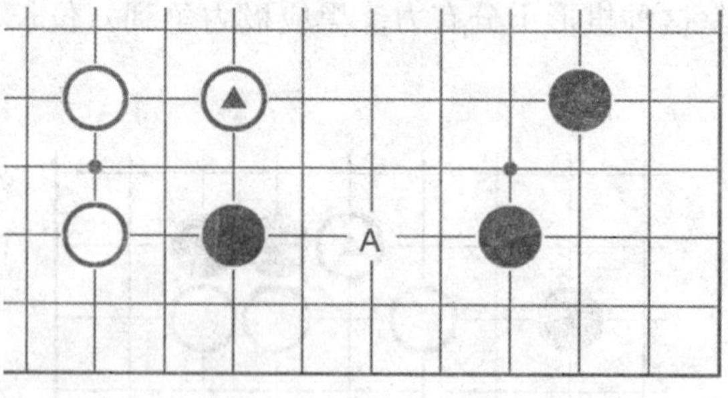

图 2－40

图 2－41 白走△位镇，挡住了黑棋向中央的出路，黑子已无法直接逃

出。如让黑抢占到△位关，则黑棋出路已宽，白无法封住黑棋。

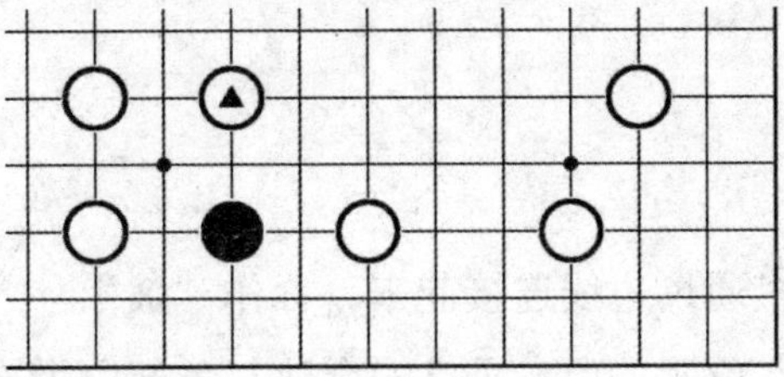

图 2－41

扑

着于对方虎口中，让对方提，称作“扑”。

扑用于破掉对方眼位或在对杀中紧气（使对方棋的气数缩短，称为“紧气”）。

图 2－42 白走△位扑，破掉了黑棋的眼，使黑仅有一只眼，成死棋。

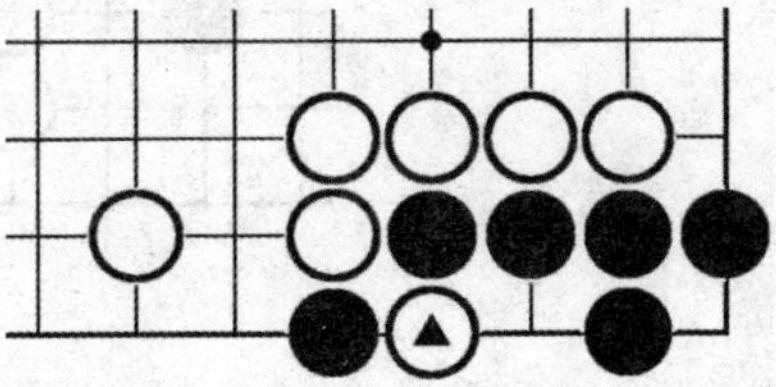

图 2－42

图 2－43 白走 1 位扑，黑 2 提，白再 3 扑，黑 4 提，白就 5 立，黑棋四子已经“接不归”。扑起到了缩短黑棋的气的作用。

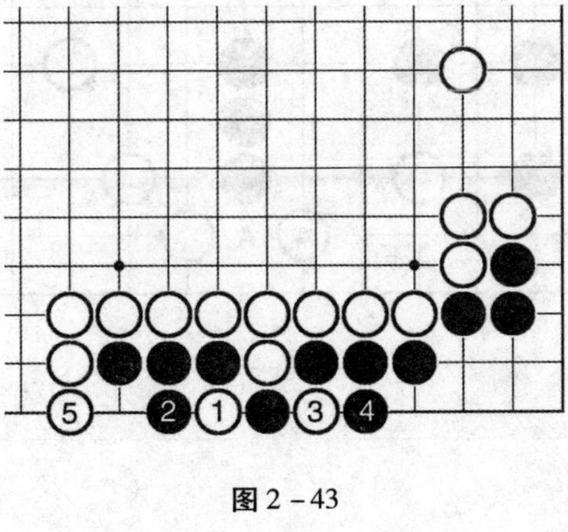

图 2－43

渡

着子把己方的棋通过边线连接起来，称作“渡”。

图 2－44 白走△位渡，白二子已安全地与角部白棋连接起来。这种大飞渡过是常用的连接手段。

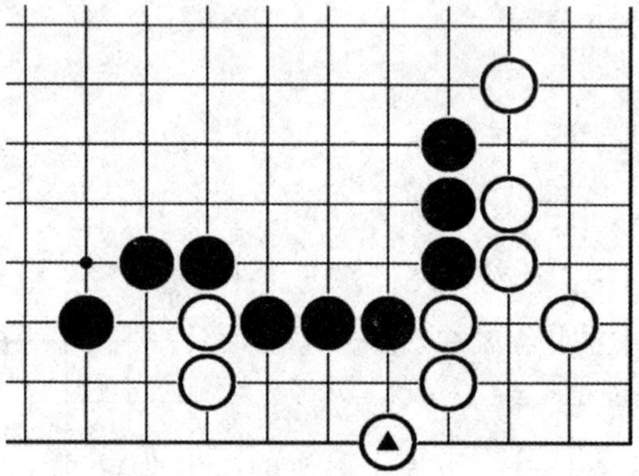

图 2－44

图 2－45 白走△位跳，白棋单子就与角部联络了，黑若 A 冲，则白 B 渡。这种渡过方法叫“跳渡”，这也是实战中常用的连接手段。

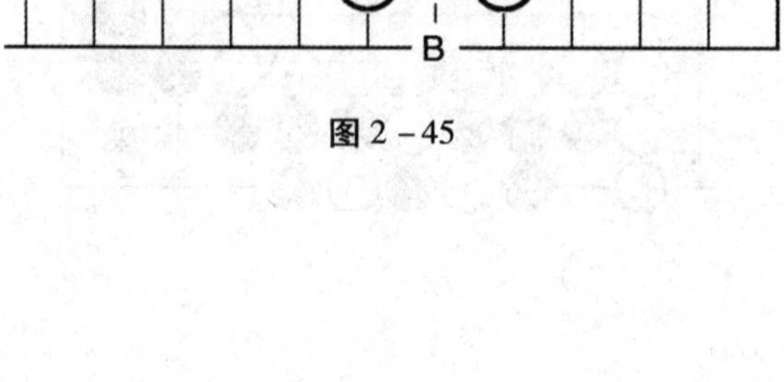

图 2－45

图 2－46 白走△位扳，由于气紧，黑无法在 A 位分断白棋，白达到了渡过的目的。这种渡过方法叫“扳渡”。这也是实战中经常使用的连接手段。

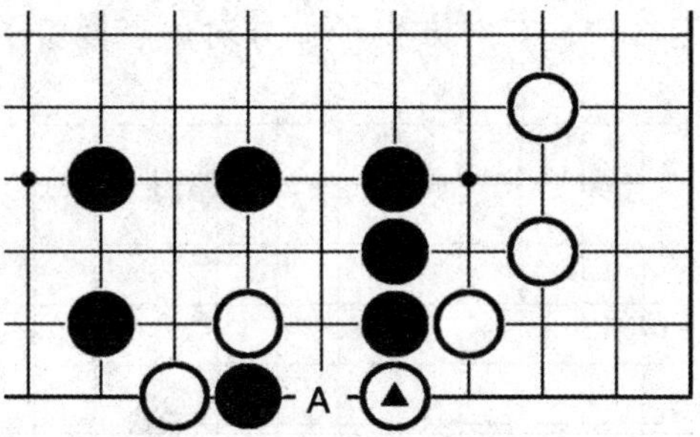

图 2－46

拐

如图 2－47 白走△位，在对方棋头上，紧贴对方棋子直角转向着子，称作“拐”。

拐的用途与扳相同，但是由于拐没有断点的顾忌，所以比扳有力得多，有“棋拐一头，力大如牛”之说。黑应极力避免被白△位拐封锁，争到 A 位跳出头。

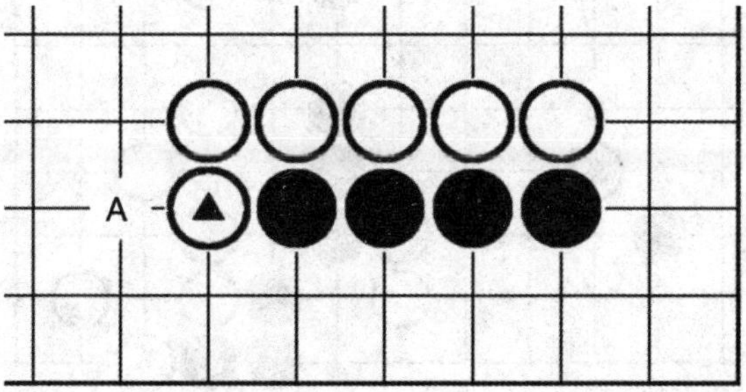

图 2－47

肩

如图 2－48 白走△位，在对方棋子上方对角点处着子，叫作“肩”。

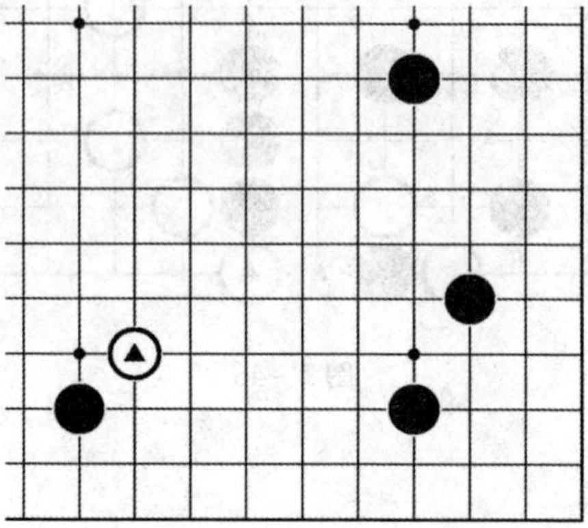

图 2－48

肩的作用是将对方的棋压在低位，限制其发展，一般多用于侵消对方的大模样或逃出孤子。图中白△肩是侵消对方大模样的常用手段。

图 2－49 白走△位肩，这是逃出孤子的常用手段。黑若 A 位长，则白 B 长，顺势走向中腹。

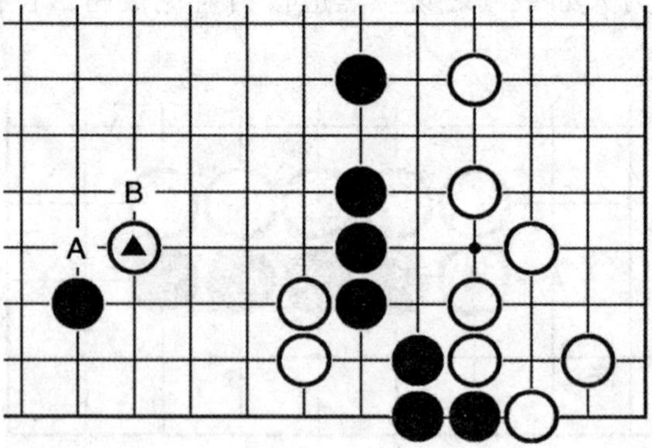

图 2－49

夹

着子将对方弱子夹在中间，进行攻击的着法，叫作“夹”。

图 2－50 白着△子将黑方●子夹在中间，使其只能向中央逃出。这是布局阶段常用的攻击方法，按照棋子的间隔有一间低夹、一间高夹、二间低夹，二间高夹、三间低夹、三间高夹等夹攻方法。

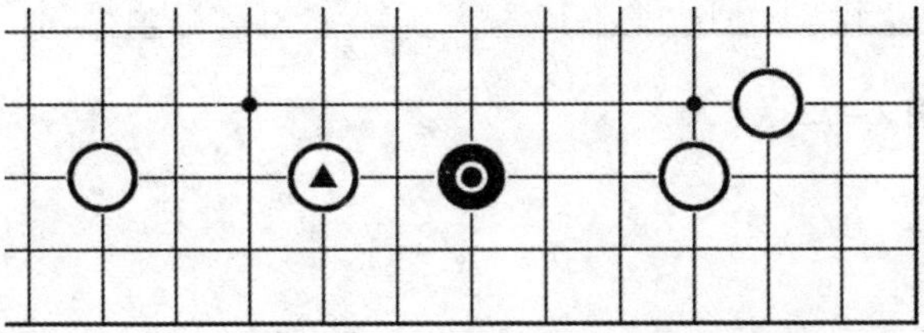

图 2－50

图 2－51 白着△位，这种步法也是夹。黑只能 A 位接，白 B 渡，达到了侵消黑空的目的。这种攻击方法在收官阶段经常使用。

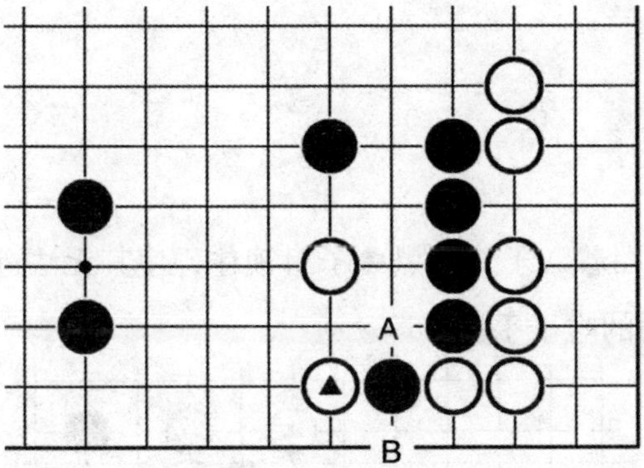

图 2－51

图 2－52 白走 1 位夹，是此形比较严厉的攻击手段。黑若 2 退，则白 3 立，待黑 4 接后，再于 5 位挡。这样白棋先手破掉了黑棋下边做眼的余地。

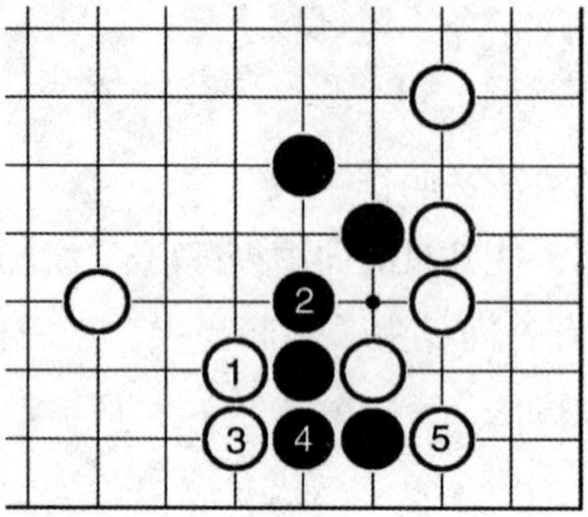

图 2－52

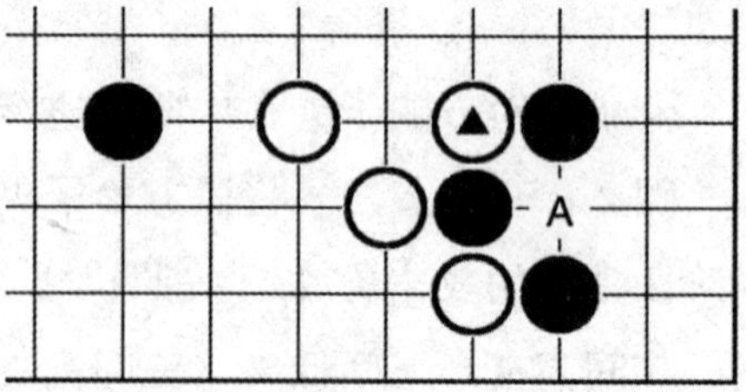

图 2－53

打

着子紧对方棋的气，使其处于仅剩一气的状态，称作“打”。

图 2－53 白着△位打，下一手白可在 A 位提掉黑子，角上黑子将四分五裂，因此黑必须在 A 位粘。

枷

如图 2－54，白着△子，将黑●子封锁住，使其无法逃脱，称作“枷”。枷是一种常用的吃子手段。

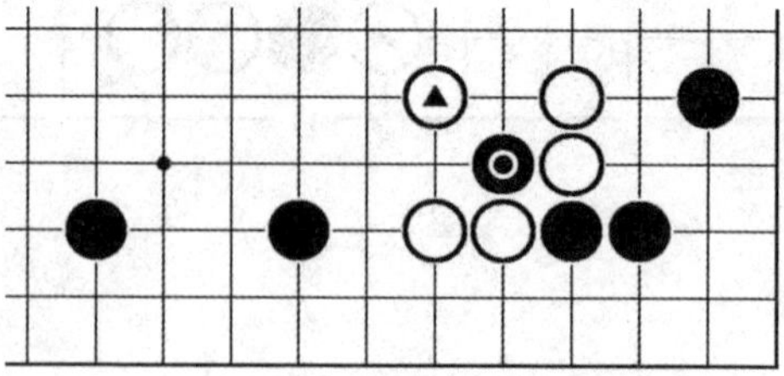

图 2－54

托

在对方棋子下边着子，尤如把对方棋子托起一样，称作“托”。

图 2－55 白走△位托，经黑 A 扳、白 B 退，白取得了角地。当双方棋子在三线或四线隔一路对峙时，常用托的手段增加己方地域，削减对方地域。

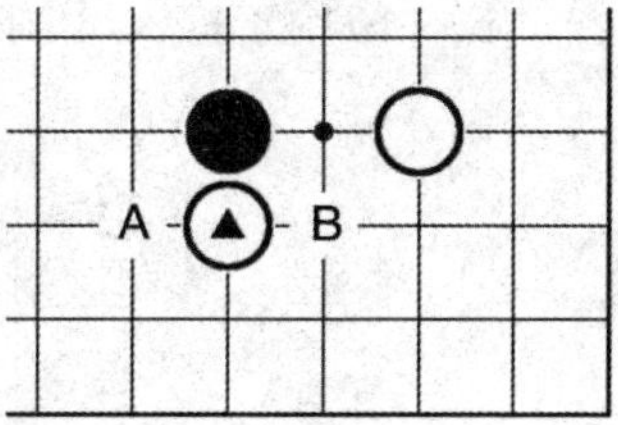

图 2－55

图 2－56 白在△位托，黑 2 扳，白就 3 退，黑还需 4 位补。白先手获得官子便宜。

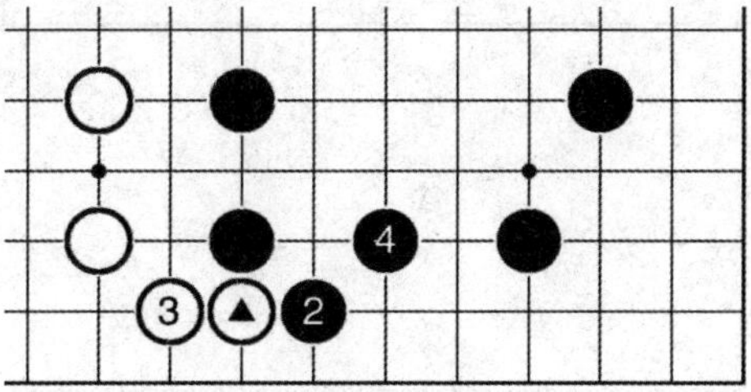

图 2－56

图 2－57 白走△位托，则黑 2 扳，让白 3 位退回，再 4 位虎补。虽然白得到了一些官子利益，但是黑方边角形势有很大加强，白方失去了在 A 位侵入的手段，白△托得不偿失。故有“托二宜其边已固”之说。

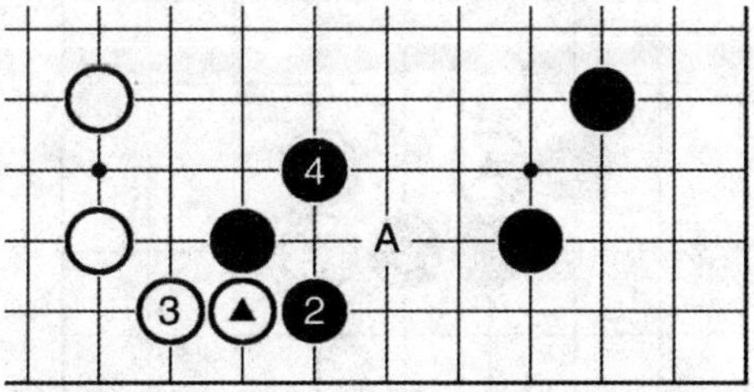

图 2－57

碰

如图 2－58，白走△位，在旁边紧靠着对方的子着子，称作“碰”。

碰一般用于打入对方阵地，或作战时腾挪（“腾挪”就是伺机转换之意）。

白△碰，黑若 A 长，则白 B 跳，成对攻局面。

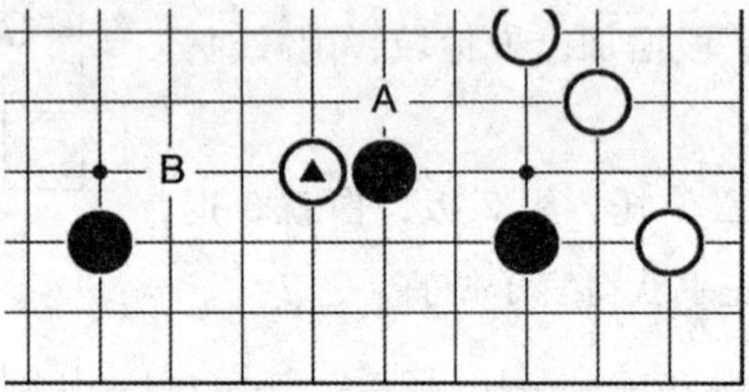

图 2－58

压

在紧靠着对方棋子的上边着子，称作“压”。

图 2－59 白在△位压，黑 2 扳，则白 3 长。压的目的一般是要把对方棋子限制在低位，发展己方势力。

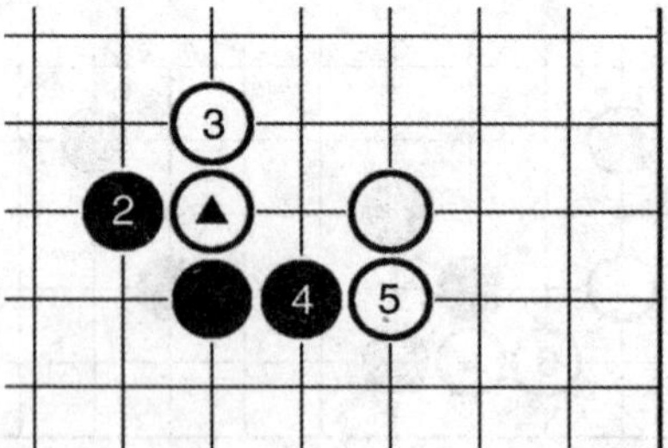

图 2－59

图2－60白走1位压，黑2扳，则白3长，黑4顶，白就5长。这样白方将黑棋压在低位，同时壮大了己方阵势。这是当双方棋子在三线上隔一路对峙时常用的扩张势力、限制对方发展的着法。

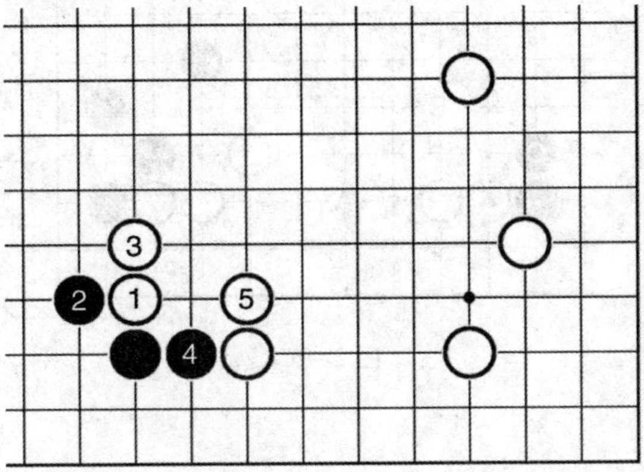

图2－60

顶

如图2－61，白走△位，向对方棋子长，顶住对方的棋子，称作“顶”。

顶一般是为了争得先手或者是为了分断对方。利用顶分断的方法叫作“顶断”。白△顶后，黑若A挡，则白B断，此战黑棋不利。

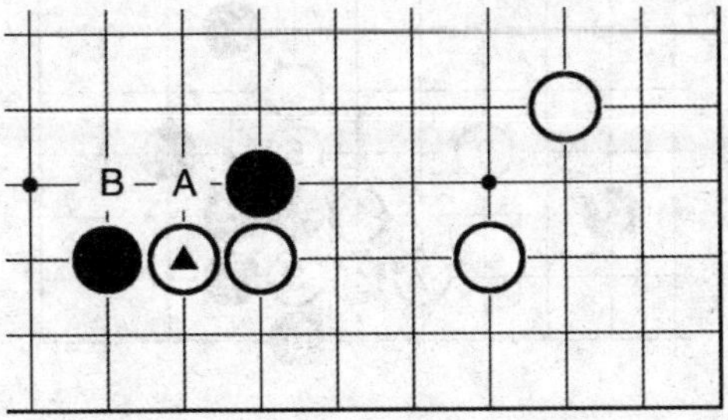

图2－61

图2－62，白走△顶，黑●长，则白棋先手补住了黑在A位打入的手段。一般情况下白△顶和黑●长交换，白棋稍亏，所以除非要争先的场合外，一般白棋应在B位关补。

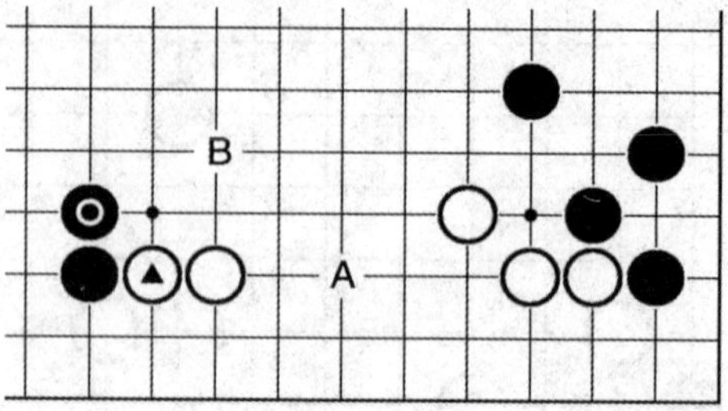

图2－62

靠

在紧靠对方一子的旁边着子，而且上方有己方的子策应，称作“靠”，有时也叫“搭”。

图2－63 白走△位搭，黑2扳，则白3退，黑需4长，白△搭起到了限制黑棋发展的作用。

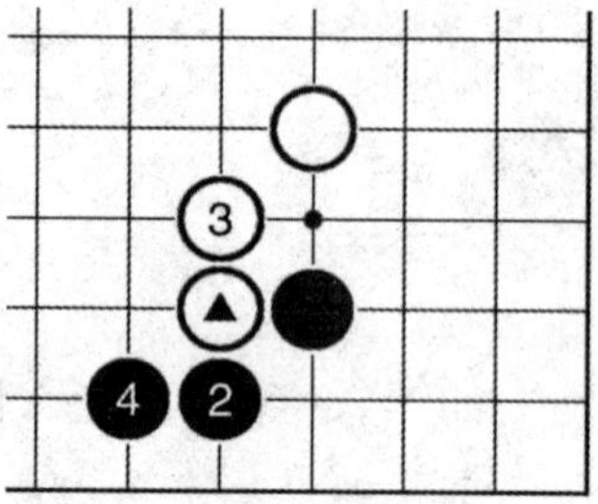

图2－63

图2－64，白1靠，黑2扳，白3断，以下至白9飞，白成功地侵入了黑下边的阵地。

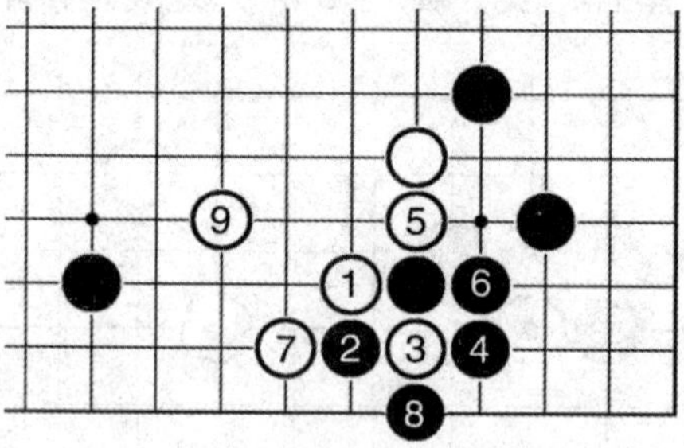

图2－64

点

在对方棋形的关键处着子，称作“点”。

点是十分厉害的攻击手段，就像武术中的“点穴”一样，可以使对方立刻陷入困境。

图 2－65 白走△位点，这是黑棋眼形的急所，有此一着黑棋已经净死。

图 2－66 白走△位点，这是紧气的要着。有此一着，黑棋差一气而被杀。

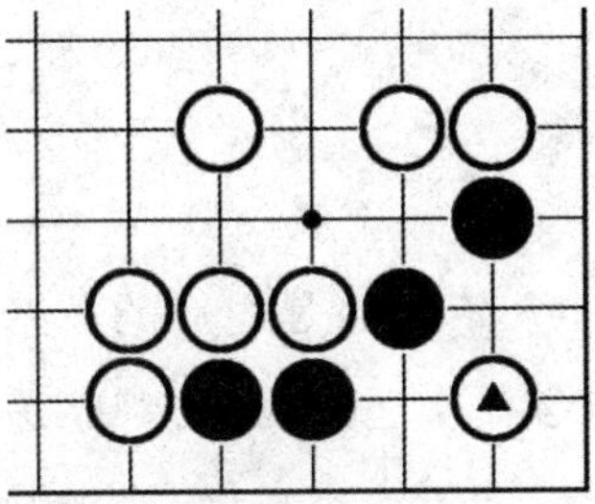

图 2－65

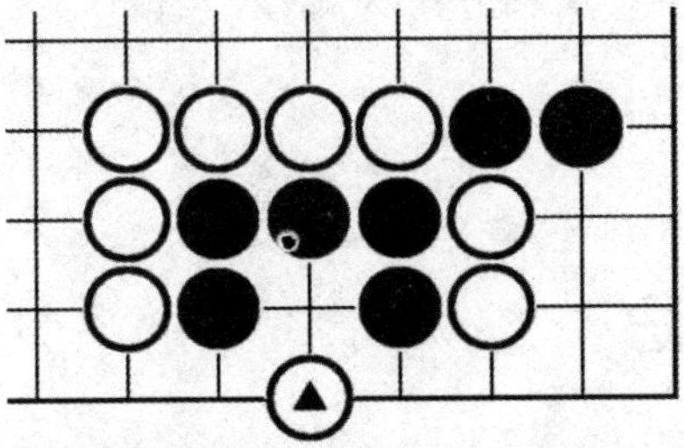

图 2－66

图 2－67 白走△位点，是黑棋形的急所，黑 2 虎，白就 3 跳，黑棋失去眼位，难免受攻。

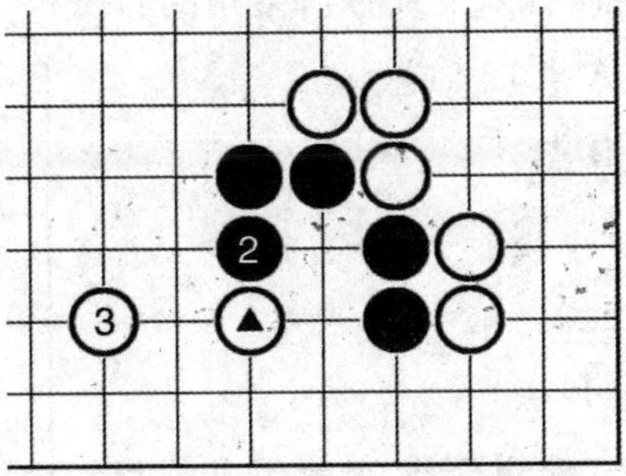

图 2－67

第三章　布局基础知识

布局就是对局的开始阶段，双方着子形成各自的势力范围，构筑空的模样。着子的通常顺序是：

1. 占空角
2. 守角（称作“缔”）和分角（称作“挂”）
3. 占大场

布局基本步法

布局阶段行棋的基本步法有：占空角、缔、拆、挂、夹和分投。

一、占空角

按着子在盘上的位置有以下几种占空角的着法：

小目（图3－1的A点）

目外（图3－1的B点）

高目（图3－1的C点）

星（图3－1的D点）

三、3（图3－1的E点）

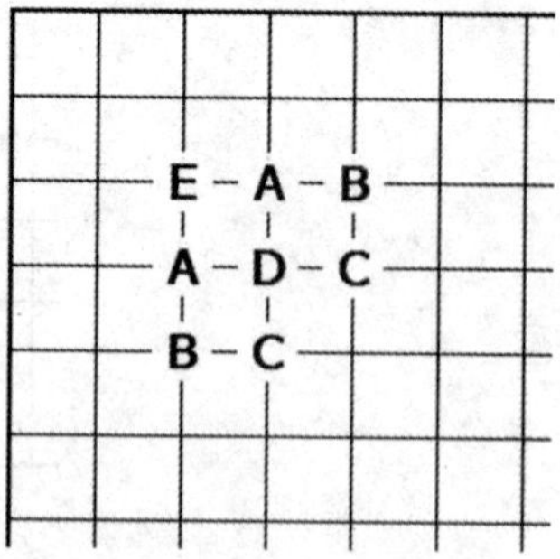

图3－1

占据小目和三、3，偏重于取实地。占据目外，高目和星则偏重于取势。几种占角方法各有利弊，可根据局势和个人趣向进行选择。

二、缔

走星和三、3 占角，由于对称性，一般并不需要立刻再走一手棋守角，所以走星和三、3 占角称作“一手角”。走小目、目外、高目占角，有机会应立即再走一手棋，将角部阵地巩固，也就是缔角。

走小目占角，一般可以走小飞缔、单关缔和大飞缔。

小飞缔（图 3－2）又称作“无忧角”。即这种缔角比较坚实，没有后顾之忧的意思。

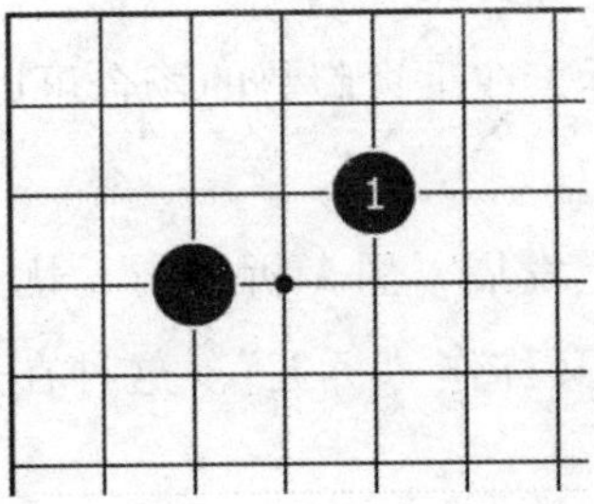

图 3－2

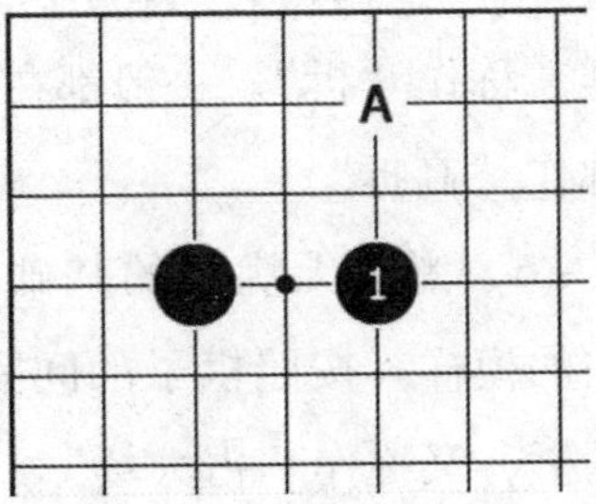

图 3－3

单关缔（图 3－3）在实空方面没有小飞缔坚实，角空有被对方在 A 位侵入的可能，但是在势的方面优于小飞缔。

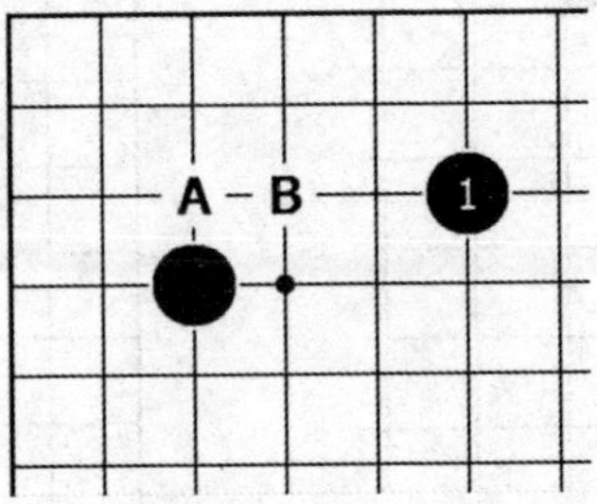

图 3－4

大飞缔（图 3－4）比小飞缔宽一路，但是没有小飞缔坚实，有可能被对方在 A、B 等处侵入角地。这种缔角方法，在高段棋手的对局中，使用的较少，一般属于对局者的一种趣向。

走目外和高目占角，有机会守角时，一般都在小目着子缔成无忧角和单关缔。

在一些特殊的局势下，根据对局者的趣向，也可以选择一些变通的守角方法。

如图3－5，黑也可以在A位飞、B位大飞或C位关守角，这是重视边势的下法。

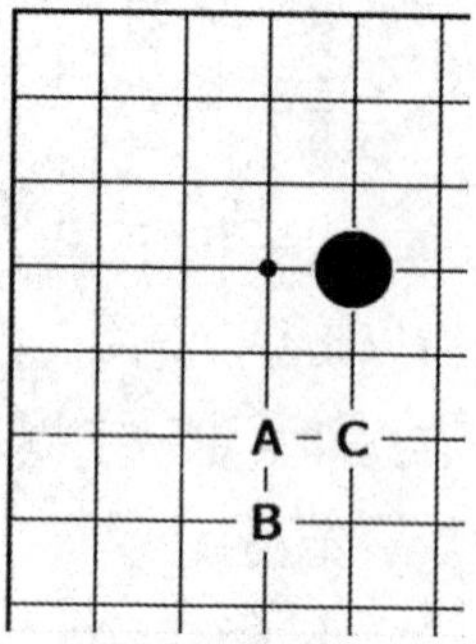

图3－5

三、拆

在边上距己方势力一定距离着子，扩展势力，构筑空模样，称作“拆”。一般都在三线上拆，在重视腹势的场合可以在四线上拆，称作“高拆”。

图3－6，黑在无忧角的基础上向边上发展，黑1拆，与无忧角配合，构成了空的模样。按照棋子的间隔，黑1又称作“拆五”。这种在边中央，较广阔的拆，又称作“占大场”。

图3－7，在星位黑子的基础上，黑1拆，在这一带构成了空模样。图3－8至图3－13是各种场合占大场的例子。

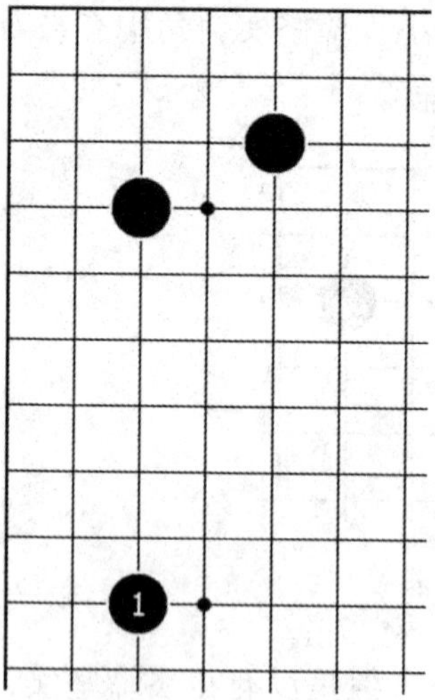

图3－6

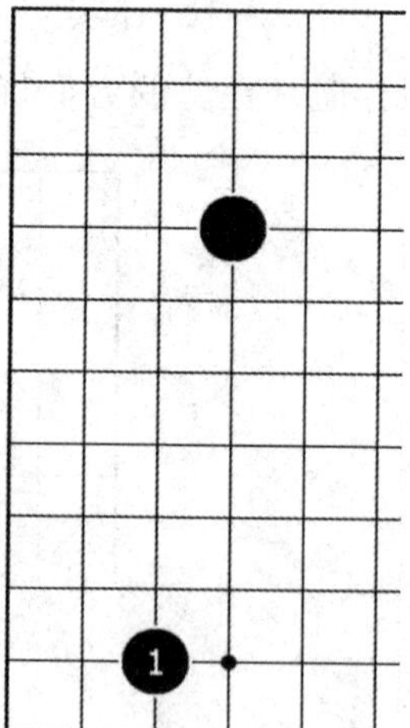

图3－7

图 3 – 8，一角是星位黑子，另一角是黑棋无忧角，黑 1 一子两面开拆，是效率十分高的着点，这种阵势，黑极易做成大空。图 3 – 9，黑占中间星位，这种配置称作“三连星”。与图 8 的阵势相同，三连星也是一种容易做成大空的阵势。在重视实空的场合，黑 1 也可着于星下 A 位。

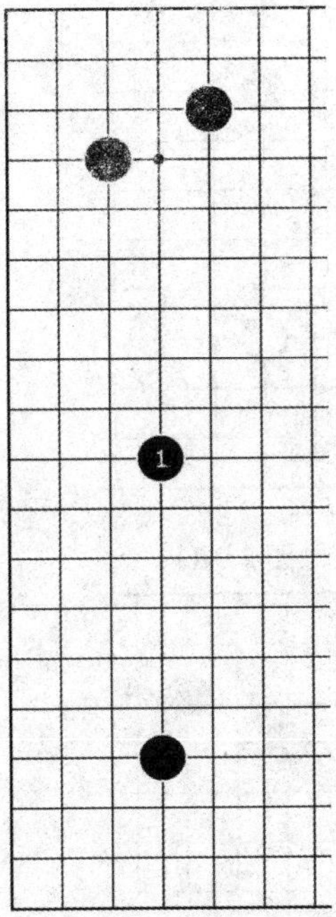

图 3 – 8

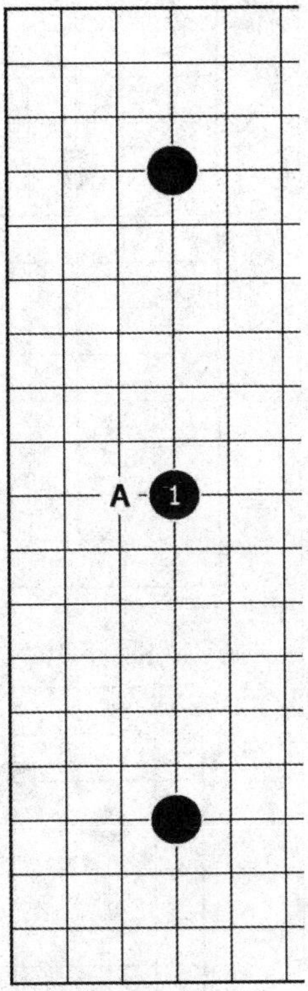

图 3 – 9

图 3 – 10，黑、白两个无忧角对峙，黑 1 拆五是价值十分大的大场。图 3 – 11，黑的无忧角面向另一边，黑 1 占大场的价值比图 3 – 10 中 1 位大场的价值略小些。图 3 – 12，白星与黑无忧角相对，白 1 占大场，价值与图 3 – 11中 1 位大场价值相同。白棋也可多拆一路，拆到 A 位。图 3 – 13，白三、3 占角与黑无忧角相对，白一般在 1 位占大场，以后可在 A 位大飞补，配合较好。

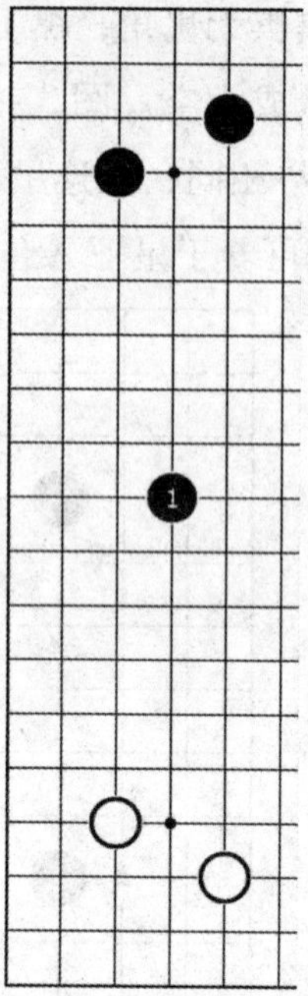

图 3－10

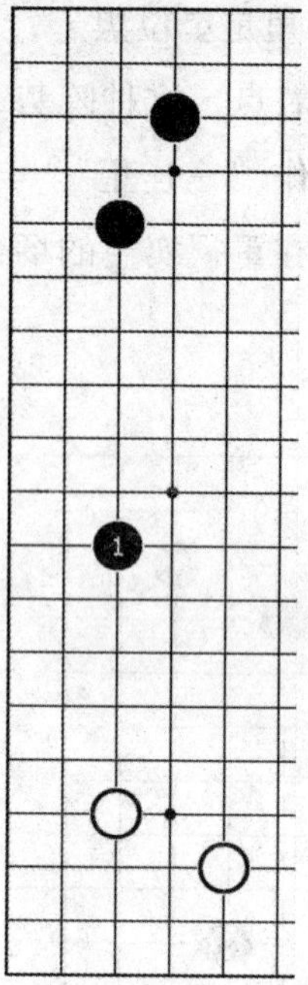

图 3－11

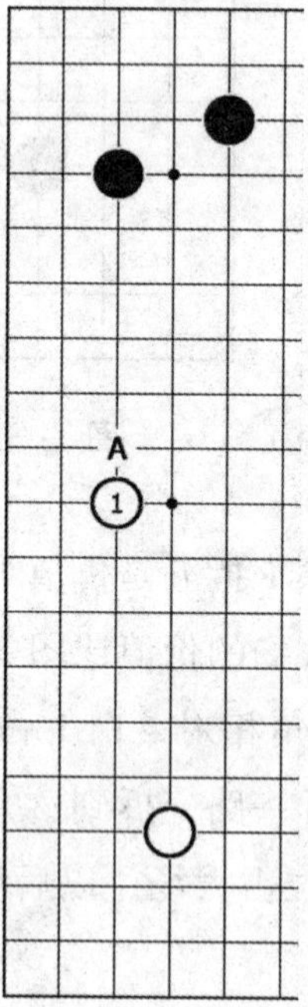

图 3－12

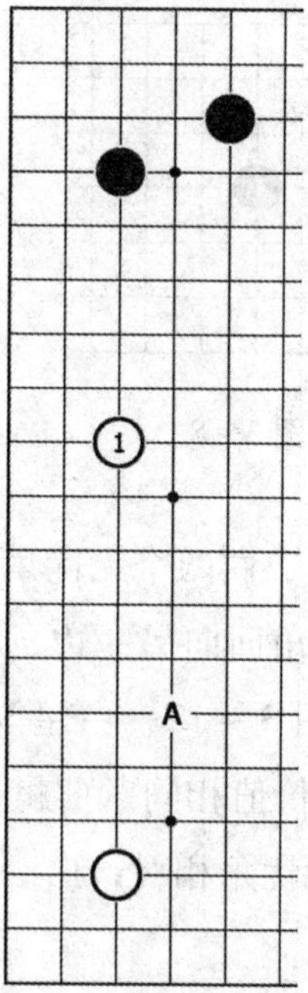

图 3－13

一般要根据己方势力的强弱确定拆的间隔，势力越强可以拆得越远。

1. 单子拆二

图 3－14，白 1 拆二是十分重要的一手棋，这手棋有三个作用，其一是使白子得到了加强，有了根据，其二是限制了黑无忧角的发展，最后是取得了一些实空。如果远一路在 A 位拆三，则被黑在中间 B 位隔断，白二子都要受攻，十分不利。

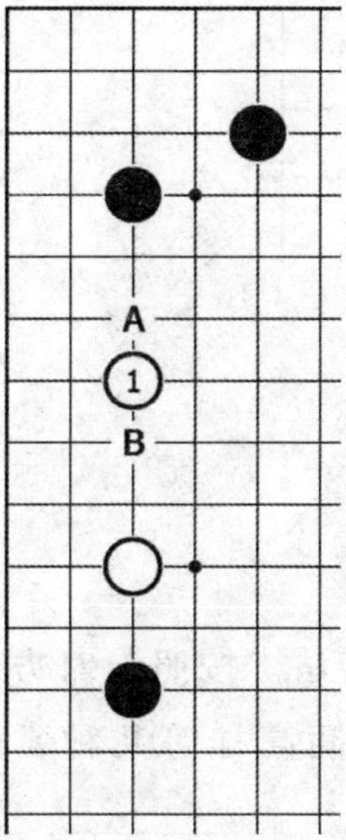

图 3－14

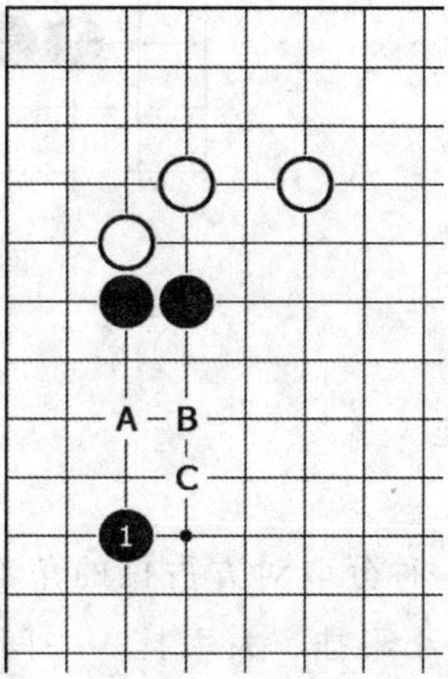

图 3－15

2. 立二拆三

图 3－15，在黑棋二子的势力下，黑可以在 1 位拆三。白若 A 位攻入，则黑可在 B 位或 C 位封住白棋。黑 1 如果拆二，黑子过于重复，难以发挥子的效率。

3. 立三拆四

图 3－16，在黑棋三子的势力下，黑可以在 1 位拆四。白若 2 位攻入，则黑 3 飞封，至黑 9 扳，白被封锁于内，十分不利。

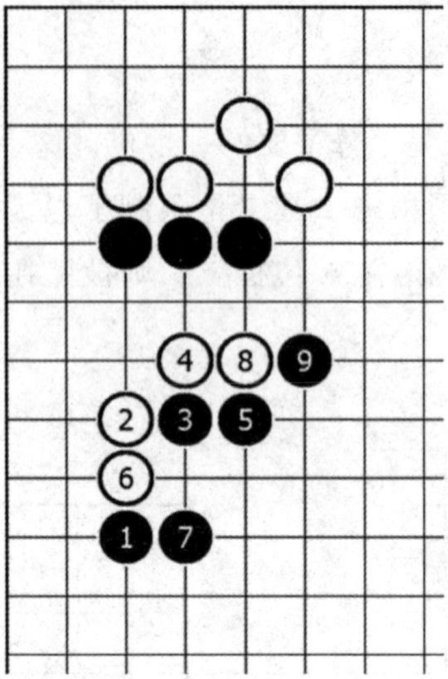

图 3 – 16

四、挂

挂是一种分取对方占据的角部利益的着法。按照与对方角部棋子的位置,有小飞挂、大飞挂、一间高挂、二间高挂等几种常用的挂角方法。

对小目占角有:

小飞挂（图 3 – 17 的 A 位）

大飞挂（图 3 – 17 的 B 位）

一间高挂（图 3 – 17 的 C 位）

二间高挂（图 3 – 17 的 D 位）

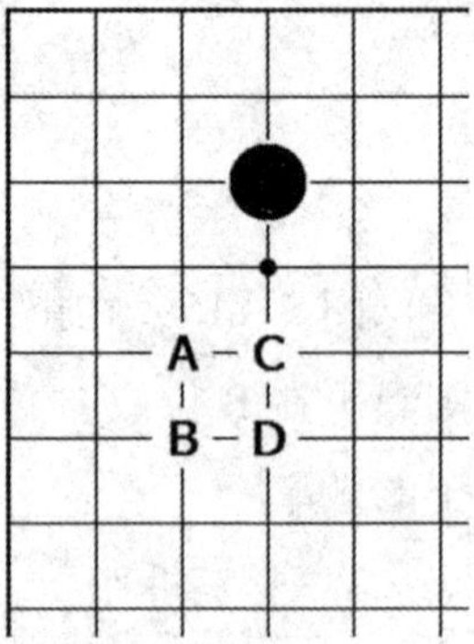

图 3 – 17

小飞挂利于取地，一间高挂利于取势，这两种挂法比较常用。大飞挂和二间高挂实地稍损，多用于避免对方夹攻挂子的场合。

对目外和高目占角，一般多在小目挂，有时也可根据局势选择三、3 挂角。

对星位占角，绝大多数场合是在 A 位小飞挂，如图 3 – 18，在重视边势的特殊场合也可选择 B 位一间高挂。

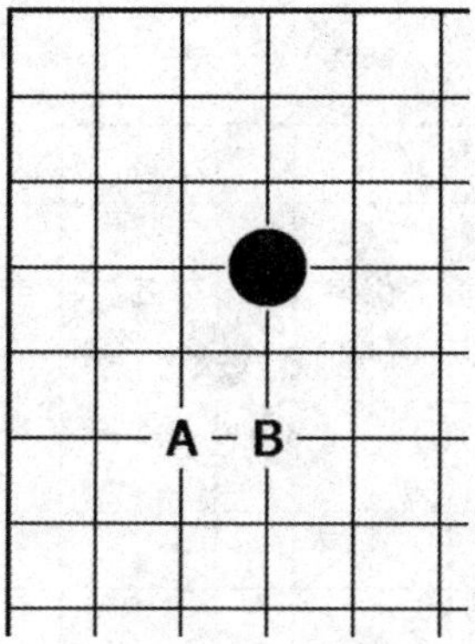

图 3 – 18

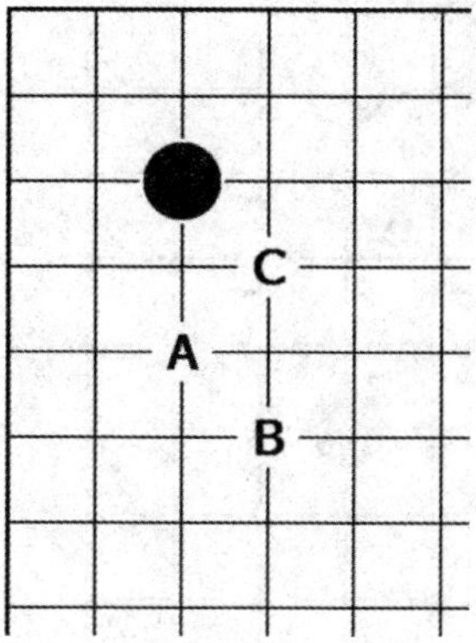

图 3 – 19

如图 3 – 19，对三、3 占角，可以选择 A 位一间高挂，B 位大飞挂，在重视腹势的场合，也可选择 C 位肩。

五、夹

夹是限制对方挂子拆，对其进行攻击的着法。

按照与挂子的间隔，有一间夹、二间夹和三间夹。

在三线夹，称作“低夹”。在四线夹，称作“高夹”。

例如：图 3 – 20 的黑 2 夹，称作“三间低夹”。

以己方势力为背景，夹击对方挂子是效率非常高的着法，一个子同时具有拆兼夹的作用。图 3 – 20，黑方在自己无忧角势力背景下，走 2 位三间低夹，进攻挂子的同时达到了拆的目的。

在对方势力较强时，不可盲目夹攻。图 3 – 21，边上已经有白方△子，白 1 挂，黑 2 夹就有些过分，白 3 关，黑需 4 飞出头，白再 5 镇，黑子立刻处于受攻的不利地位。黑棋应在 A 位尖，以后伺机再夹攻白棋。

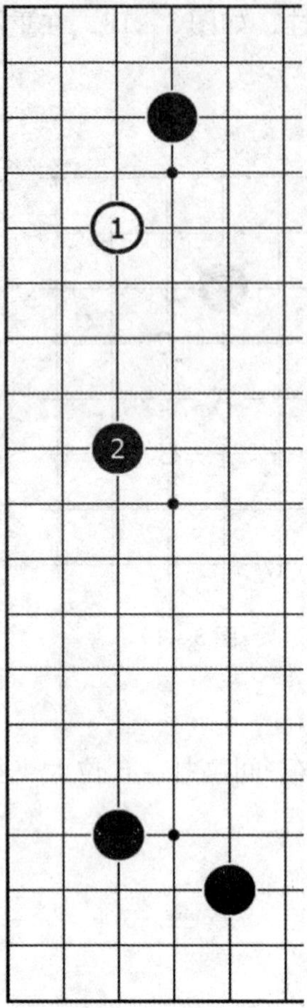

图 3－20

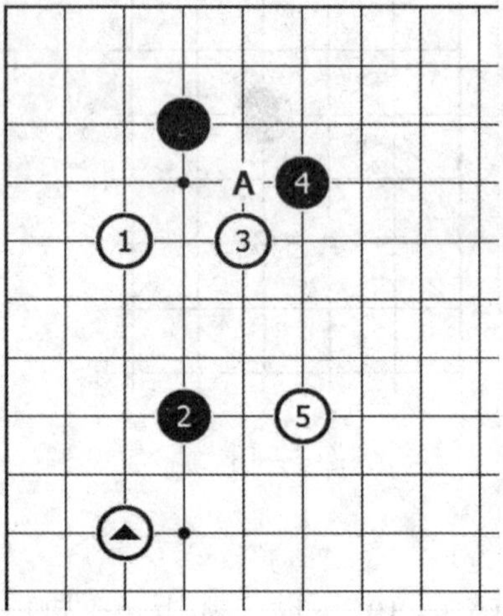

图 3－21

六、分投

分投是一种阻止对方一子拆两边而构成规模宏大的空模样的着法。一般要选择两边都可以拆二的着点。这样可以从容生根，免受对方攻击。

图 3－22，两个角都是黑棋势力，黑若于边中央星位拆一子，即可构成宏大的空模样。白 1 分投是十分重要的一手，黑无论从哪边逼，白都可在另一边拆二。有时白 1 也可在 A 位分投。

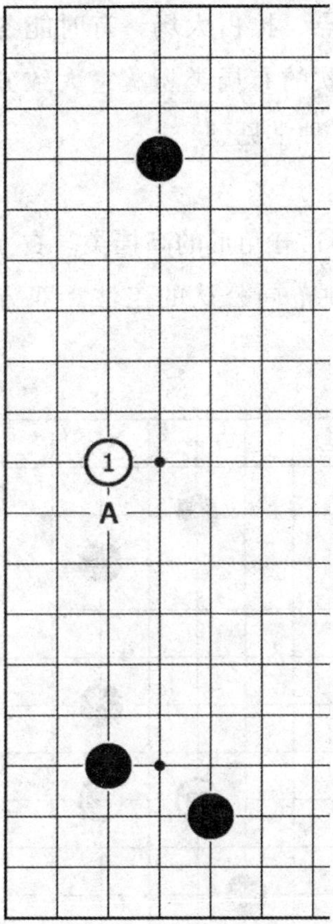

图 3 – 22

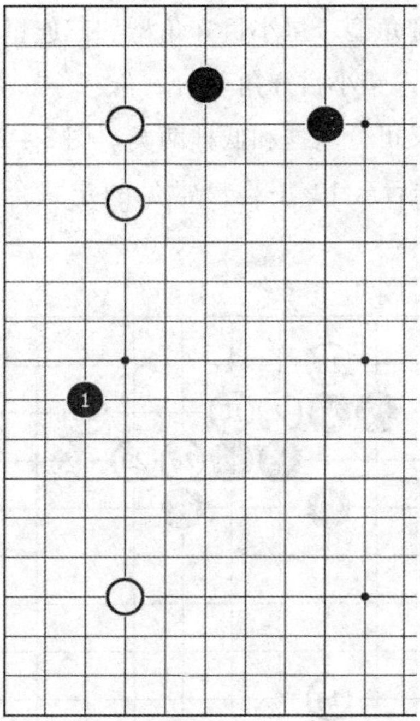

图 3 – 23

图 3 – 23，与上图情况相同，黑 1 分投是十分重要的着点，此着将下边白棋势力圈分割开，使白无法构筑较大的空模样。

布局类型

一、平行型布局

双方各占相邻的两个角，叫作平行型布局。这种布局偏重于取边角实地，较为平稳简明。按照布局通则，占据要点，抢占大场，有时能各自连成一片，形成较大模样。这是广大棋手所喜欢的布局类型。它大致分有错小目守角型、星小目守角型和三连星布局等三种常见型。

1. 错小目守角型

又可分高挂和低挂两类。图 3－24 是错小目守角形的高挂类。右下角白 6 高挂后至 12 止是最常见的定式，也是这种布局公认的走法。双方都无不满。

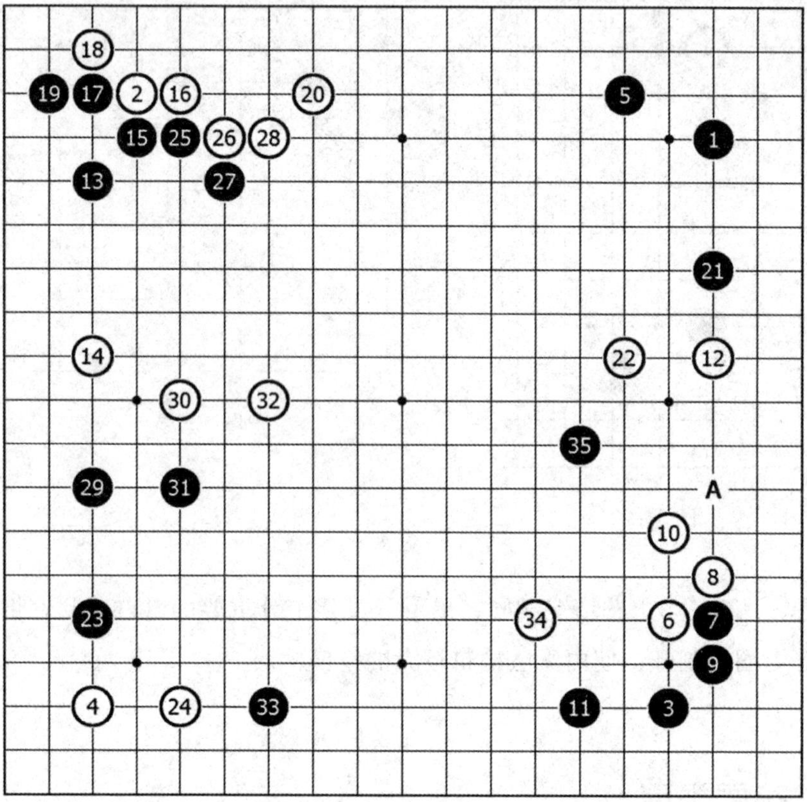

图 3－24

在左边，由于白方相邻两角的位置不同，变化较多。除走定式外，没有固定的边角常型。本图中，白对黑 13 挂角的夹攻方法很多。白 14 采用三间低夹是较松缓、留有余地的着法，至白 20 是定式，双方都有了根据地。黑 21 是大场。不仅加固了无忧角，还存有在 A 位打入的好点，如图 3－25 所示。因此白 22 跳起是为了防黑打入并向中腹发展形势。黑 23 是破坏白在左下边的地域连成一片，但也可按图 3－26 的走法。黑 29 拆二安定了自己，同时威胁白 14 一子。黑 33 紧凑地向白左下角施加压力并想取得下边的实地。白如跳出便成图 3－27。这样左边白△三子将受影响，同时黑 4 又取实地，而白方没有什么收获。因此白 34 以扩展右边的阵势来应对。黑 35 如按图 3－28 的下法取实地，白得外势，并同左边白△三子相呼应，黑不满意。所以黑 35 打破常规侵消白势。从此进入中盘战斗。

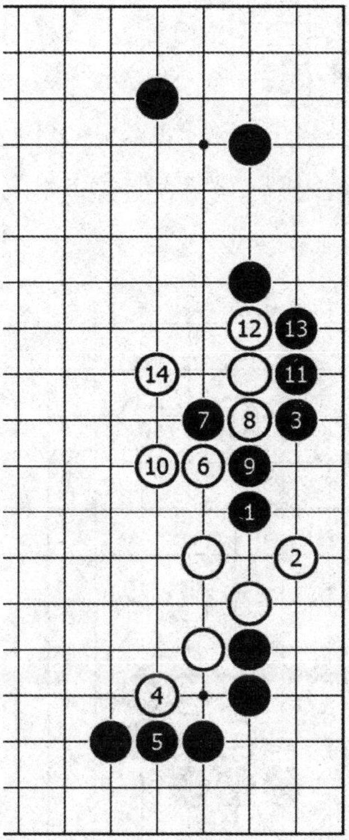

图 3－25

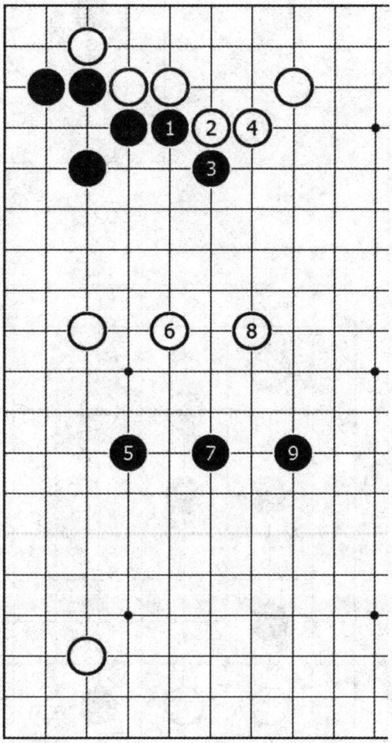

图 3－26

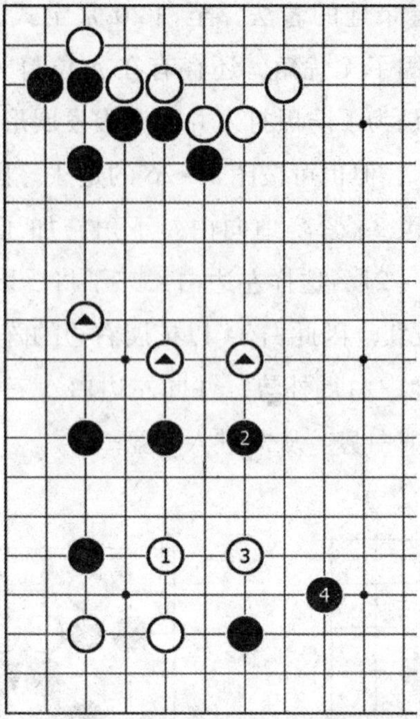

图 3－27

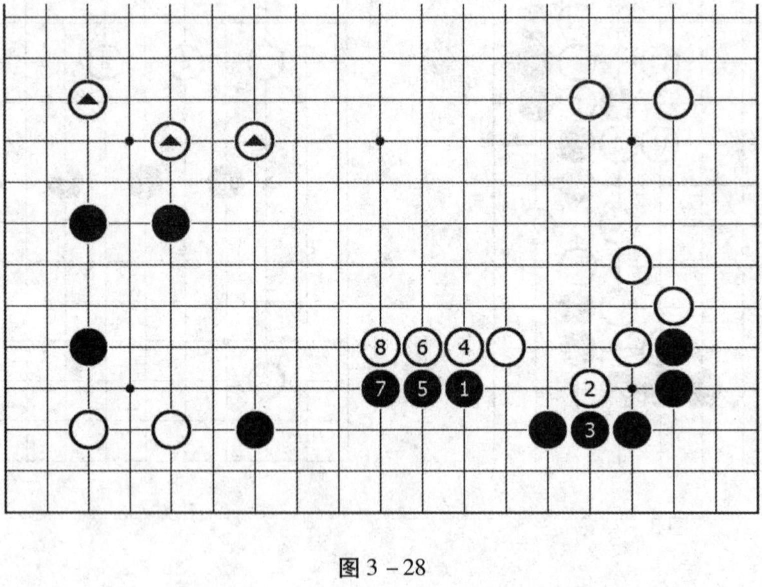

图 3－28

图 3－29 是错小目守角型低挂类的布局常型。

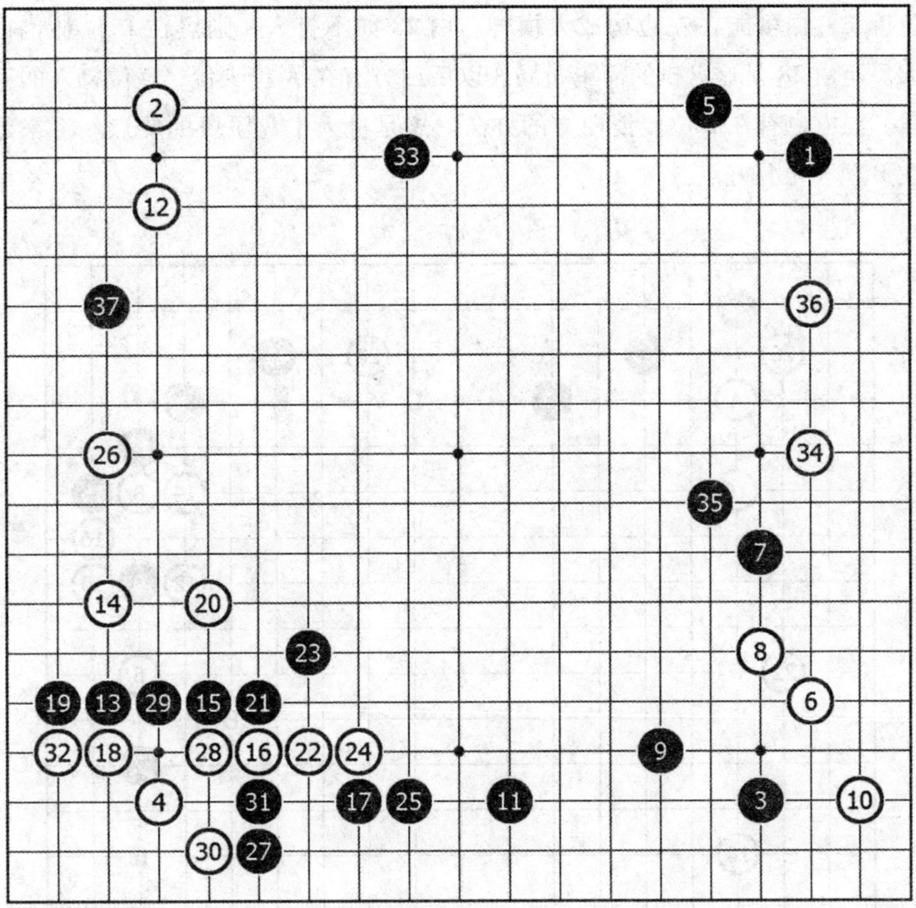

图 3－29

2. 星小目守角型

就是黑 1 走星位，3、5 在相邻角走无忧角。它有正分投，如图 3－30；偏分投，如图 3－31；不分投，如图 3－32。

图 3－30，白 6 走在“十、3”路位置上是正分投。它破坏黑方的地势，是很重要的大场。黑 7 从无忧角的方向拦是当然的。8 至 16 的走法是这种

布局中最常见的型。如按图 3－33 的走法也是常见的。但白方如按图 3－34 的走法，就给黑方留下很多借用的手段。黑 19 也可走在 A 位。黑 27 如在 C 位拆二，白可能在左边构成大模样。白 28 如不打入，则黑在 D 位补也很大。至白 28 是这盘棋的简单布局。以后白方有在 A 位尖侵，E 位打入的手段。黑方也有在 F 位侵消白方的办法。这是进入中盘阶段的要点。将来黑在 B 位飞也是好点。

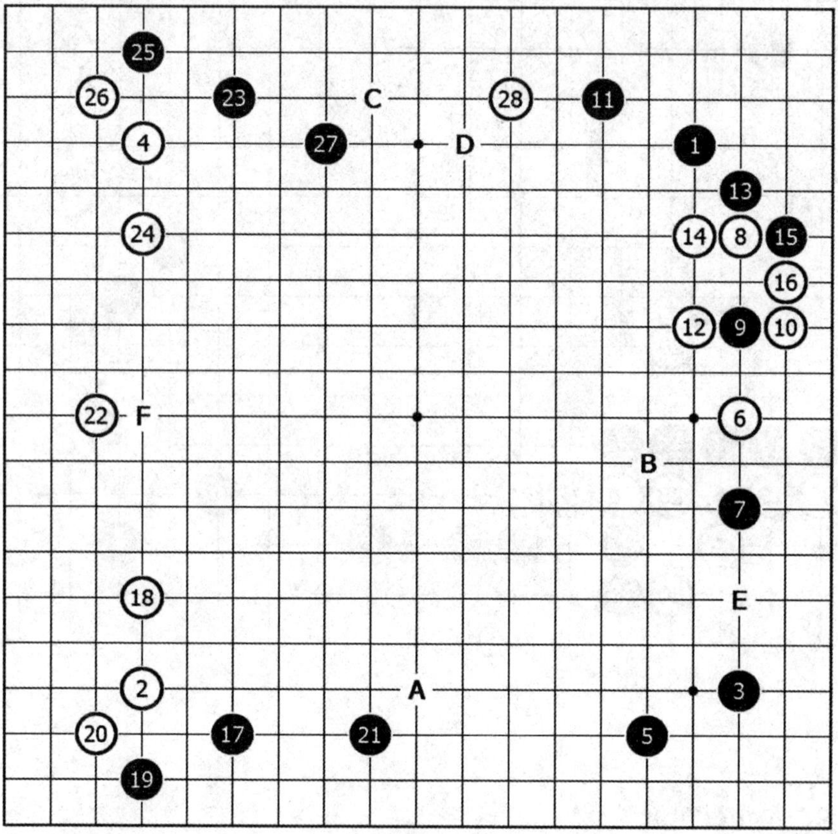

图 3－30

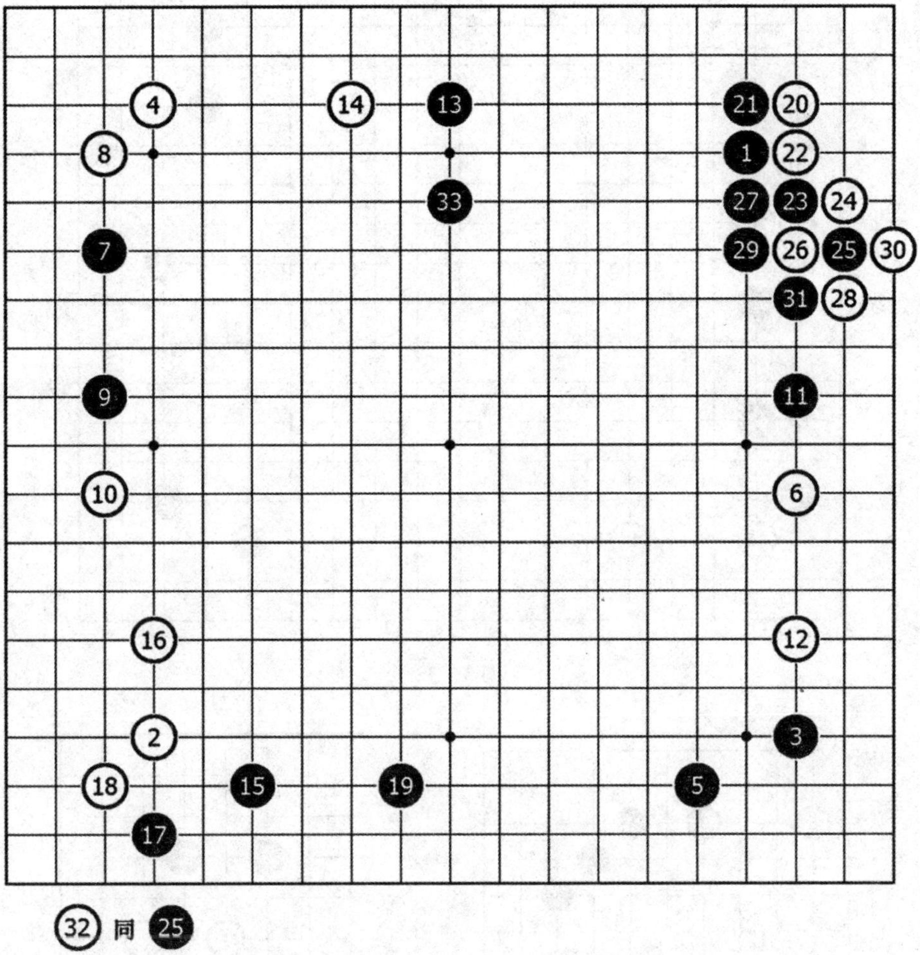

图 3－31

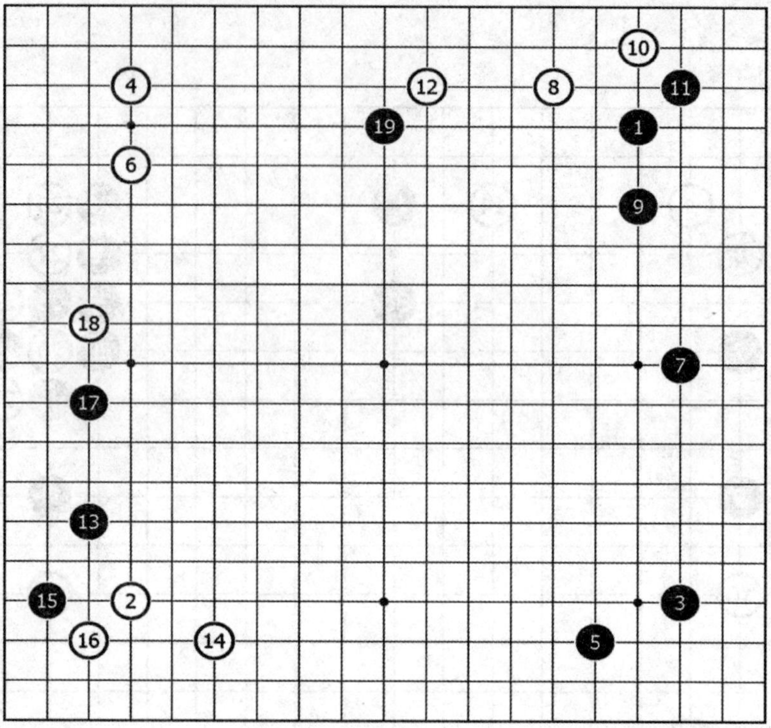

图 3 – 32

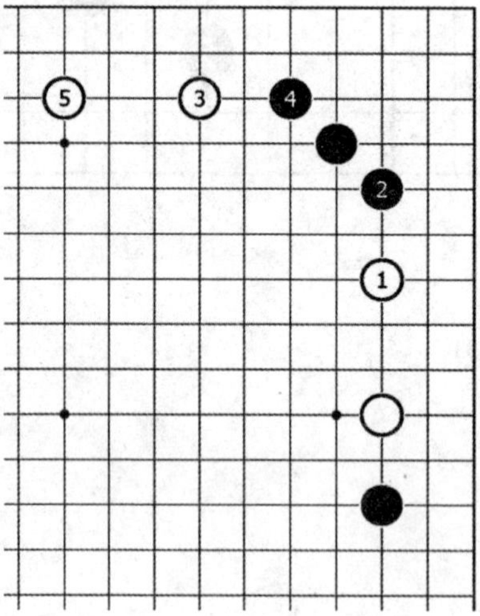

图 3 – 33

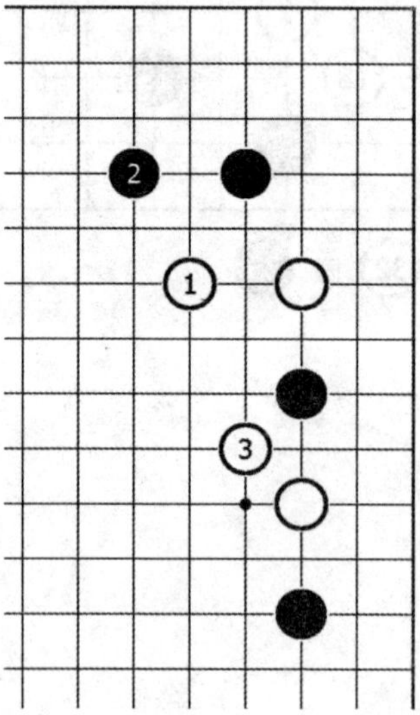

图 3 – 34

3．三连星

图 3－35 黑 1、3、5 都走在周边的星位上，叫三连星布局。它与前面两种平行型布局有所不同。偏重于取势。如果白方在上边投子，就要受攻。所以白方一般都不在 1、3、5 之间投子，这就使黑方造成一种大模样的布局。白 6 挂角后，黑 7 如在 A 位关，则成图 3－36，也是常见的型。从黑 7 至 13 是常见定式。白 14 是双方争夺的大场。黑 15 减弱白方的势力，至 18 是“三、3”定式。一般应按图 3－37 或图 3－38 把这个定式走完。黑 19 如果继续走完定式，就要落后手，因此脱先，在上边关出，继续贯彻三连星的大模样布局。白 20 是大场，并攻逼黑两子。从 21 至 30，黑方是为了安定自己，白方是借攻黑方而捞取实地。黑 31 反攻白 20 是积极的走法，这样就进入中盘战斗。

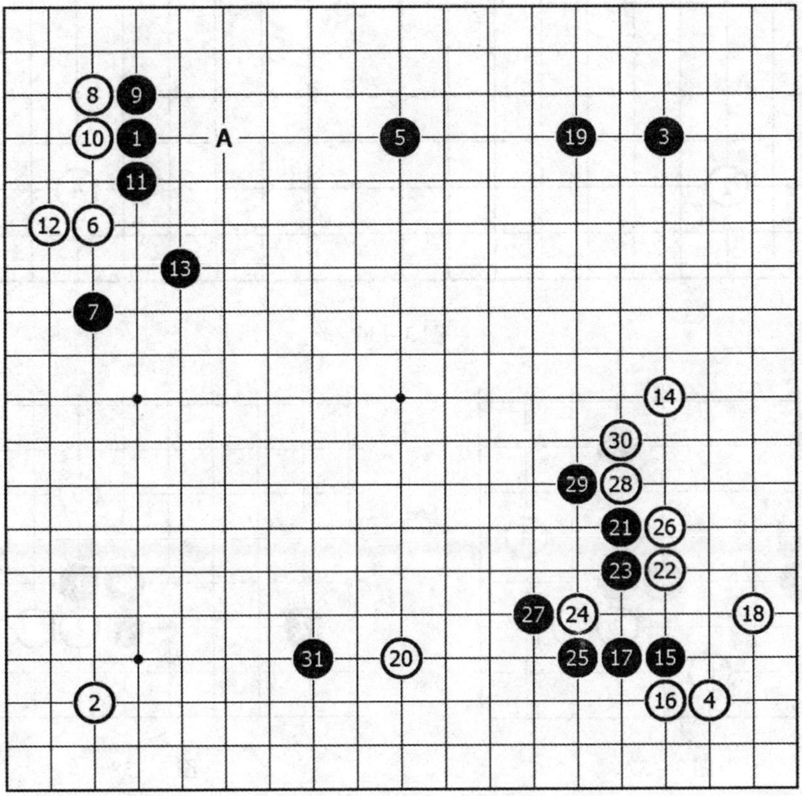

图 3－35

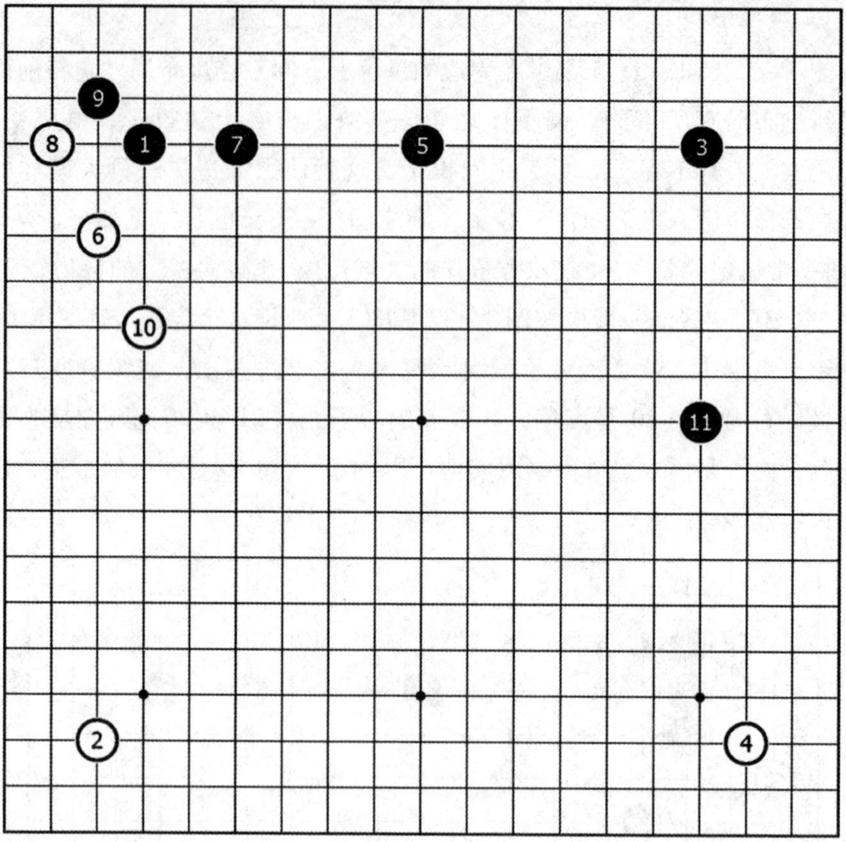

图 3－36

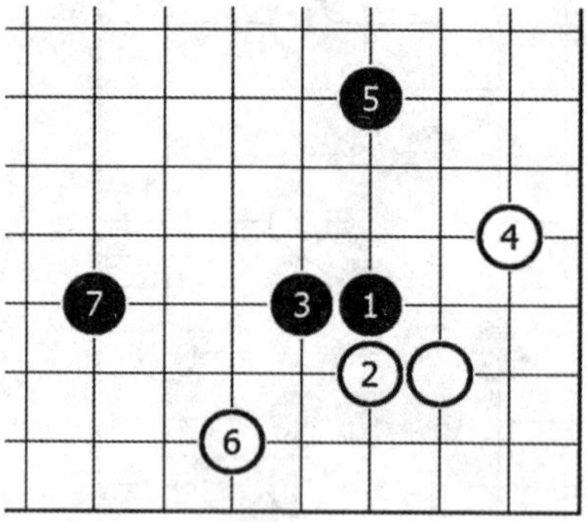

图 3－37

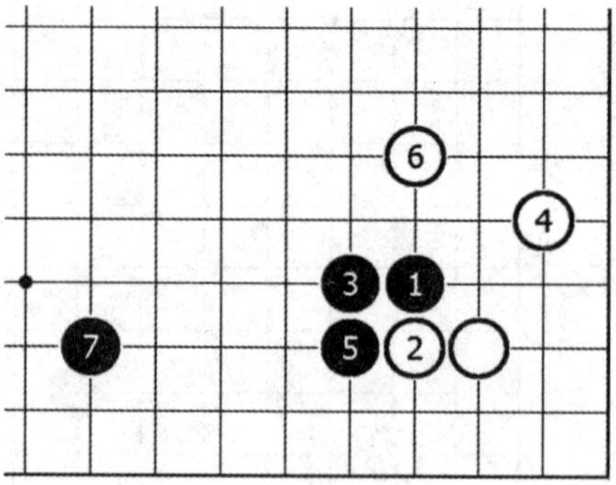

图 3－38

二、对角型布局

双方各占两个对角，成为交错的形式，叫做对角型布局。它大致分成对角星和对角小目两个类型。

对角星布局。很多“力战型”棋手都喜欢走对角星布局。但初学者感到它不太实在，容易落空。其实，如能掌握它的规律和特点，就会给对方较大的威胁。对角星布局的第一个特点是速度快，便于向边和中腹发展。它一手占一个角，因此黑 5 就必然挂白角，而不会是守角。这就决定了它的第二个特点——积极主动。

对角星布局大体分为：白夹攻型，如图 3－39；白守角型，如图 3－40。

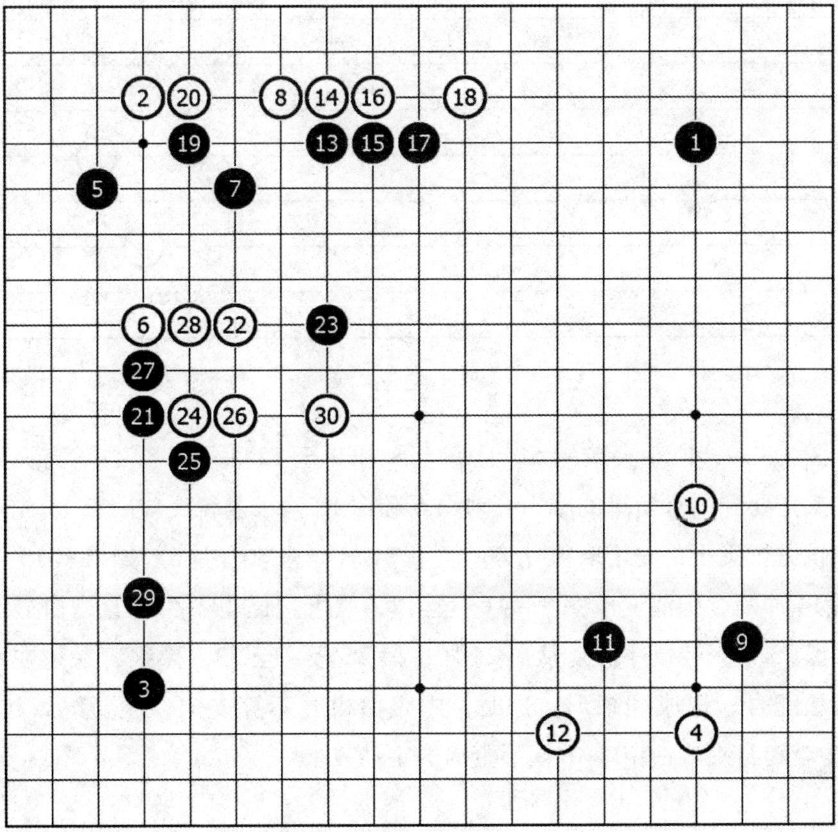

图 3－39

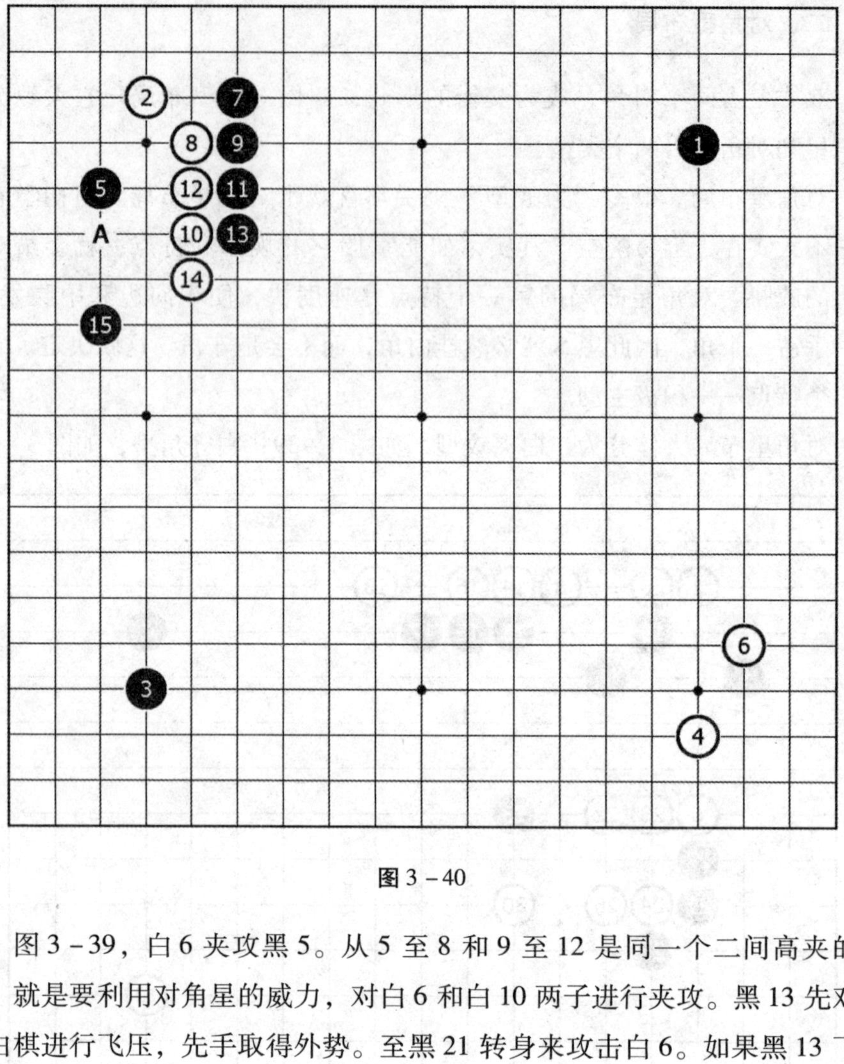

图 3－40

图 3－39，白 6 夹攻黑 5。从 5 至 8 和 9 至 12 是同一个二间高夹的定式。就是要利用对角星的威力，对白 6 和白 10 两子进行夹攻。黑 13 先对上边白棋进行飞压，先手取得外势。至黑 21 转身来攻击白 6。如果黑 13 飞压后白 14 冲断，则演变成图 3－41，至 12，黑上边已得不少地盘，白显然不利。黑 23 镇，控制中腹。从白 24 压，黑 25 板，至 29，黑很容易地在左下边与星配合，构成理想形。这时，中腹白棋并不算安定，还要继续逃出。黑 31 就转身夹攻白 10，掌握了全局的主动权。

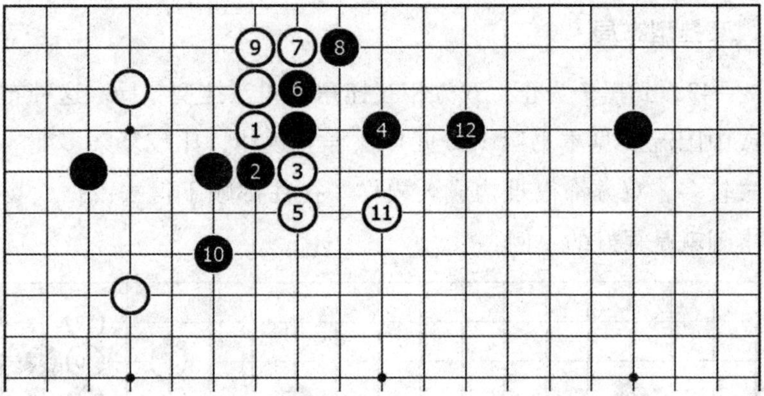

图 3－41

图 3－42 是对角小目型的一盘布局。

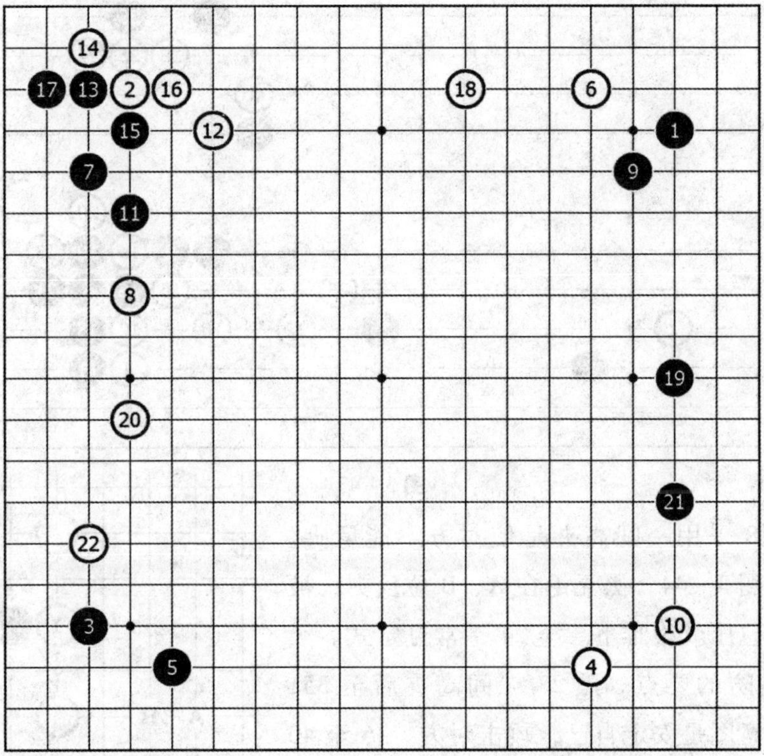

图 3－42

三、互挂型布局

图 3－43，到黑 7 为止，双方相互挂角，叫互挂型布局。这种布局不像平行型或中国流（见本书第 132 页）那样有规律，比较复杂多变。采用夹攻的定式较多，双方都很难构成大模样。往往都顾不得去占据大场就卷入急战。本图就是很好的一例。

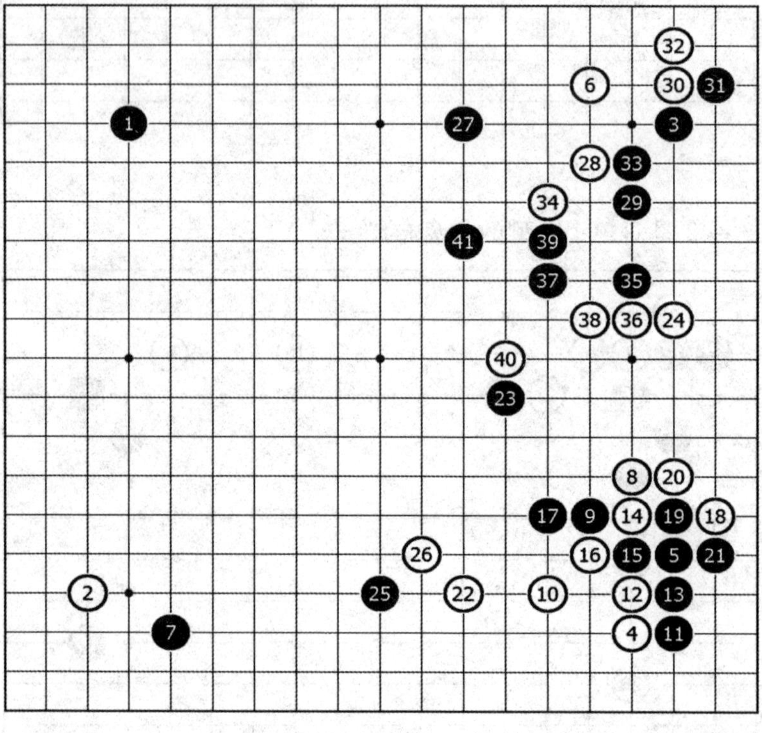

图 3－43

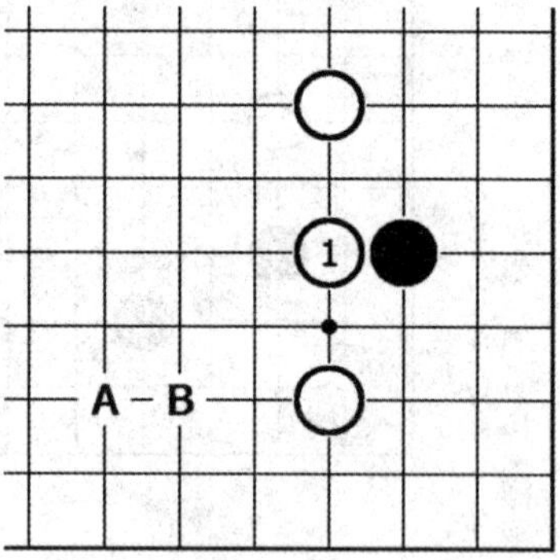

图 3－44

白 8 采用一间高夹是使对方不能反夹。否则按图 3－44，黑无论在 A、B 位反夹，被白在 1 位压就很难下。至 24 是常见定式。黑 25 是攻防的要点。黑 27 二间高夹后至 35，双方的意图是安定自己，攻击对方。36 至 40 白方阻止黑方联络。黑 41 跳出后，白右上角也不安定。现在，双方都顾不得去占左上边和左边的大场，在对攻中进入中盘战斗。

四、“秀策流”布局

黑1、3、5三着占据错小目，称为“秀策流”布局，也叫“1、3、5”布局。这种布局是100多年前被誉为日本“棋圣”的秀策创造的。从那时起，提出和总结了以三线为地域线，以四线为势力线，并以先占小目，继而守角、挂角和推进全局的布局理论。

“秀策流”布局至今在高手的实战中还经常出现。下面是“秀策流”布局的一例。如图3－45。

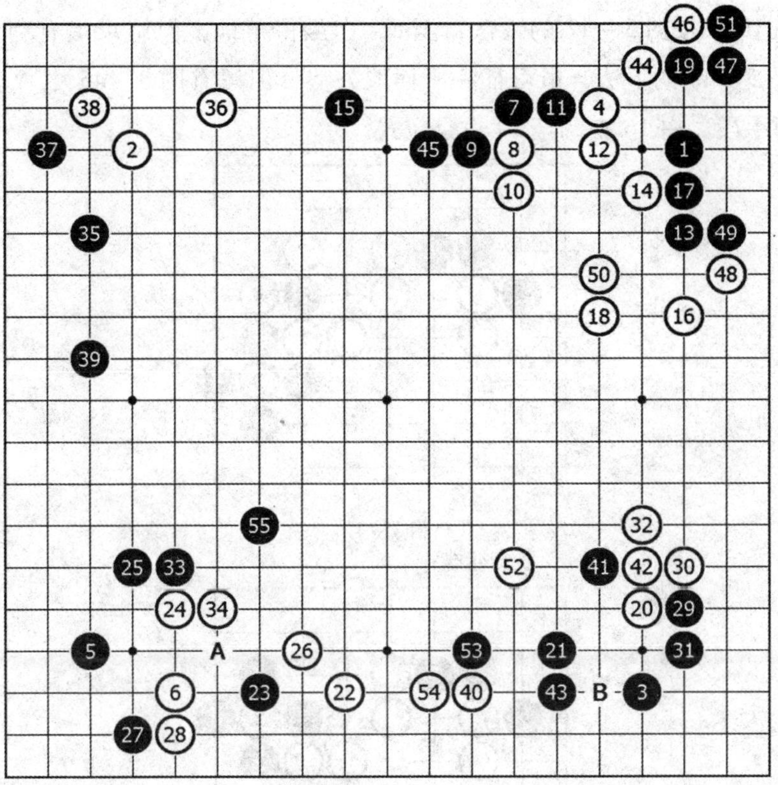

图3－45

白6在29位挂角，也是常有的。

黑7选用一间夹的走法，积极主动，白8以下是定式。黑13如按图3－

46 的走法是定式一型，但白配合左上角的星攻黑，配置很理想。

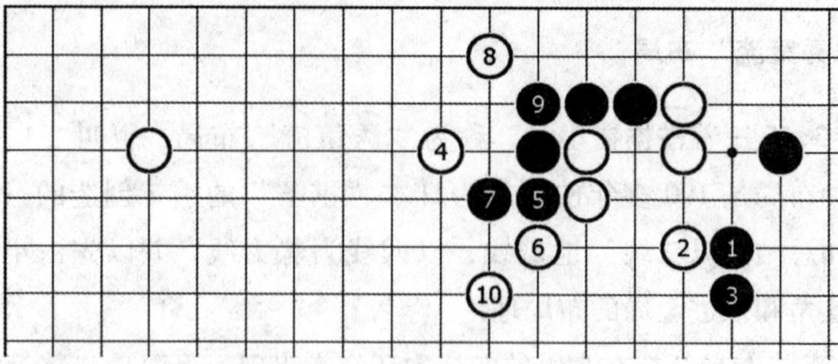

图 3－46

白 16 如按图 3－47 的下法，至 8，白虽得角地，但结果黑有利。又白 16 按图 3－48 的下法，虽可征一子而取外势，但黑有图 3－45 中 A 位引征的严厉手段。白 16 夹，至 19 也是定式。

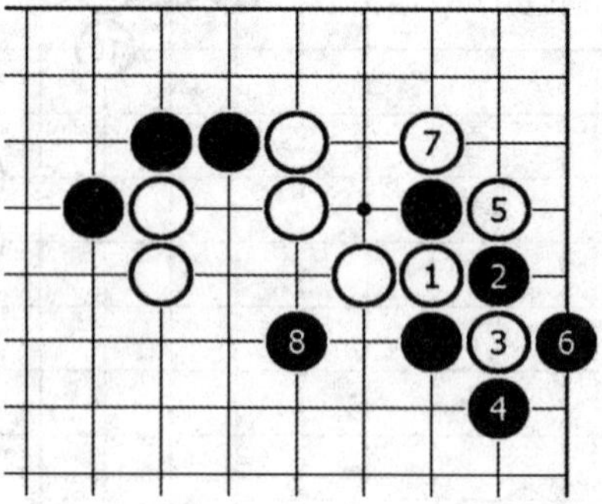

图 3－47

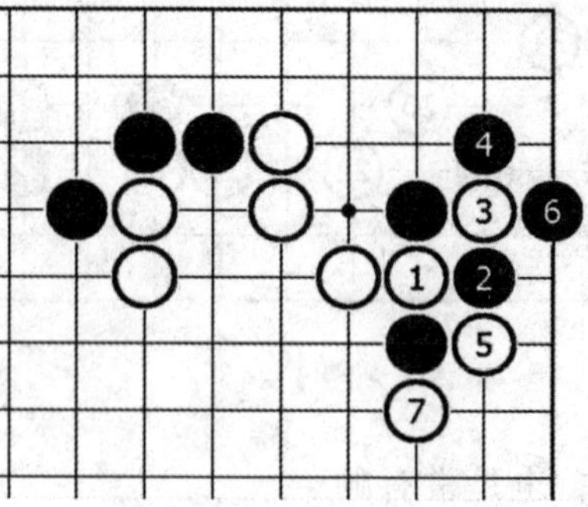

图 3－48

白 20 配合 16、18 挂角是绝好点，黑 21 飞起时，白 22 如照图 3－49 的走法虽然很大，但被黑争先于左下夹攻严厉，故白 22 拆三是好点，并准备下一手在左边反夹黑 5。

黑 23 打入是弃子战术，先手把左下角加强免受夹击。

黑 29、31 先手托角，实利很大，然后于左上挂角，以下至 39 是常见定式。

白 40 拆是好点，下一手要 B 位跨，很严厉，黑 43 补强。

白 44 防黑渡过不但实利大，而且还有攻击上边黑棋的作用。

黑 45 补强自己，同时瞄着 50 位靠出。

白 46、48 先手得利后，50 补强，黑 51 不得已，如不补则成图 3－50，黑成活很苦，被白 7 跳入，黑上边一块棋将受到攻击。

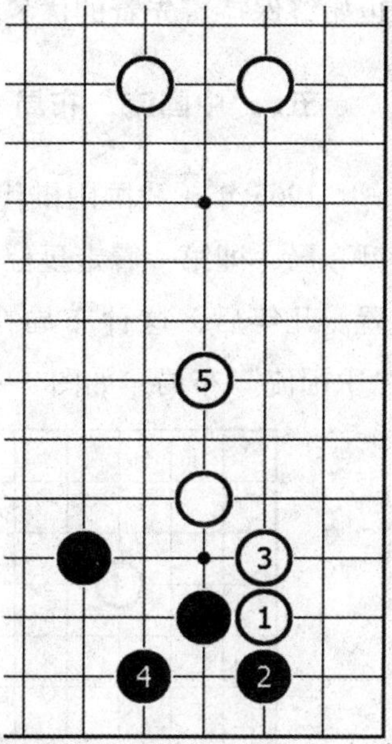

图 3－49

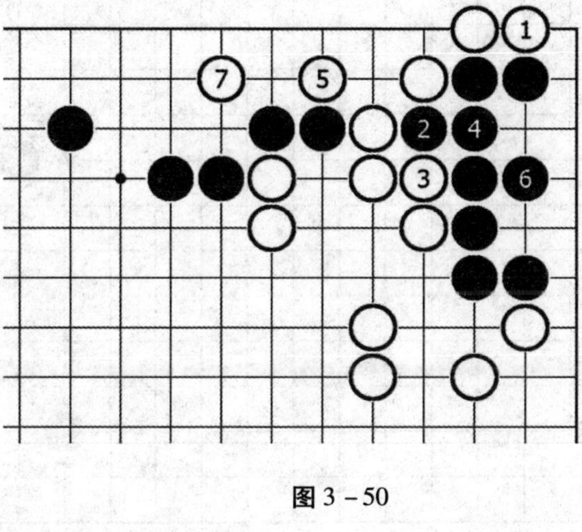

图 3－50

白 52 是扩张自己势力的好点。

黑 53 先手压后，55 飞起也是好点，不但限制了白的势力，同时扩张自己左边的模样。

至此布局终了，将进入中盘阶段。从局势上看，双方大致相当，黑棋也始终保持着先着的优势。

五、“中国流”布局

1965 年，我国围棋代表团访日，在日本的首场比赛中，采用了一种新型布局，即第一着走星位，第三着走邻角的小目，第五着走“九、3”路位置。几年后，这种布局在棋界受到高度重视，并广为流行，从此被称为“中国流”布局，如图 3－51 所示。

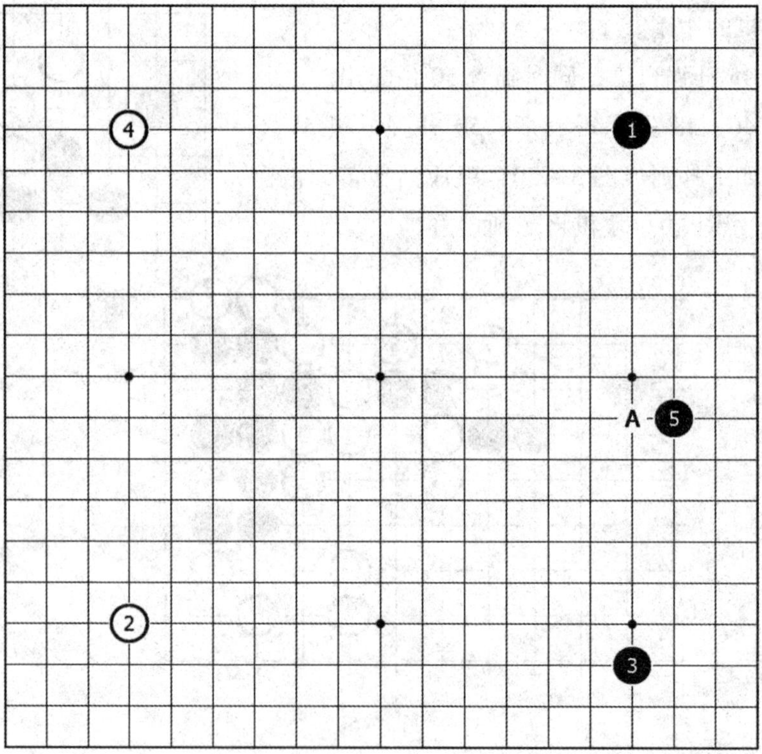

图 3－51

“中国流”布局的特点有以下几点。

(1) 黑5的位置优越（黑5若下在A位，称为“高中国流”）。

白方无论在1、5之间或3、5之间投子，就按图3－52或图3－53的走法，使白方的棋型局促。黑方跳起后，不仅威胁着白棋，还扩展黑方边上的形势。由此看出黑5一子的位置十分优越，它能有效地限制白棋在整个黑边的行动。使黑方能从容地走出两翼张开的好形。

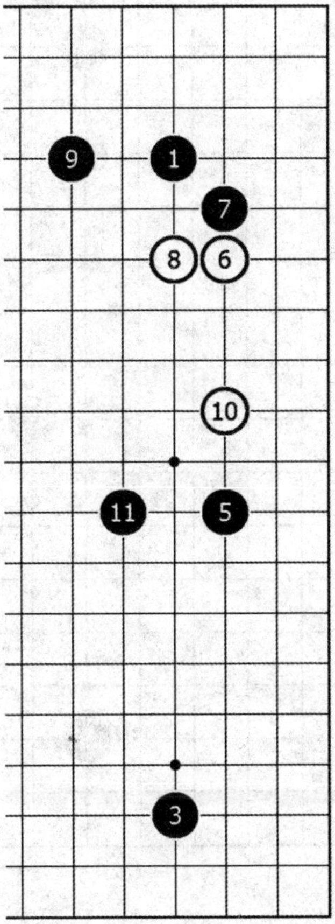

图3－52

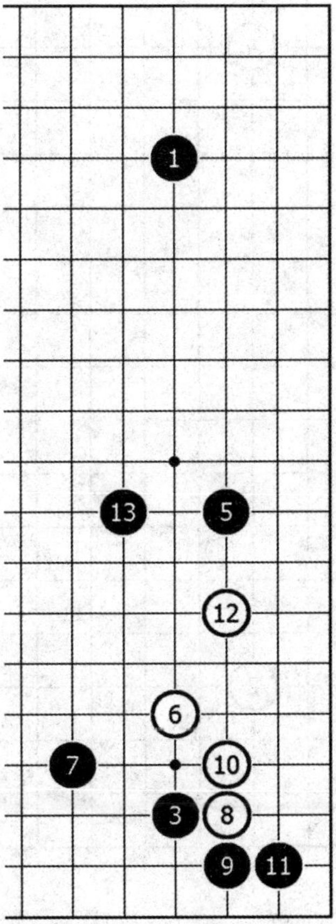

图3－53

（2）子力的效率高，推进的速度快。图 3－54 和图 3－55 是两种“中国流”布局的常型。它表明无论白方从哪个方向投子，黑方都可以快速地构成两翼张开的大模样。迫使白方必须立即考虑打入或消减大模样的办法。这样黑方无疑要掌握主动权。

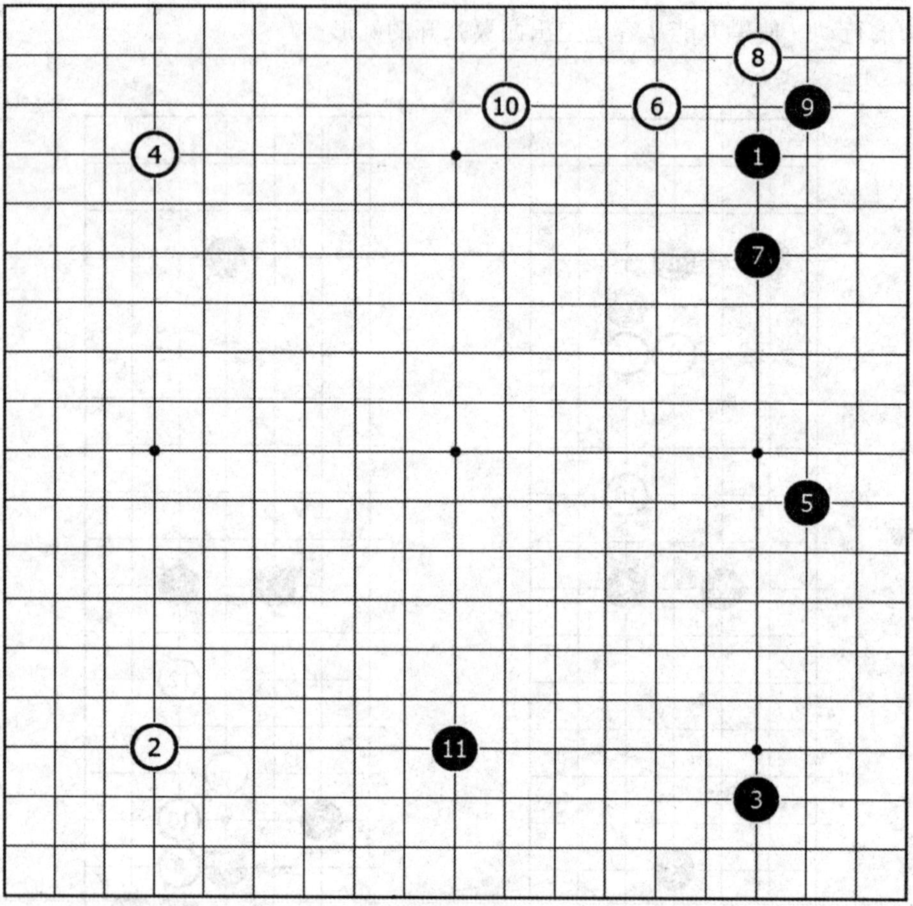

图 3－54

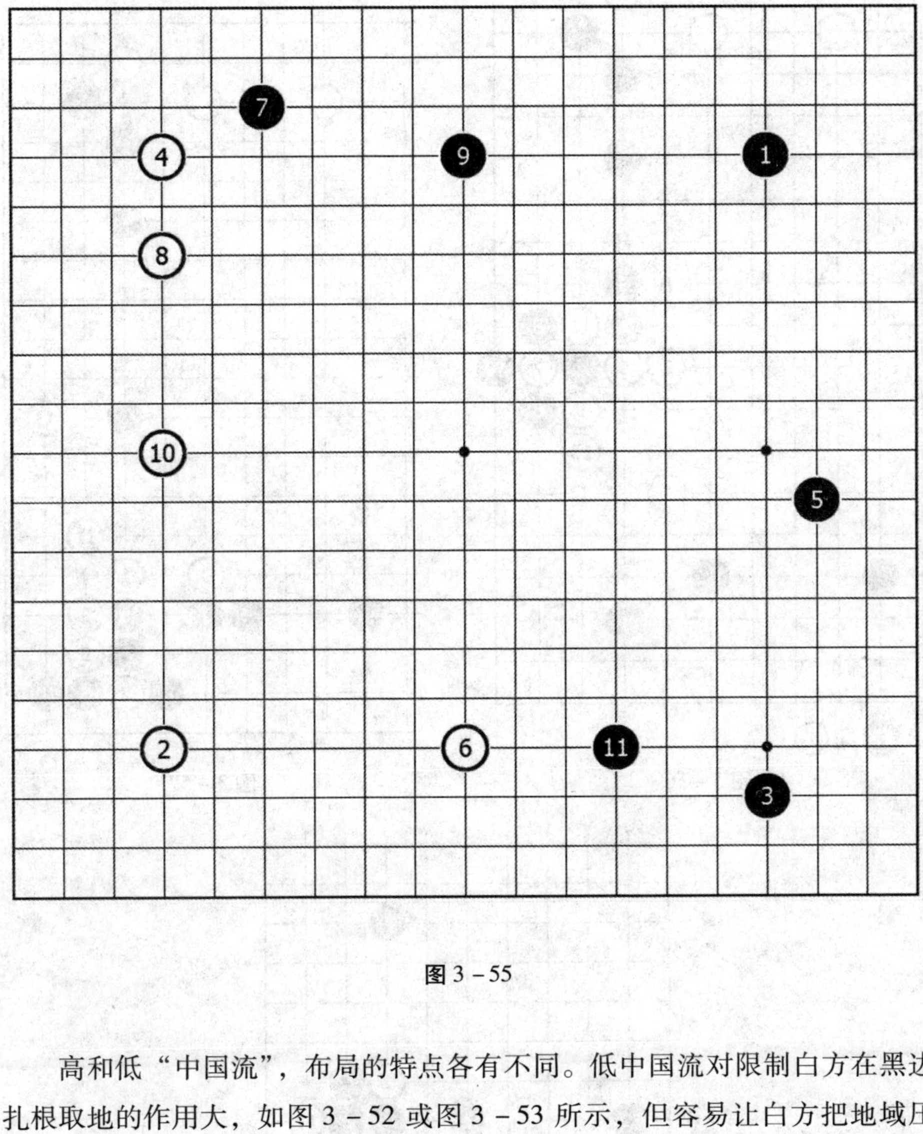

图 3 – 55

高和低“中国流”，布局的特点各有不同。低中国流对限制白方在黑边扎根取地的作用大，如图 3 – 52 或图 3 – 53 所示，但容易让白方把地域压扁。如图 3 – 56，白 13 也可先走 A 位，黑走 B 位，然后在 C 位补。高中国流虽可使白方不易浅消（浅消，从外围入手压迫对方的模样空间，使其略为缩小），但容易让白方在边角扎根做活，如图 3 – 57 或图3 – 58。

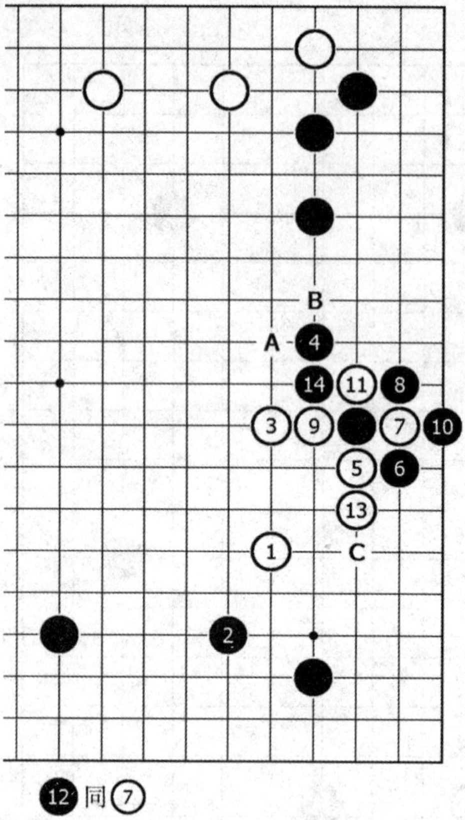

图 3－56

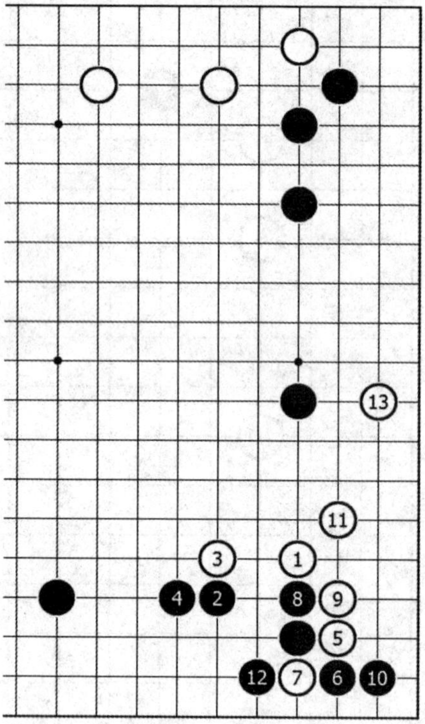

图 3－57

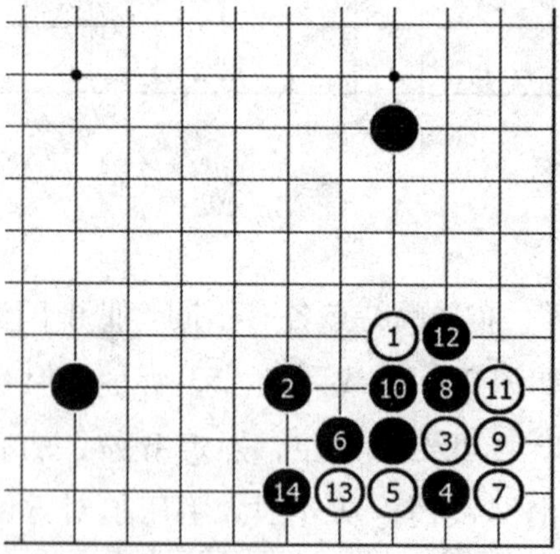

图 3－58

破坏黑方走中国流的办法是如图 3 – 59，白 2、4 走错小目，引诱黑 5 来 A 位挂角，破坏黑方构成“中国流”布局的计划。如果黑 5 还走中国流布局，则成图 3 – 59，白 6 不但守角而且起限制黑向下边发展的作用。以后黑在 7 位挂，到 12 止，占据上边大场，达到限制“中国流”布局扩展的目的。

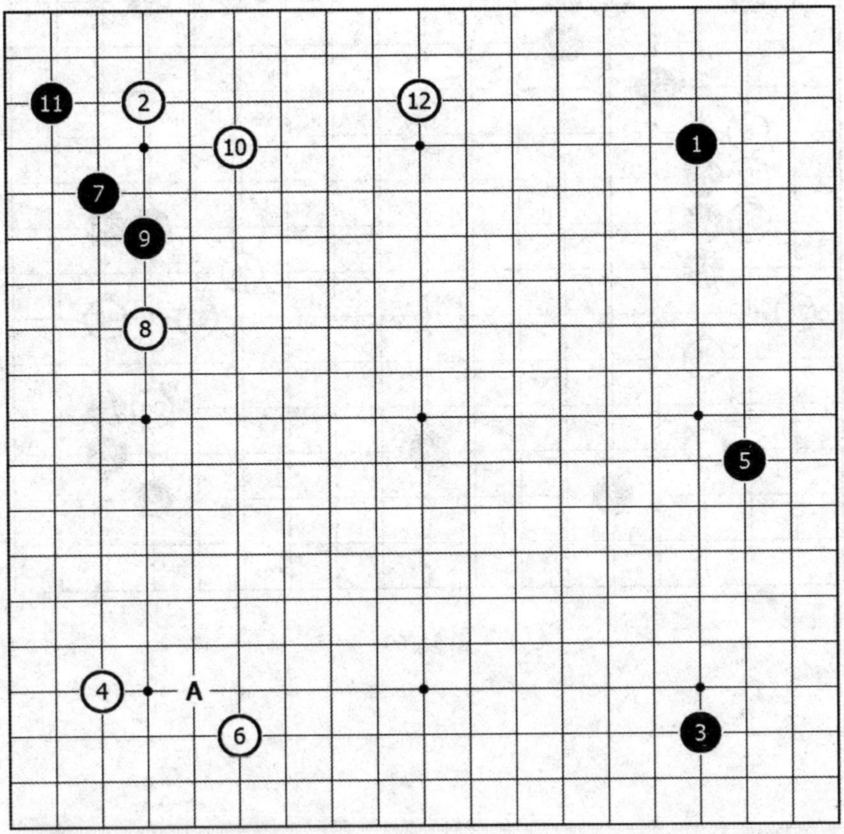

图 3 – 59

图 3－60 是一盘高低“中国流”对抗的实战布局谱。

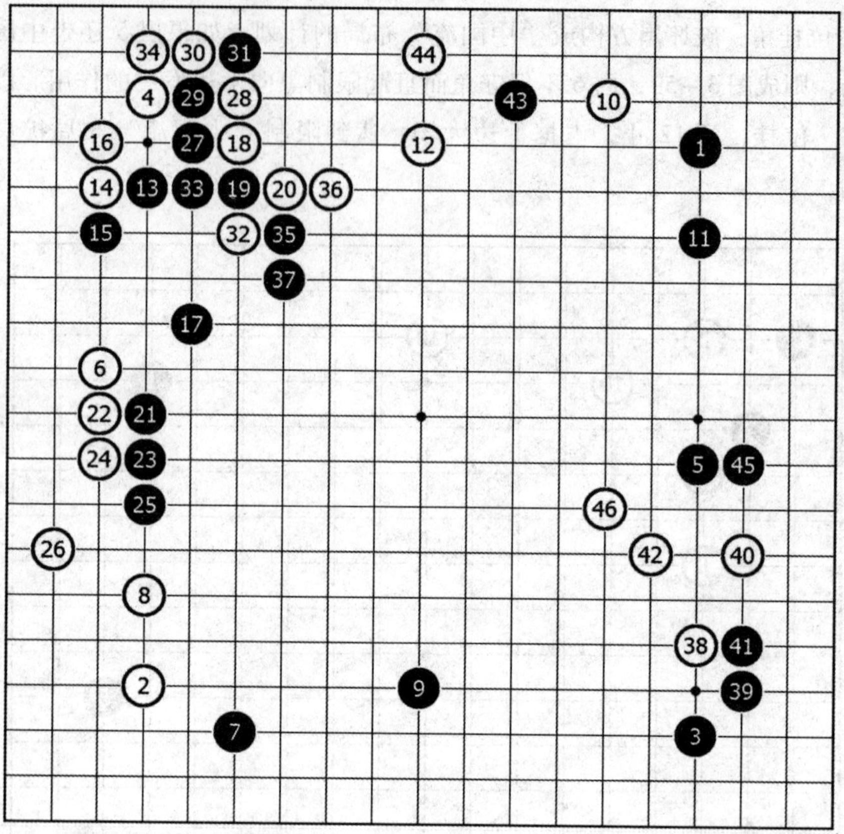

图 3－60

第四章　死活基础知识

一局棋通常会出现单独存在的几块棋，每块棋都存在着死活问题。下棋时，对每块棋的死活要随时做到心中有数，活棋可以脱手争先，未活净的棋要适时补活，攻杀对方的棋，要看准弱点，乘虚而入。因此，认清死活棋是很重要的。本章就实践中常见死活介绍如下：

眼

眼的计算和判断是围棋的一项重要的基本技术。由于棋形千变万化，许多眼形的计算和判断是需要较高的计算能力和经验的。这些复杂的棋形和破眼手段，都是由一些基本的棋形和手段演变而成。基本的棋形以及相应手段掌握得越多越熟练，计算演变棋形和手段的能力就会越高。

一、活棋

图4－1黑棋尽管被白棋紧紧围住，然而白再也无法在黑棋围住的两个空点上着子，使黑棋呈无气状态。白无法提掉这块黑棋。

黑棋围住的空点称为“眼”。

有两个眼的棋是活棋。

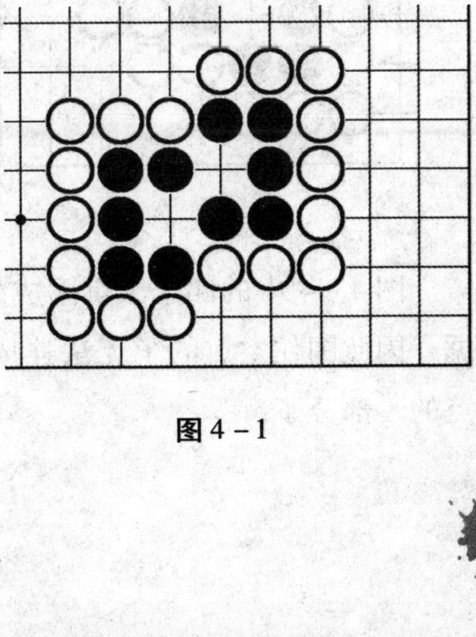

图4－1

图 4－2 黑棋已被白棋包围，虽然黑棋也围住了两个空点，但是这两个空点连在一起，这样白可先在其中的一个空点着子，然后再在另一个空点着子，使黑棋呈无气状态，而提掉黑棋。这样的两个空点只是一个眼。无眼或仅有一个眼的棋若被对方围住，就是死棋。

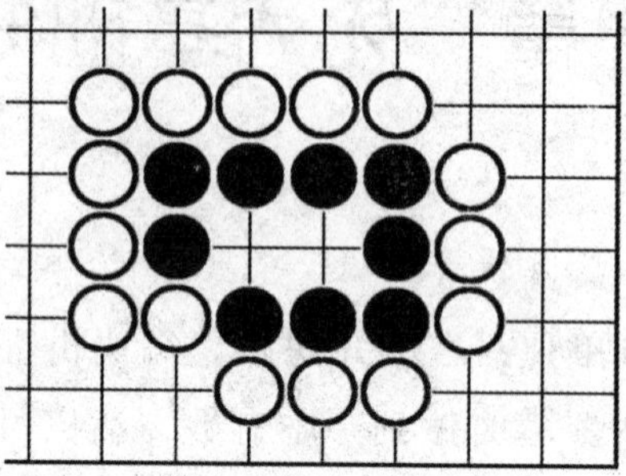

图 4－2

二、假眼

图 4－3 黑棋已被白棋包围，虽然黑棋围住了两个空点，但是可继续在 B 位紧气，然后在 A 位提黑三子，黑无法避免被白全部提掉。像 A 这样被围住的空点不是眼，称为“假眼”。

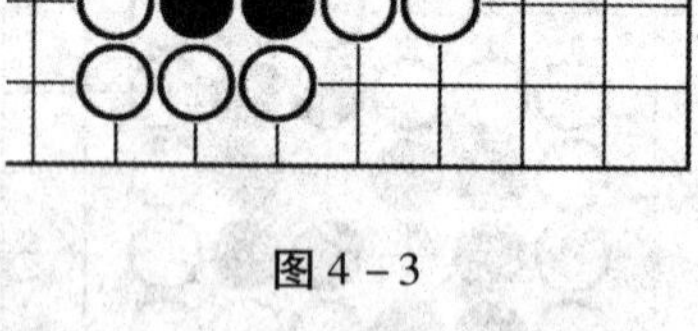

图 4－3

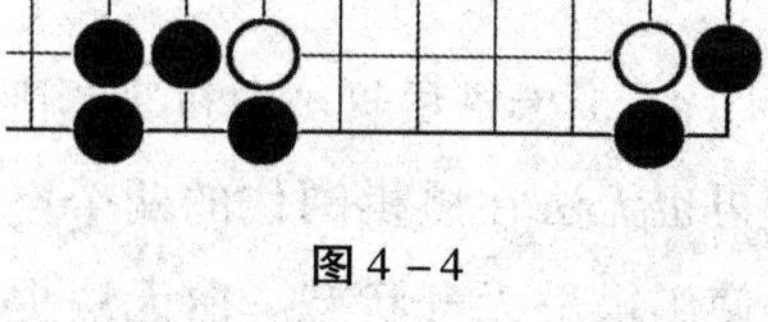

图 4－4

图 4－4 中的四个黑棋围成的都是假眼，假眼的特点是：要点被对方占据，因此围住空点的子无法连成一团，将无法避免被对方紧气提掉围住空点的一部分子。

三、基本眼形

图 4－5 是三种基本眼形，无论是在边、角、还是在中腹做眼，围住空点的子要连成一团，这是判断眼形的关键。

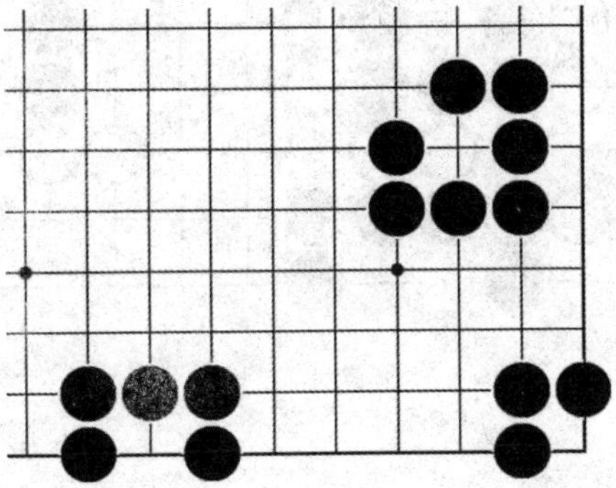

图 4－5

图 4－6 只要对方无法阻止己方将围住空点的子连成一团，这种棋形就是眼。图中黑棋围住了一个空点，虽然围住空点的子暂时还没有连成一团，但是 A、B 两点黑方必得其一，白方无法阻止黑方将围住空点的子连接成一团。这个棋形就是一个眼。

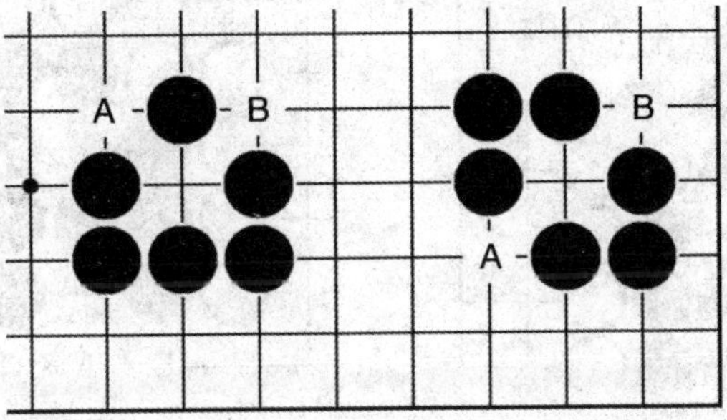

图 4－6

四、后手眼

必须再补一手，才能成眼的棋形叫作“后手眼”，又称作“半眼”。图

4－7 中的各形，黑方必须在 A 位补一手，才能成眼，这些棋形都是后手眼。

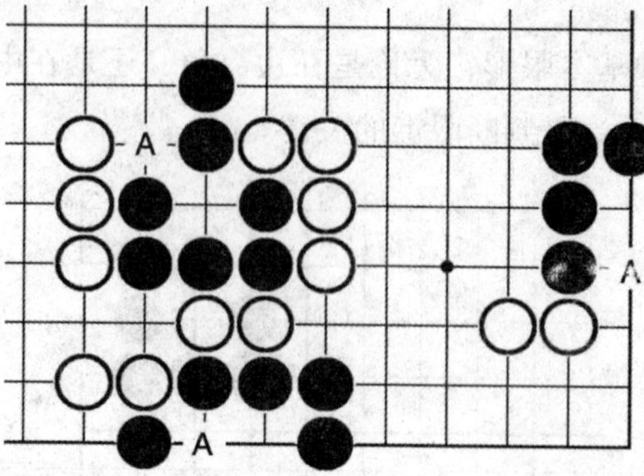

图 4－7

五、破眼的基本手段

（1）卡

图 4－8 白在 A 位“卡”，使黑子无法连成一团，成为假眼。

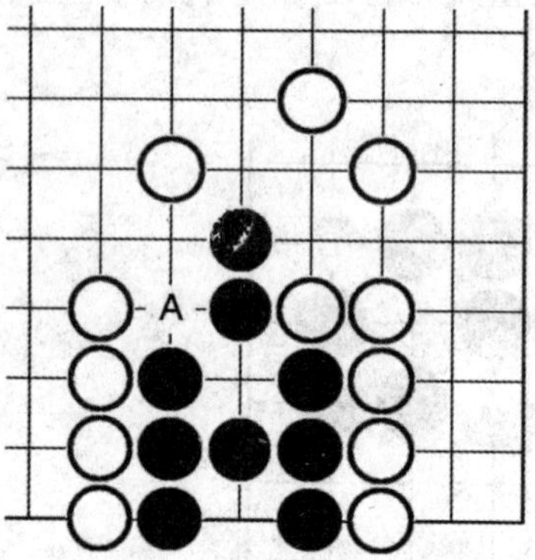

图 4－8

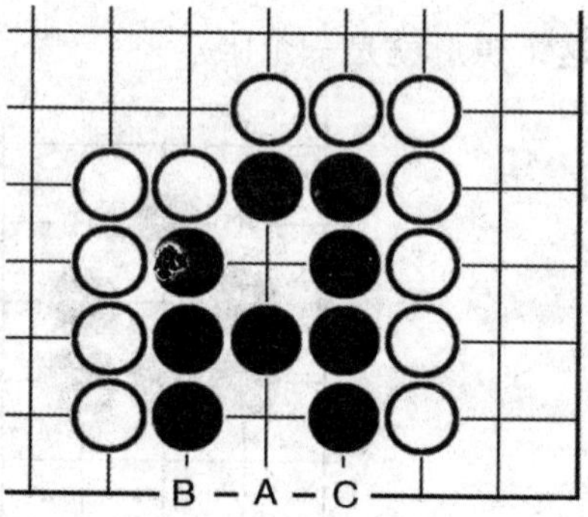

图 4－9

（2）点

图 4－9 白在 A 位“点”，以后可在 B 位或 C 位连回这个白子，使黑棋围不成眼。

（3）扑

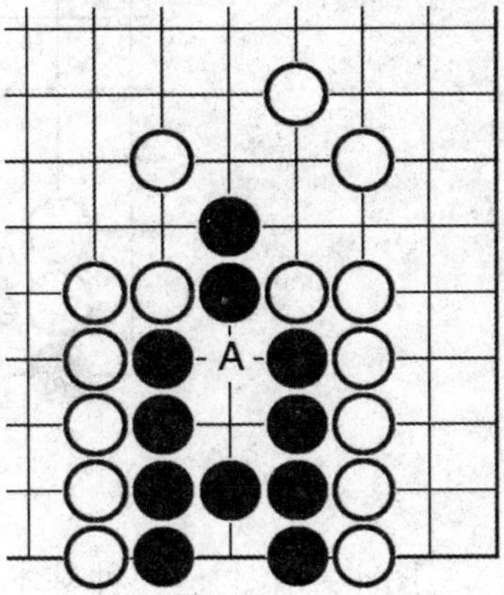

图 4－10

图 4－10 白在 A 位扑，黑棋提掉这个白子也是假眼。

图 4－11 是一种基本的后手眼形。如果掌握了图 10 棋形的扑的破眼步法，自然可以知道白在 A 位扑，即可破掉黑棋边上的眼。根据图 11 的棋形和手段，又可以计算出图 12 的常见后手眼形的破眼手段。白 A 位退，送吃二子，黑 B 位提后成图 11 棋形，白再 A 位扑，即可破掉黑棋的眼。同样，可以计算出对于图 13 的后手眼形，白只要 A 位扑，送吃二子，黑 B 提后也成图 11 棋形，白再 A 扑，仍可破掉黑棋的眼。

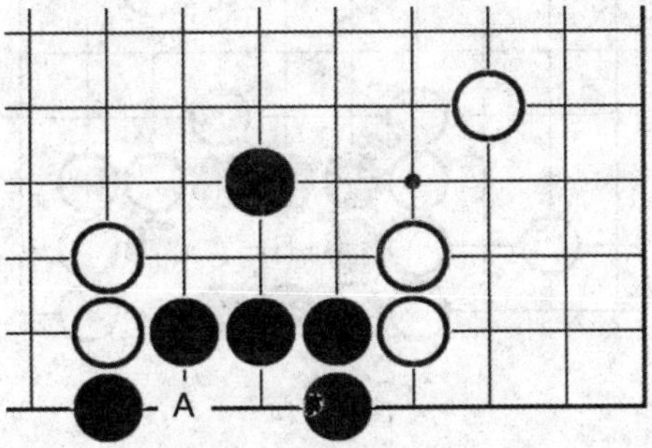

图 4－11

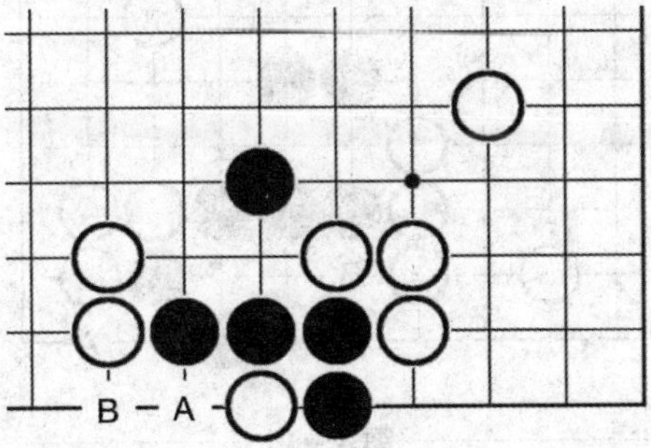

图 4－12

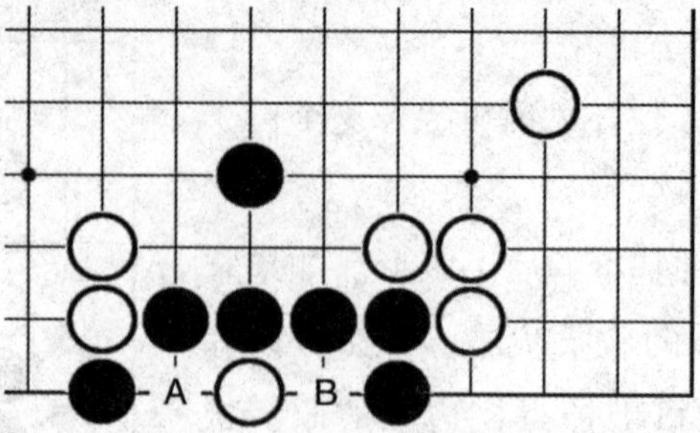

图 4－13

图 4－14 也是一种基本的后手眼形。如果掌握了图 4－8 中卡的破眼步法，那么就可以比较容易地计算出本图棋形的破眼手段。白 A 位扑，由于气紧，黑不能在 C 位接，黑 B 提，白即可 C 位卡破掉黑棋的眼。

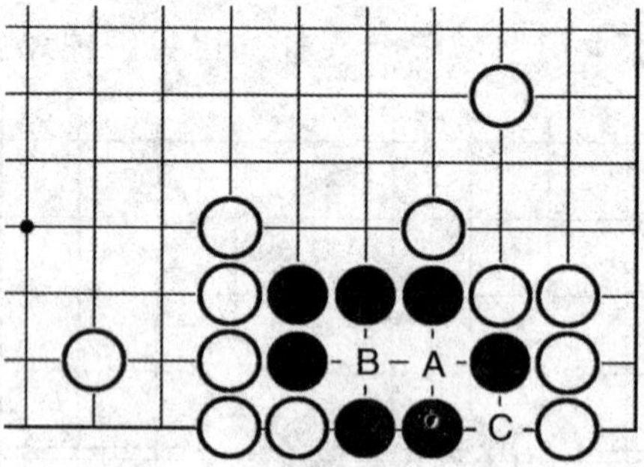

图 4－14

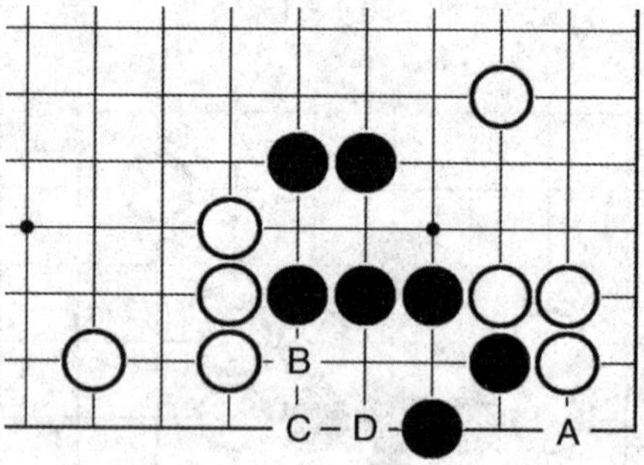

图 4－15

掌握了图 4－14 的基本后手眼形和相应破眼手段，就不难计算出图 4－15 的常见后手眼形的破眼手段。白 A 位立，黑 B 挡，白就 C 扳，黑若 D 挡就成了图 4－14 的棋形，白可按图 14 的破眼手段破掉黑棋的眼。

六、眼形判断

一块棋的死活的计算和判断经常可以分解成眼形的计算和判断。例如图 4－16，下边的一块黑棋，白走 A 位跳，可以封住这块黑棋。必须计算清楚这块黑棋的眼位情况，才能清楚黑棋是否应 A 位跳避免被白棋封锁，以及白 A 位跳封后，黑是否需要花一手棋补活的问题。

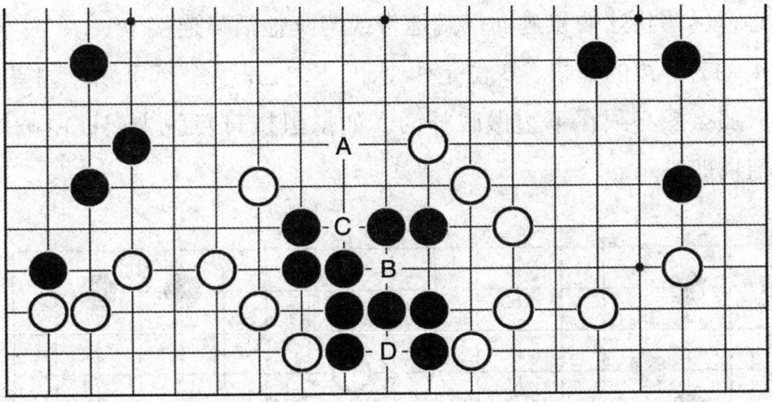

图 4－16

经过对这块黑棋各个眼形的计算和判断，可以知道 B 位是一个眼，C 位和 D 位都是后手眼。这样，即使白 A 位跳封，黑 C、D 两个后手眼总可做成一个眼，加上 B 位的眼，黑已够活，不必再花费一手棋在此处补活。

如果没有进行认真的眼形计算，仅凭这块棋可能有危险的感觉，就盲目地在 A 位逃出，这相当于黑方走了一着价值很小的棋。同样道理，如果白方走 A 位跳封，由于黑棋是活棋所以黑可以在此处脱先，而抢占价值较大的着点。

判断一块棋的眼形时，一般首先是找出这块棋能围住空点的地方有几处，然后再逐一计算每处都属于什么棋形。如果无论对方怎样走都可以做成眼，那么这里就是一个眼。如果无论己方怎样走，对方都能破掉这个眼形，这个棋形就不是眼。如果己方走可以做成眼，对方走可以破掉这个眼，这个棋形就是一个后手眼。

对各处眼形计算清楚后，对这块棋的死活状况就可以准确地判断。

如果一块棋眼位已足够活棋，就不必担心周围局势变化对这块棋的影响。

如果一块棋仅有一个眼和一个后手眼，就要时刻留意局势的变化对这块棋的影响，在必要的时候做眼补活。

如果一块棋仅有一个眼或仅有两个后手眼，甚至一个眼也没有，那么更要小心，尽快将这块棋逃向广阔地带或与其他活棋连接上。

图 4 – 17 下边的黑棋，B 位是一个眼，C 位是一个后手眼，如果白走 A 位跳封，那么黑必须在下边做眼补活。如果黑棋盲目脱先，被白破掉 C 位的眼，黑棋即被杀。

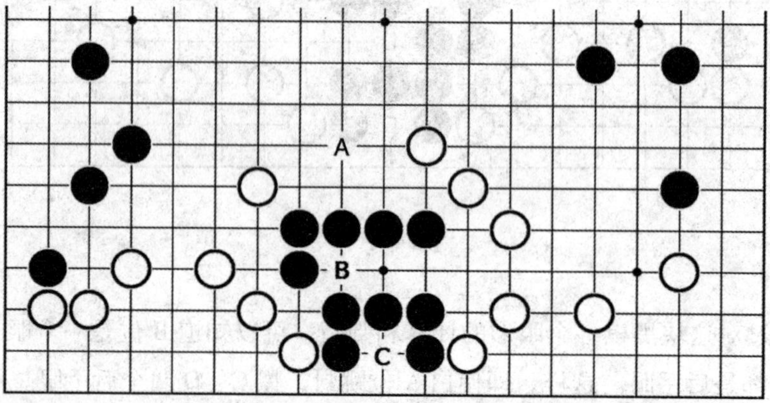

图 4 – 17

图 4 – 18 下边的黑棋仅有两个后手眼，如果被白在 A 位封住，那么黑棋做不成两眼而被杀。所以黑棋必须走 A 位关，将这块眼位不足的棋逃向中央。

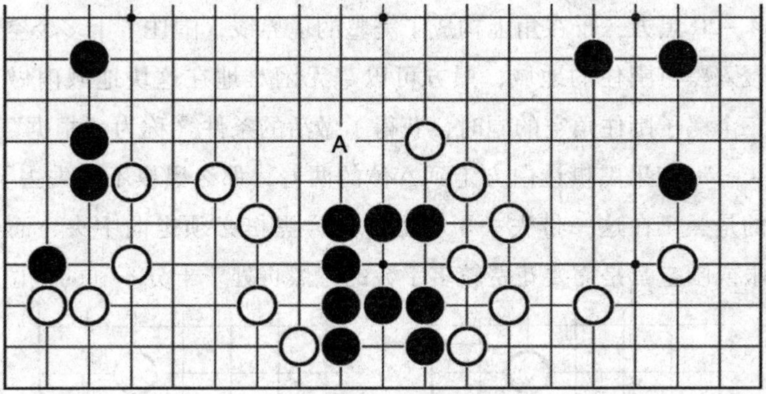

图 4－18

大 眼

如果一块棋围住了一些空点，由于被围住的区域周围都是己方棋子，所以当被围住的空点多到一定程度时，对方就无法阻止己方在围住的区域内做两个眼。当然己方并不需要特地做出两眼，这些围空的子是活棋。

图 4－19 黑棋围住了 12 个空点，这样大的空，白方是无法阻止黑方在空内做出两个眼的。双方都明确这一点，所以白方不会在黑空内着无用的子，而黑方也不必花费手数在空内特地做眼。这块黑棋是活棋。

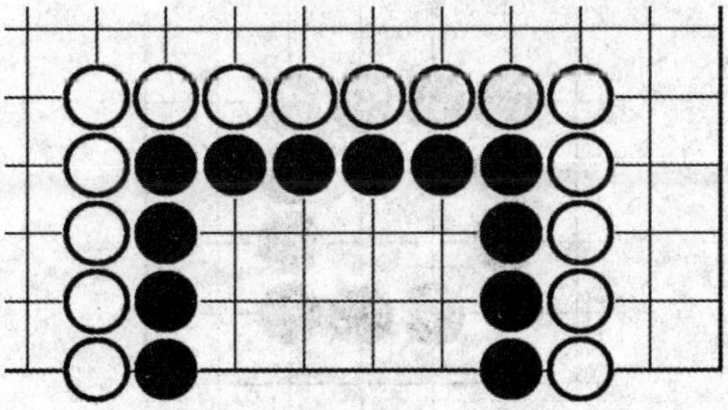

图 4－19

围空的同时，围空的子也取得了活棋的条件。

图4－20 黑方三子在角上构成了完整的境界线，围住了十多个空点。白方无法侵入黑棋围住的地域，黑方可以毫无困难地在这块地域内做出两个眼。这三个黑子围住角空的同时，获得了做活的条件（称为“根据”）。

图4－21 如果黑棋让白方走到△位的两着，那么黑棋不仅失去了角空，更重要的是黑棋在这一带失去了根据，这样黑棋必须走向中央，而在中央无论做眼或围空都是需要花费较多手数的，黑将处于十分不利的地位。

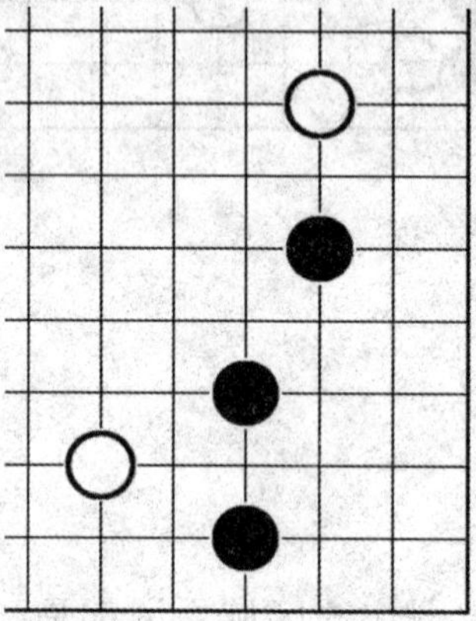

图4－20

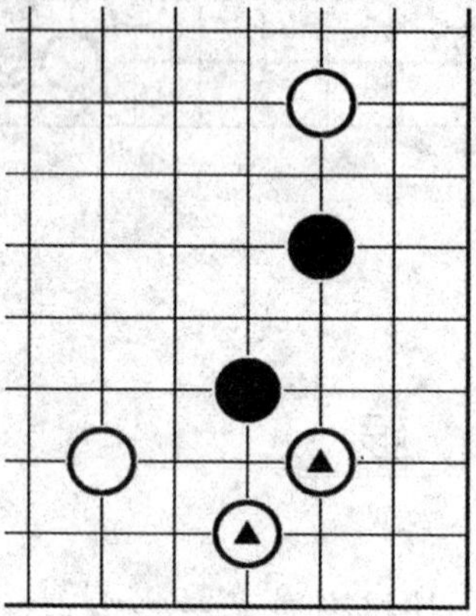

图4－21

当被围住的相连接的可以做眼的空点是两个以上时（包括两个），一般称为“大眼”。

图4－22 黑棋围住的有四个空点的大眼，形似方块，称为“方块四”。即使黑先走也无法在其中做两个眼，因此方块四大眼相当于一个眼。

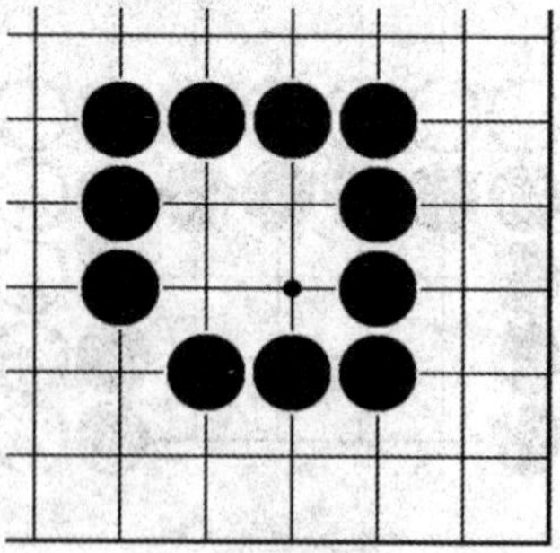

图4－22

图4－23黑棋围住的有三个空点的大眼，称为“直三”。由于黑方在直三大眼内的中间一点（A位）着子，可以做成两个眼，而白方在A位着子（称为“点眼”），黑棋就只能在这个大眼内做一个眼，所以这个大眼在死活上的作用相当于有一个眼再加上一个后手眼，即一个半眼。

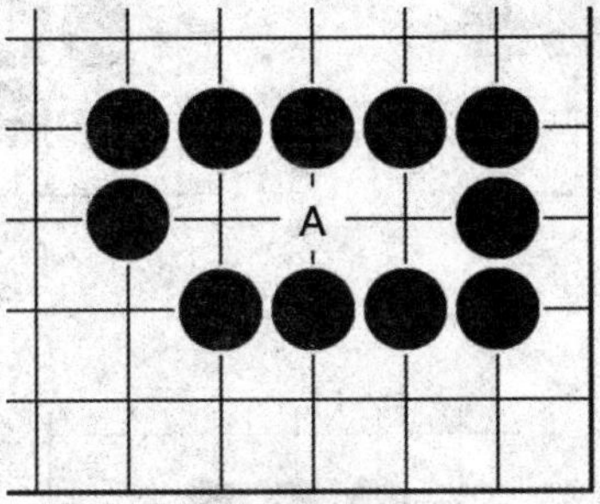

图4－23

下面几种形状的大眼是相当于一个半眼的大眼。

弯　三　图4－24

丁　四　图4－25

刀板五　图4－26

梅花五　图4－27

方花六　图4－28

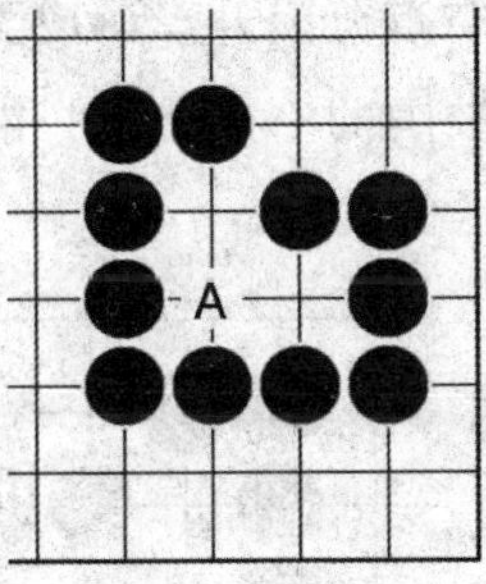

图4－24

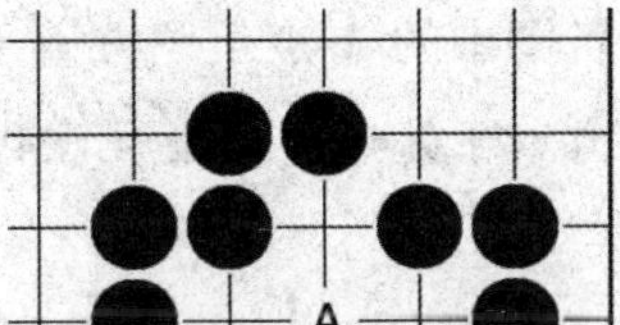

图4－25

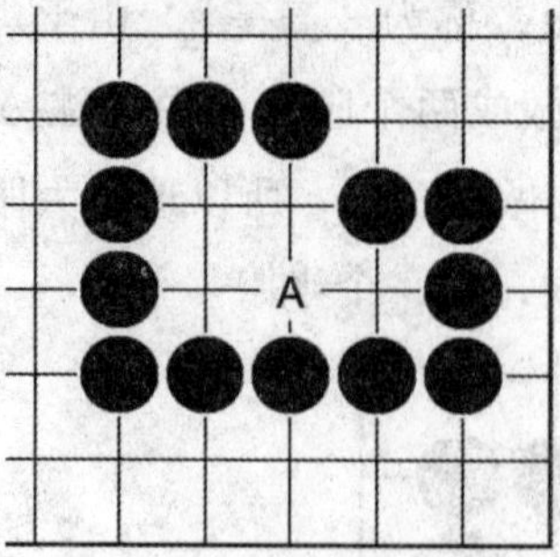

图 4－26

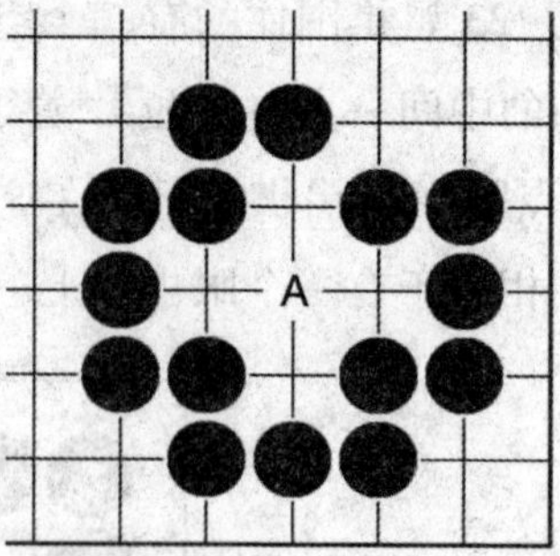

图 4－27

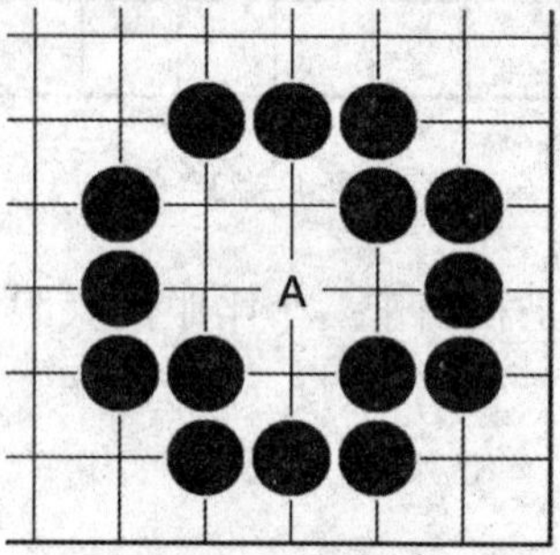

图 4－28

这些相当于一个半眼的大眼有一个共同的特点，就是仅有一个形的中心点，即各图中的 A 点。黑方着于此点即可将空点分隔开，形成至少两个眼。而白方着于此点，黑就无法再分隔开这些被围的空点，就只能是一个眼了。

曲四（图 4－29）和直四（图 4－30）就有两个形的中心点，即两个图中的 A 和 B，由于两个着点黑必得其一，所以黑一定能将被围的空点分隔开，成为两个眼。

曲四和直四是相当于两个眼的大眼。

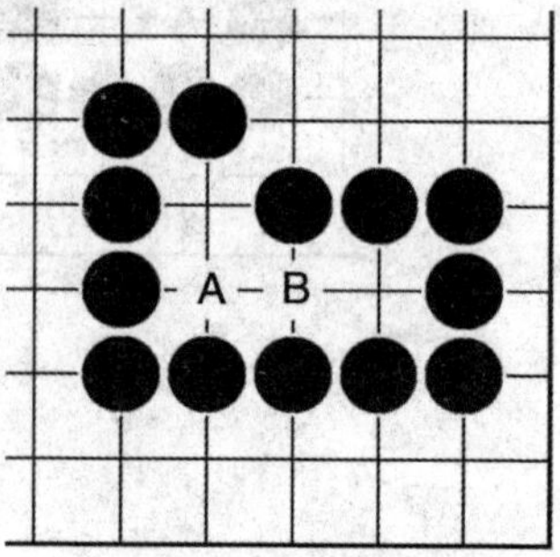

图 4－29

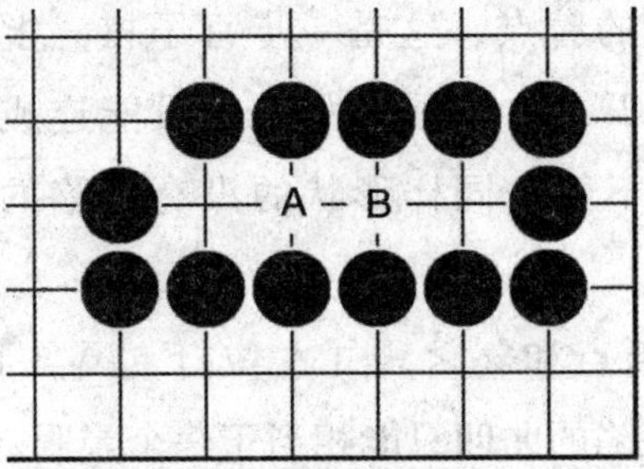

图 4－30

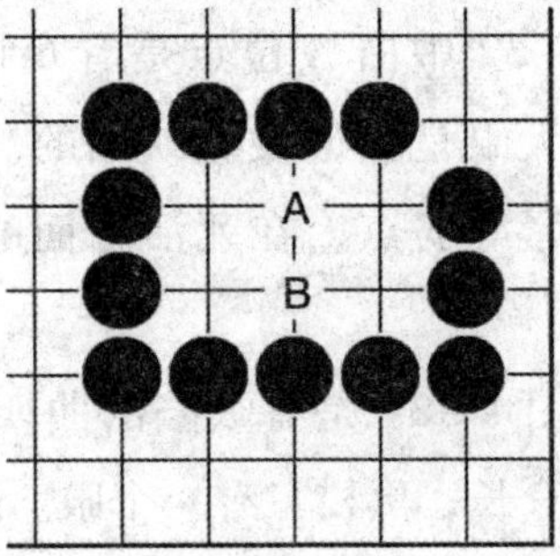

图 4－31

图 4－31 的大眼叫板六，也是相当于两个眼的大眼。A、B 两点是对称的，黑必得其一。例如白 A 则黑 B，以后 A 位白子两旁的空点，黑必得其一，从而做成两个眼。

图 4－32，这种大眼叫作“方花七”。A 位是形的中心点。黑若着于 A，则可做成两个眼。而白若着于 A，则虽然黑无法做成两眼，但是黑可以走 2、4 的着法防御，结果成图 4－33 的结果。

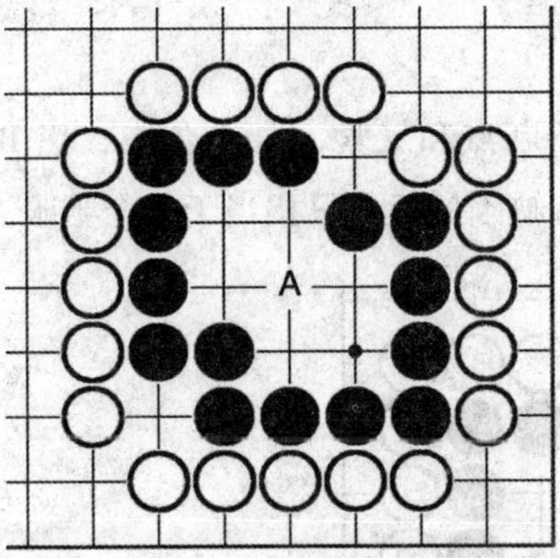

图 4－32

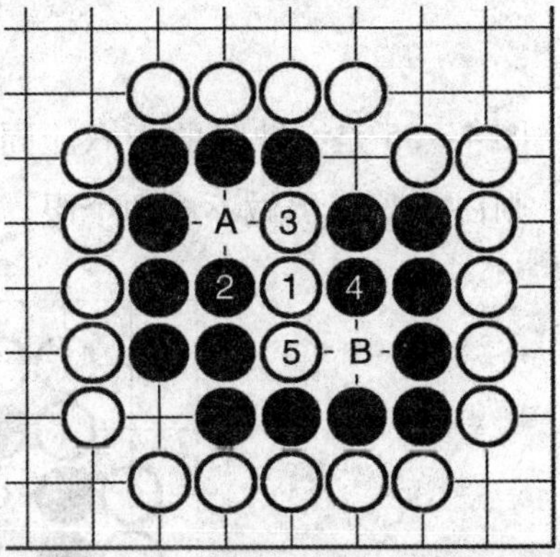

图 4－33

图 4－33 的白 5 以后，由于白走 A（或 B）位，则黑提白四子是曲四大眼，黑是活棋，而黑走 A（或 B）打吃白三子，则黑提白三子后成直三大眼，白可以点死这块棋，所以图 4－33 的棋形是“双活”。

方花七大眼是相当于两个眼的大眼（即有这种大眼的棋是活棋）。

图 4－32 中白 A 位点是有 6 目棋价值的着点，这是一步官子棋。上面所举的大眼是棋形没有缺陷的。有的大眼，由于围大眼的子没能连成一团和气紧等弱点，在死活方面的作用就不能与同样形状的没有缺陷的大眼一样。

图 4－34 是有缺陷的曲四。由于断点和气紧，白 A 位打，黑需 B 粘，白再 C 长，黑棋只有一个眼。这种有缺陷的曲四只能相当于一个半眼。

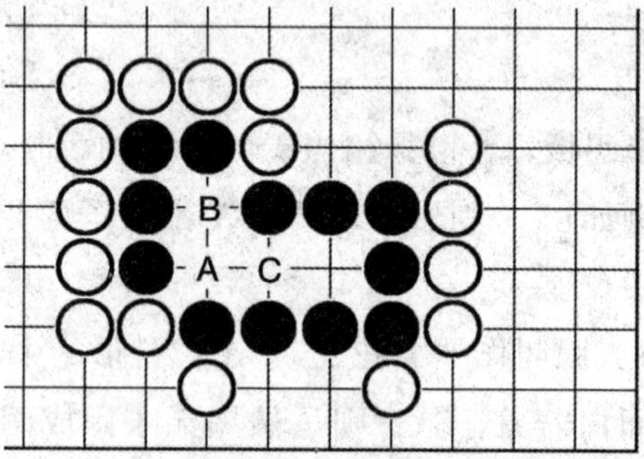

图 4－34

图 4－35 是有缺陷的板六。同样由于断点和气紧，白 A 位点，黑 B 位顶，则白 C 长，黑做不成两个眼。这种有缺陷的板六只相当于一个半眼。

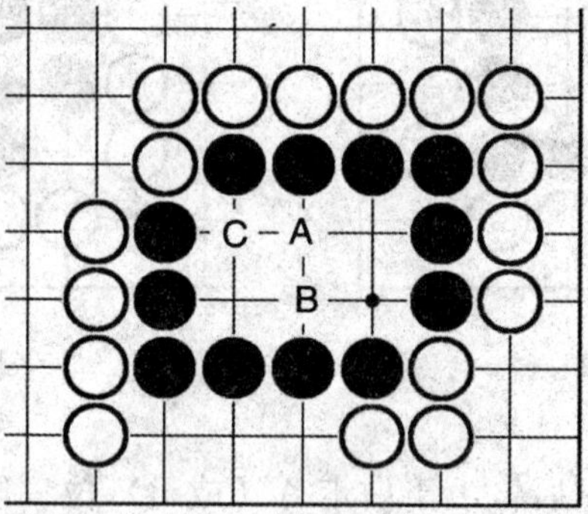

图 4－35

死活棋基本图形

一、直三和曲三

图 4－36，黑棋内有一成直线的三个交叉点，这种形状叫“直三”。

如果在 A 位下一黑子，黑棋就具备了两个真眼，是活棋。

如果在 A 位下一白子（这叫“点眼”），黑棋就做不成两个眼，是死棋。

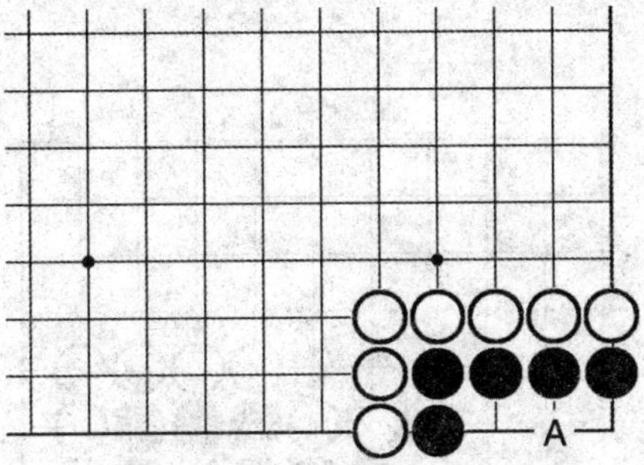

图 4－36

图 4－37，黑棋内有拐角形的三个交叉点，这种形状叫“曲三”（或“弯三”）。

曲三和直三一样，A 位是要点。黑在 A 位下一子，做成两个眼，是活棋；白方在 A 位点眼，黑棋就死了。

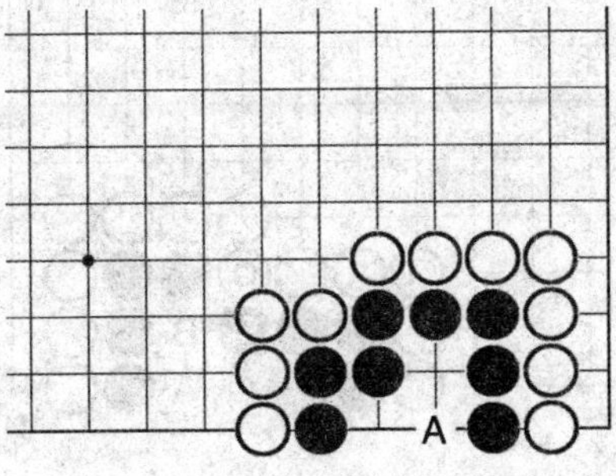

图 4－37

二、直四和曲四

图4－38黑棋这个形状叫“直四”，是活棋。

如果白在A位点，黑走B位即活；白在B位点，黑走A位仍是活棋。直四是点不死的。

图4－39黑棋这个形状叫“曲四”，是活棋。白在A位点，黑走B位即活；白在B位点，黑走A位也活。曲四也是点不死的。

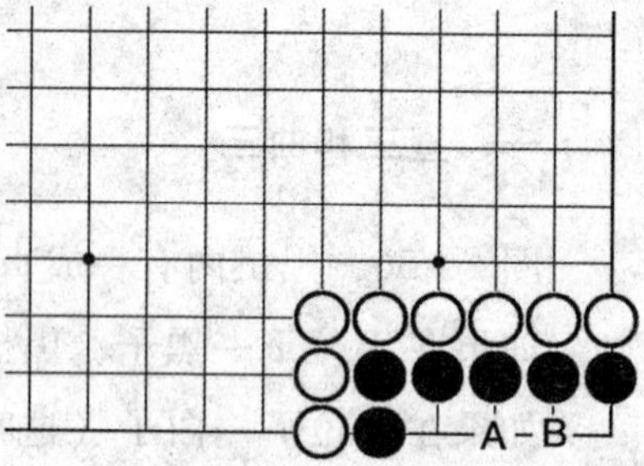

图4－38

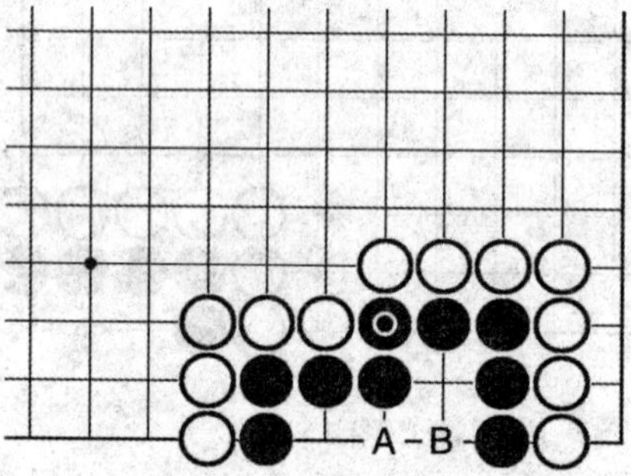

图4－39

但是，图中黑●位需要注意，如果改换为白子，黑棋就成为“断头曲四”，其结果完全不同，试看图4－40。

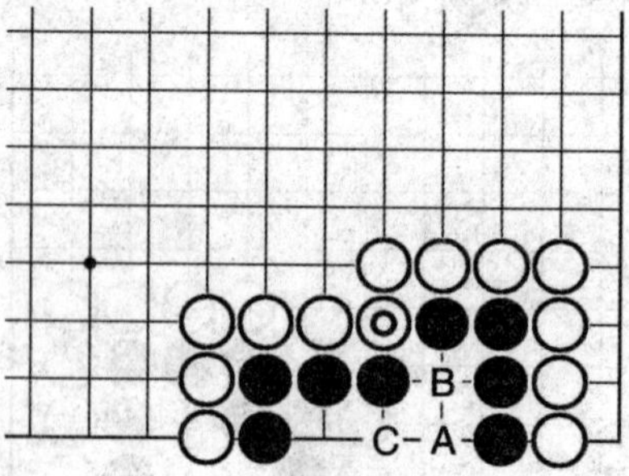

图4－40

白在 A 位打吃，黑 B 位接，白 C 位长，黑棋就只剩一个眼了。所以，“断头曲四”是死棋。

三、方四

图 4－41 黑棋内四个交叉点所构成的正方形状，叫“方四”，是死棋。

即使黑棋先下子，无论下在哪一点，都只能构成“曲三”的形状，白棋一点就死了。

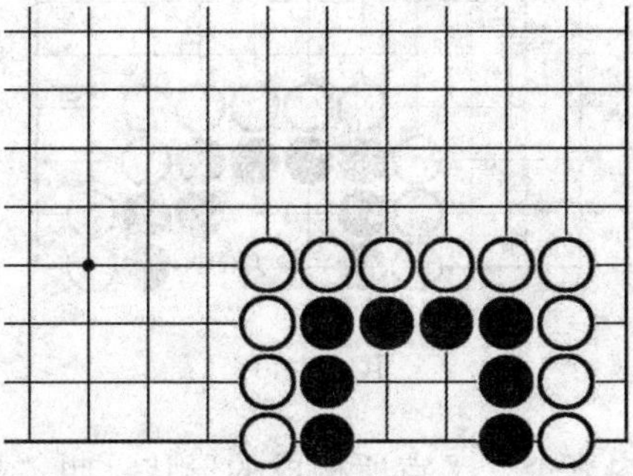

图 4－41

四、丁四

图 4－42，黑棋内四个交叉点所构成的“丁”字形状，叫“丁四”。黑在 A 位做眼，黑即活；白在 A 位点眼，黑即死。

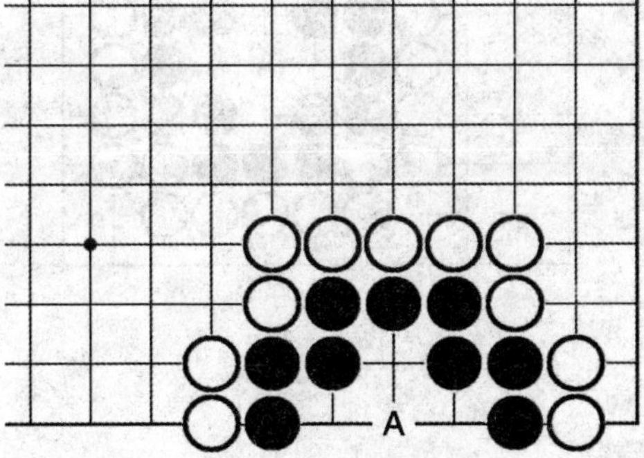

图 4－42

五、刀五和梅花五

图4－43，黑棋内五个交叉点所构成的形状，叫“刀五”。

A位是要点。黑在A位做眼，即活；白在A位点眼，黑即死（因为白棋可以逐步下子，把黑棋做成“方四”或“丁四”形状）。

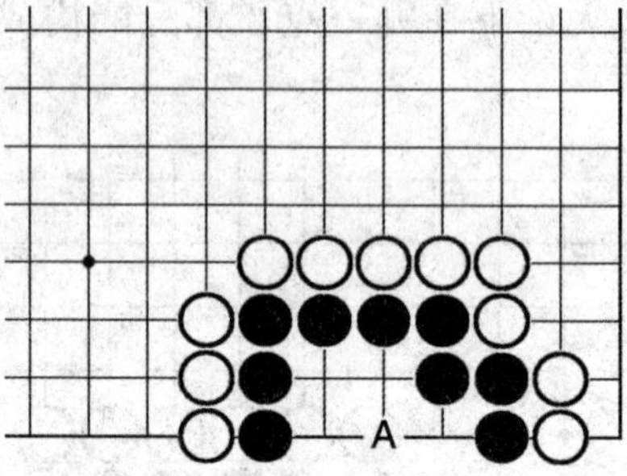

图4－43

图4－44，黑棋内五个交叉点所构成的形状，叫“梅花五”。

A位是要点。黑在A位做眼，即活；白在A位点眼，黑即死，因为黑棋无论在哪里下子，都做不成两个眼（如黑不走，白可逐步把它做成“丁四”）。

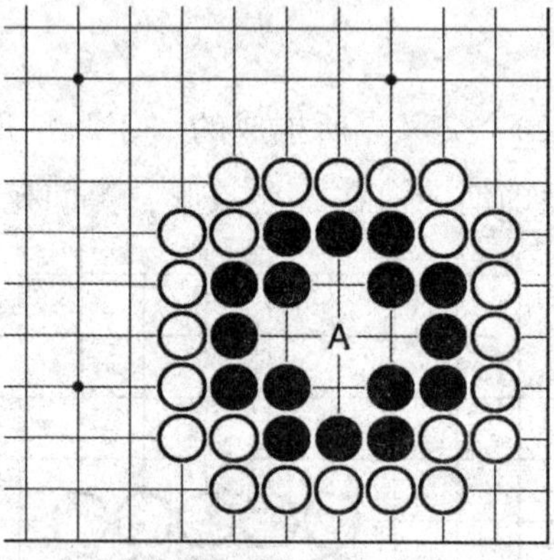

图4－44

六、葡萄六

图4－45，黑棋内六个交叉点所构成的形状，叫“葡萄六”。

A位是要点。黑在A位做眼，即活；白在A位点眼，黑即死。白于A位点后，黑若走B位，白即走C位，黑若走C位，白即走B位；如黑不走，白可逐步把它做成“刀五”或“梅花五”。

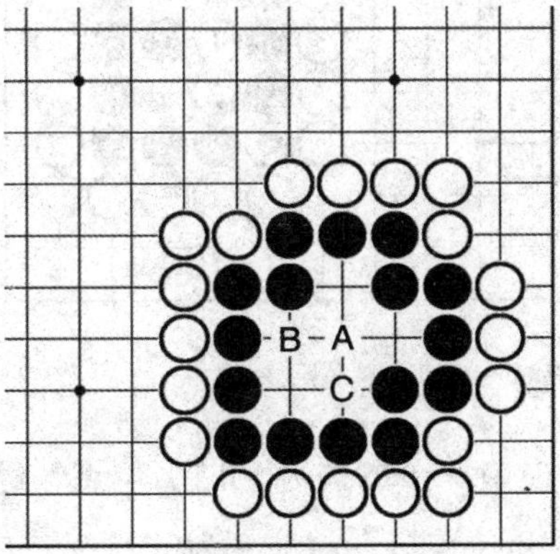

图4－45

七、板六

图4－46，黑棋内六个交叉点所构成的形状，叫“板六”，是活棋。如白走A位，黑即走B位；白走B位，黑即走A位，总有两个眼。但是，如果黑●一子改换为白子，黑棋就是“断头板六”，是死棋。试看图4－47。

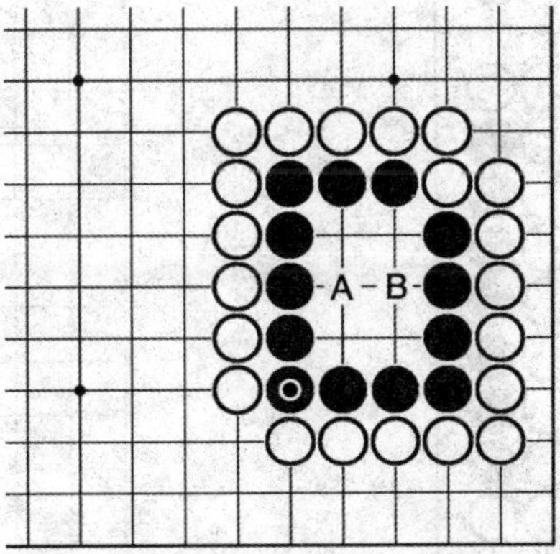

图4－46

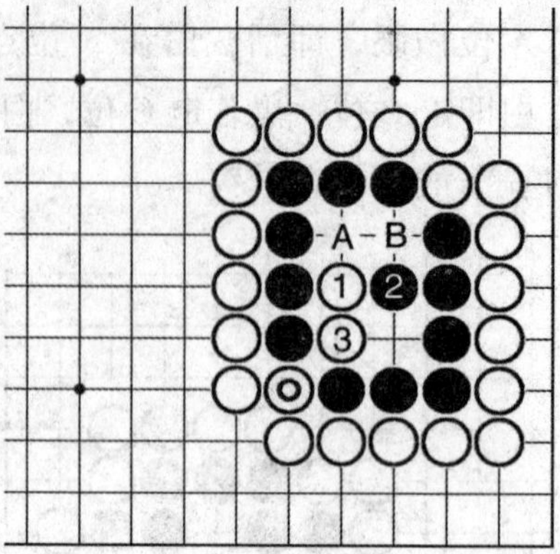

图 4－47

图 4－47 中，因有白○一子的关系，白 1 位点，经过黑 2、白 3，黑就不能在 A 位做眼；黑如在 B 位连接，就演变为“直三”或“曲三”，黑棋即死。

八、七死八活

图 4－48，在二路直线上排列着七个黑子，白棋先走，黑棋即死，见图 4－49。

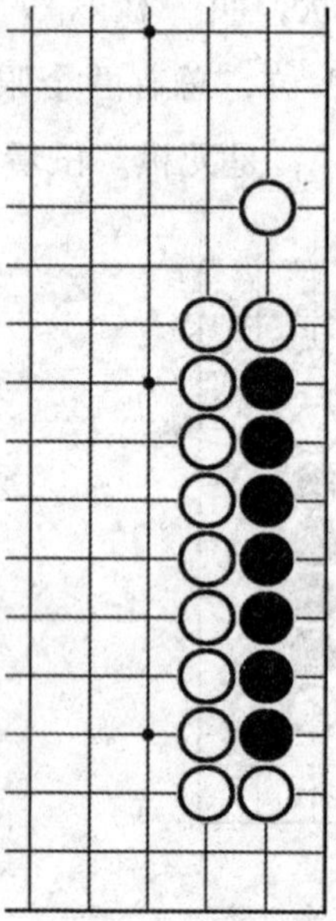

图 4－48

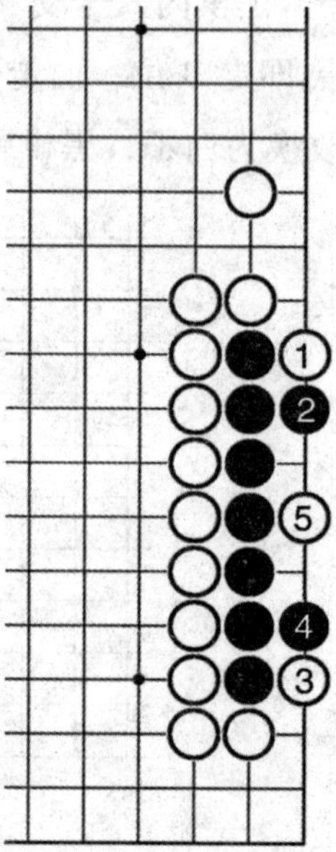

图 4－49

图 4 – 49，白 1 扳，黑 2 挡；白 3 再扳，黑 4 再挡，黑棋就构成"直三"形状，白 5 一点即死。

点死这样的棋，有个口诀："七子两头扳，一点就全完。"

图 4 – 50，黑棋八个子是活棋。白棋先走，也点不死，见图 4 – 51。

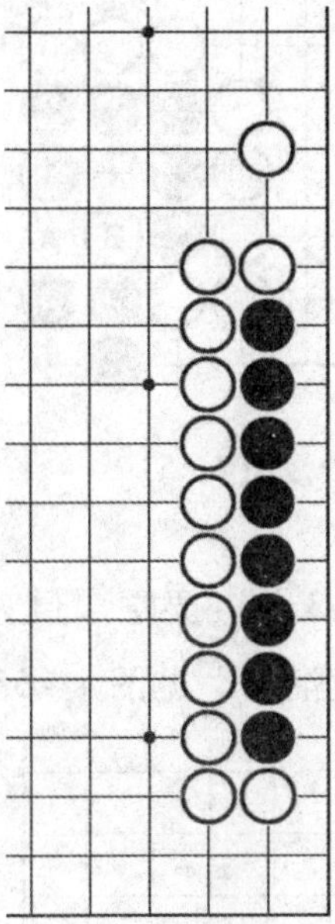

图 4 – 50

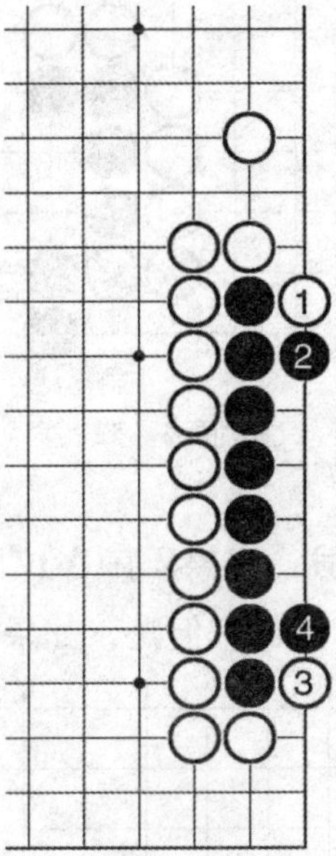

图 4 – 51

图 4 – 51，白 1 扳，黑 2 挡，白 3 再扳，黑 4 再挡，黑棋就构成"直四"形状，活了。

九、老鼠偷油

图 4 – 52 这种形状的黑棋，白棋先走，可以把它点死，俗称"老鼠偷油"，见图 4 – 53。

图 4 – 53，白 1 透点，是要着。黑 2 立下，阻止渡过，白 3 断后，黑棋两边都不能入子吃白，至白 5 止，整块黑棋便被杀死。

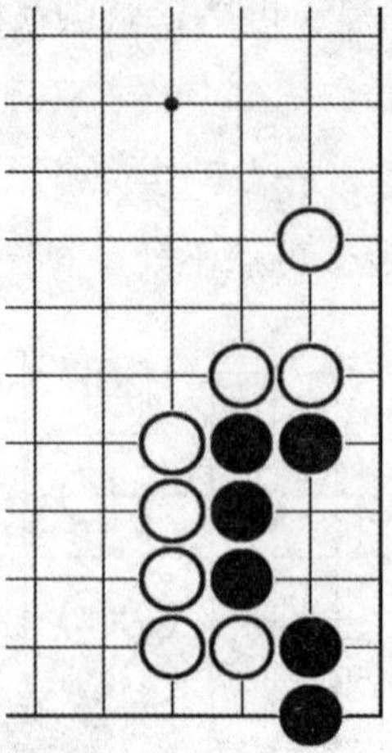
图 4－52

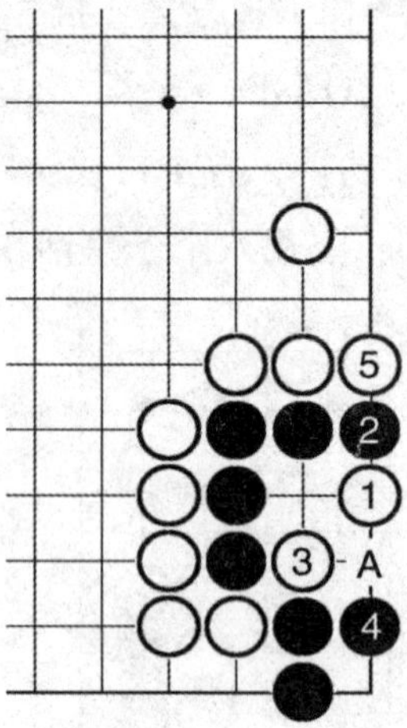

图 4－53

白 1 点后，如黑 2 在 A 位反虎，白棋则走 3 位，要吃“倒扑”，黑棋也死（见图 4－54）。但是，如果白 1 扳，黑棋就活了，见图 4－55。

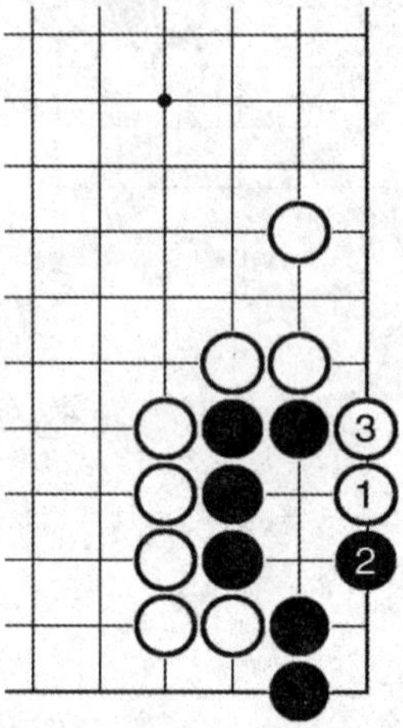

图 4－54

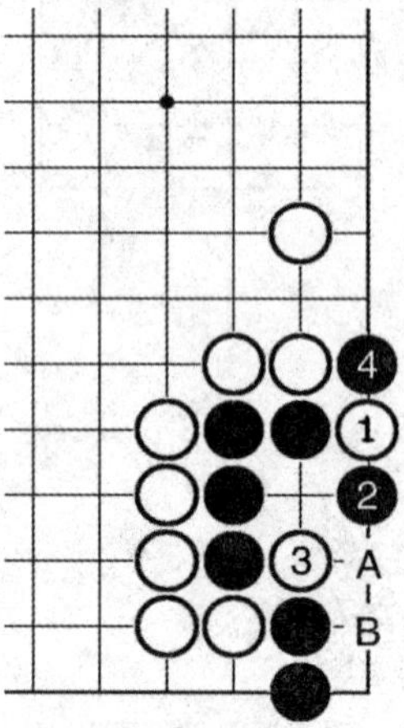

图 4－55

图 4－55，白 1 扳，黑 2 挡，白 3 断吃，黑 4 提。提后，如白走 A 位，则黑走 B 位，即活；如白走 B 位，则黑走 A 位，也活。

十、盘角曲四

曲四，一般是活棋。但有一种特殊的曲四，在角上，叫作“盘角曲四”，是死棋。试看下图。

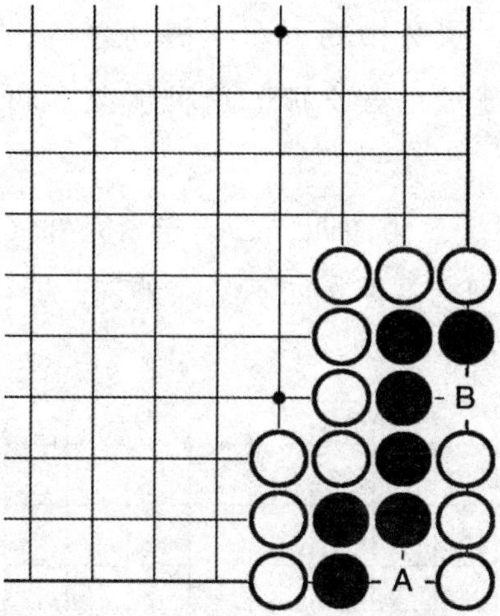

图 4－56

图 4－56 的 A、B 两个位置，黑棋都不能走，因为走后吃掉三个白子，成为“直三”，白棋一点即死。但是，白方在紧完黑方外气之后，再在 A 位下子，打吃黑棋，黑在 B 位提白四子，就出现了图 4－57 的结果。

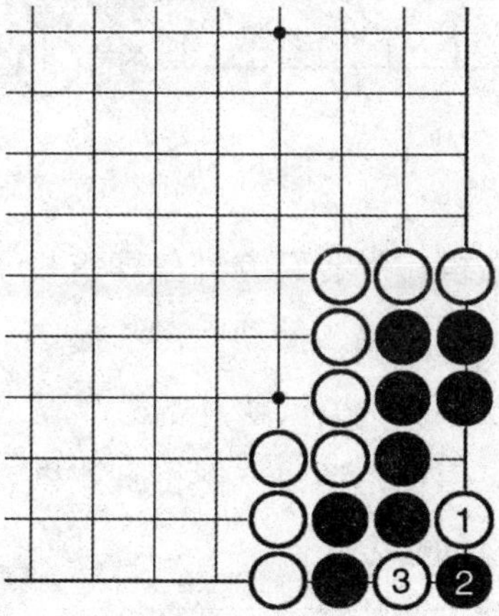

图 4－57

如图4－57，接着白1位点，黑2位抛劫，白在3位提劫。但这种劫，实际上是打不成的。因为打劫的主动权在白方，白方可以在开始打劫（即“开劫”）以前，先紧完黑方外气，再把棋盘上所有黑方可以找到劫材的地方都补净，然后在图4－57中的1位下子。这时，经过黑方提白四子，白1点眼，黑2抛劫，白3提劫之后，黑方因为找不到白方的劫材，无法打劫，就被白方吃掉。这种情况，叫作“盘角曲四，劫尽棋亡”。

图4－57说明，对于盘角曲四，必须先紧完外气，再把劫材一一补净，然后再“开劫”，才能把它吃掉。如不紧完外气，即行投子开劫，黑棋反而活了。见失败的图4－58。

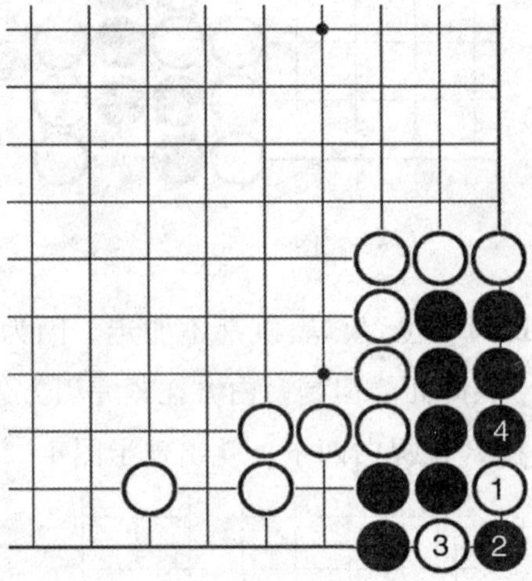

图4－58

这是图4－58中，白棋在没有紧完外气即行投子“开劫”，黑棋提白四子以后的形状。经过白1点，黑2抛劫，白3提劫，黑4打吃后，白不能粘（这种图形，俗称“胀死牛”），黑棋就具备两个眼，活了。

还有，图4－56中，白棋是活棋，黑棋是死棋，实际上，白棋就没有对黑棋进行紧气和补净劫材的必要了。

盘角曲四一共有四种不同的样式，如图4－59中的A、B、C、D所示，这几种棋形必将演变为“盘角曲四”。下法与前图类似。

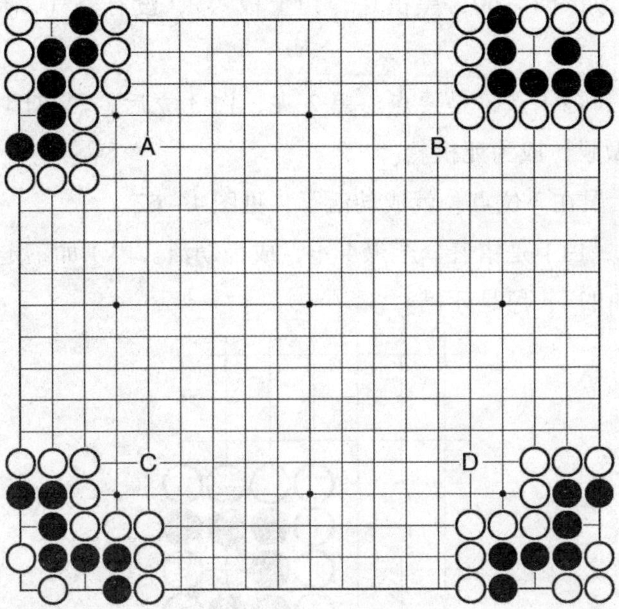

图 4－59

十一、角上板六

板六，在边上或在中腹，都是活棋；唯独在角上有问题。下面介绍三种“角上板六”的情况。

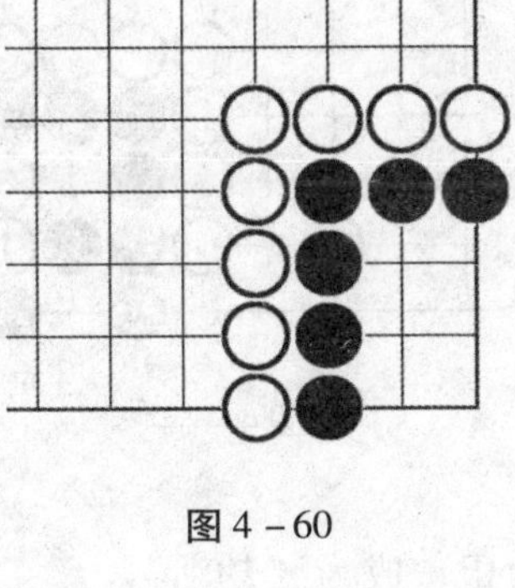

图 4－60

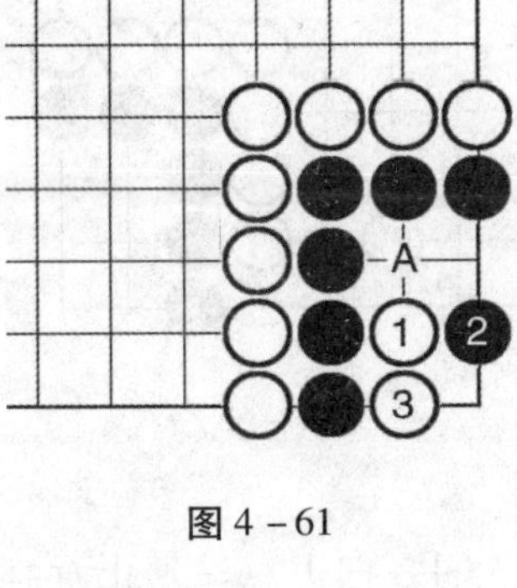

图 4－61

第一种情况，如图 4－60，黑棋是“角上板六”，没有外气，是死棋，见图 4－61 所示。

图 4－61，白 1 点，是要点。黑 2 夹、白 3 立后，黑棋因为没有外气，不能在 A 位做眼，成为死棋。

如果白 1 误在 2 位点，就成劫活了，见图 4－62。

图 4－62，白 1 是错着。至黑 4 止，成为劫活。黑 4 如不走，白走 4 位，即成“盘角曲四”，黑是死棋。

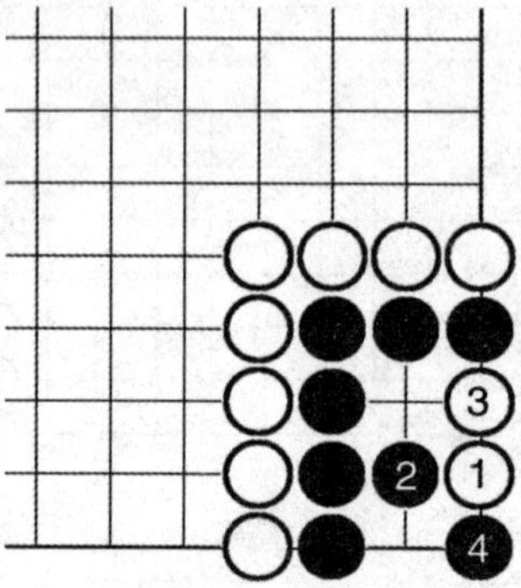

图 4－62

第二种情况，如图 4－63 所示，黑棋“角上板六”有一口外气，是“劫活”，见图 4－64。

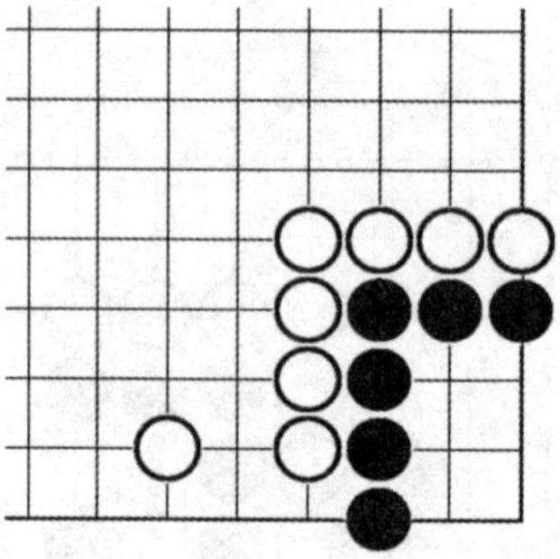

图 4－63

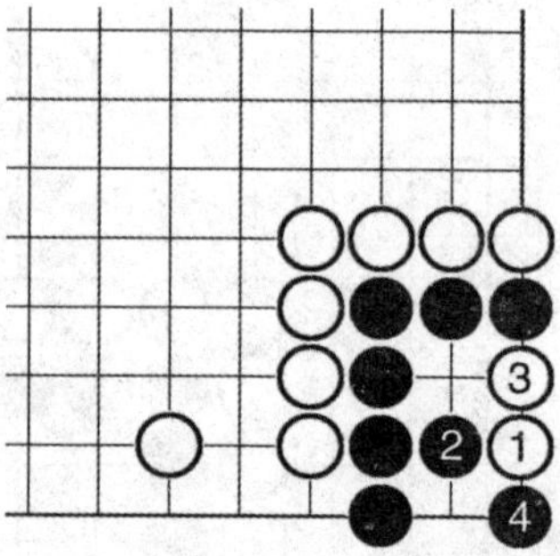

图 4－64

图 4－64，白 1 点，是正着。到黑 4 为止，成为“劫活”。

图 4－65，白 1 点，是错着。黑 2 夹后，白棋如在 A 位立，黑棋因有外

气，在 B 位做眼即活；白棋如在 B 位长，黑棋在 A 位做眼，也活。

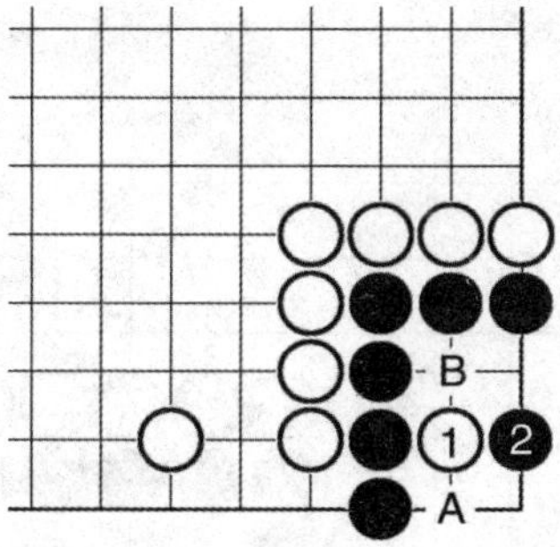

图 4－65

第三种情况，如图 4－66，黑棋“角上板六”，有两口外气，是活棋。见图 4－67。

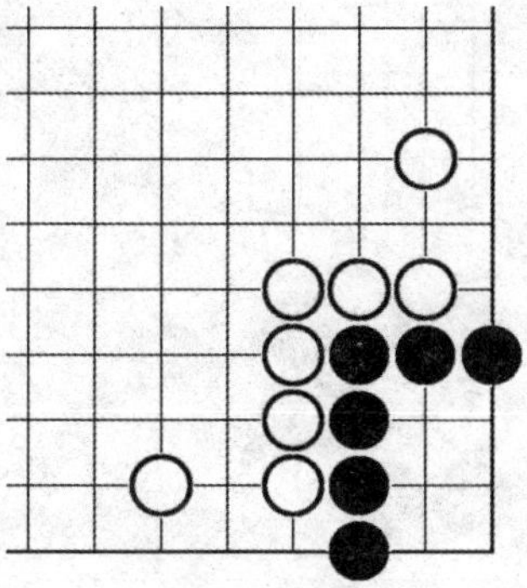

图 4－66

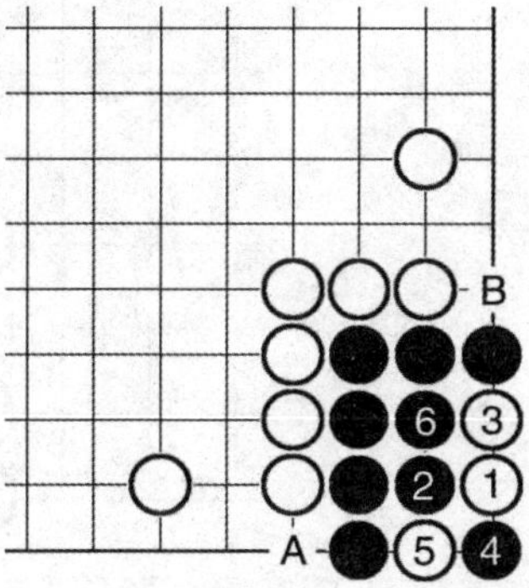

图 4－67

图 4－67，白 1 点，黑 2 应，白 3 长，黑 4 扑，到黑 6 为止，吃了白的“胀死牛”，黑是活棋。

黑棋因有两口外气，可以在 6 位吃白子；如果只有一口外气（即在 A 位或 B 位有白子），就不能在 6 位入气吃白子了。

由此可见。“板六”在中腹或在边上都是活棋。“角上板六”是死棋还是活棋，则要看有无外气及外气多少来决定：没有外气，是死棋；有一口外气，是劫活；有两口以上的外气，是活棋。

十二、角上板八

图 4－68 为角上板八。

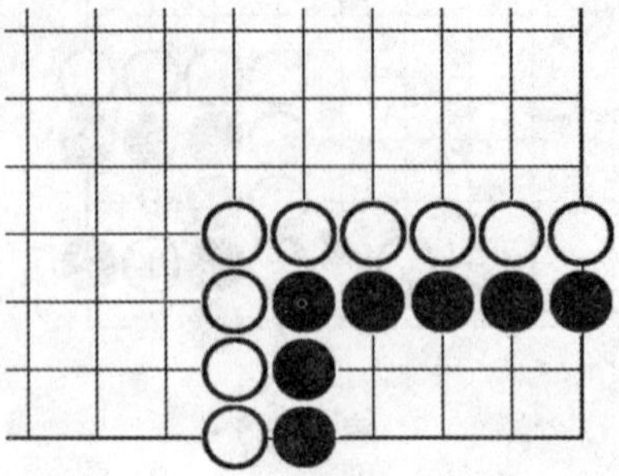

图 4－68

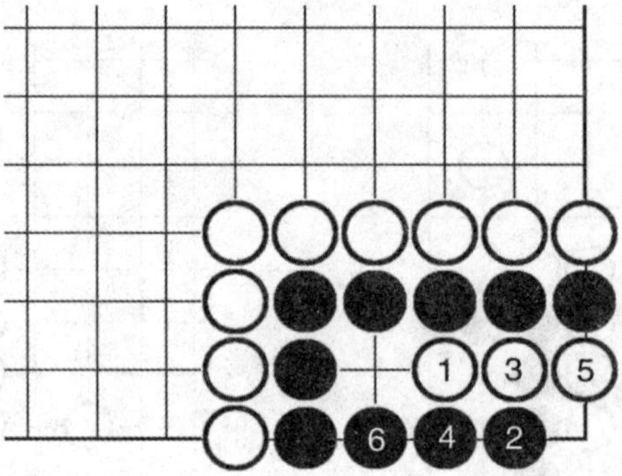

图 4－69

如图 4－69，白 1 点，黑 2 应，都是正着。至黑 6 为止，成为双活。

白 1 点后，如黑 2 误走 3 位，白 2 位扳，即成劫活。如黑 4 误走 5 位，白即在 4 位打吃，也是劫活。

如图 4－70，白 1 如在 2 位点，也是双活。

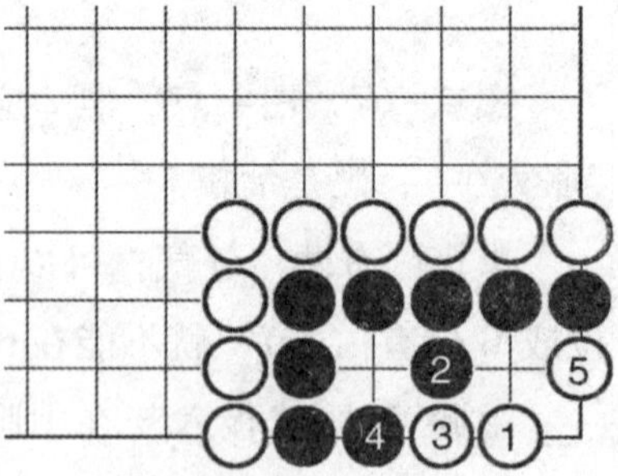

图 4－70

图 4－70 变化的结果，虽然也是双活，

但白棋落后手，不合算。

十三、大猪嘴

图 4－71 的黑棋图形，俗称“大猪嘴”。碰到这种形状的棋，一扳一点就死了。俗话说：“大猪嘴，扳、点、死。”

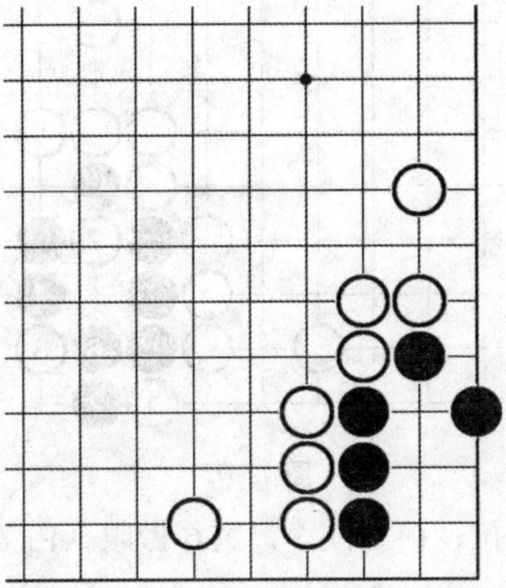

图 4－71

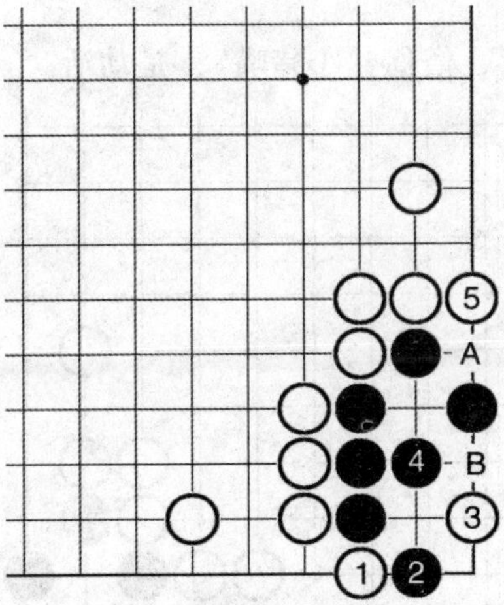

图 4－72

如图 4－72，白棋 1 扳、3 点、5 立后，黑棋不管怎样走，都不能活。(黑如 A 位做眼，白则 B 位打吃；黑如 B 位做眼，白则 A 位破眼)

黑 4 如走 B 位，也是死棋，见图 4－73。

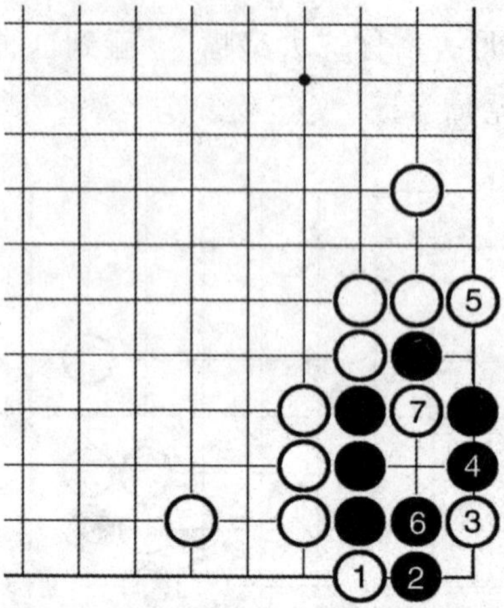

图 4－73

图 4－73，黑走 4 位，白 5 位立，黑 6 做眼，白 7 扑后，即破黑眼，黑棋还是不能活。

十四、小猪嘴

图 4－74 黑棋图形，俗称“小猪嘴”，是劫活。

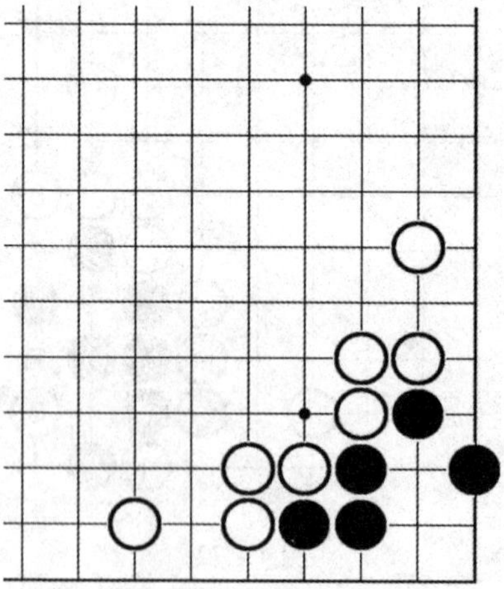

图 4－74

图4－75中白1点，是正着。黑2、白3至黑6，双方都是必然的走法，成为劫活。黑方是先手劫。

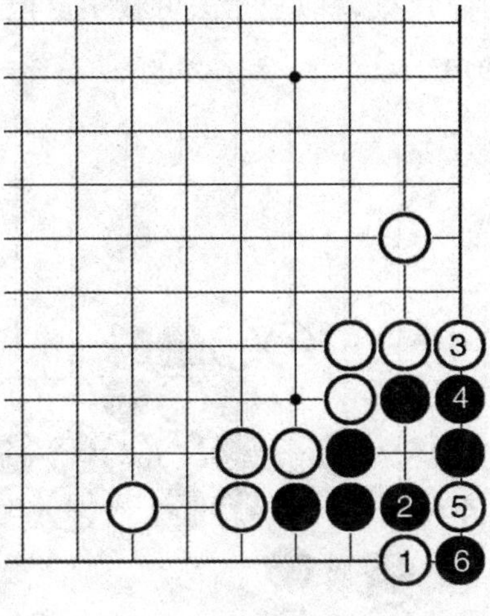

图4－75

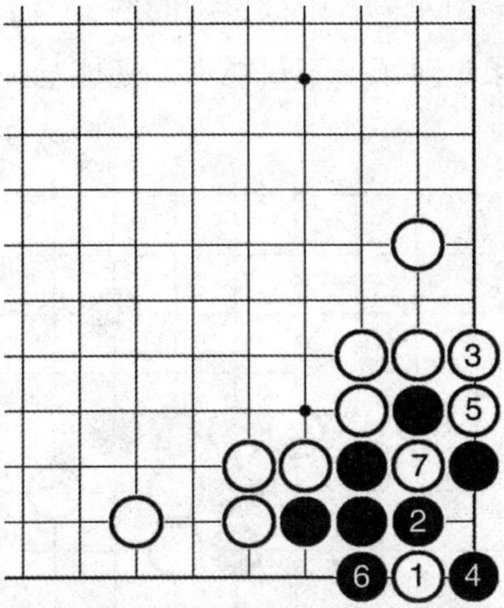

图4－76

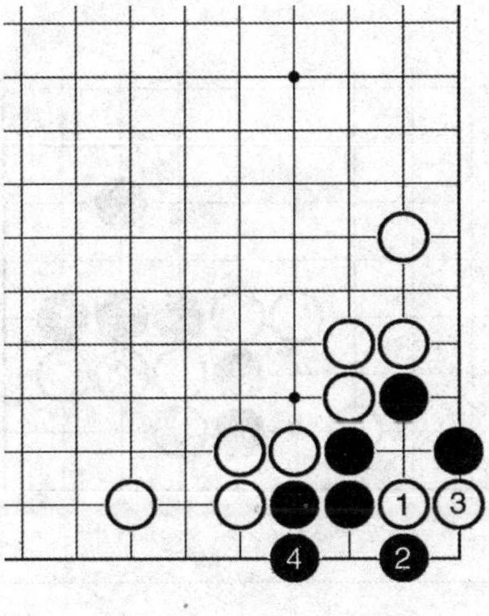

图4－77

变化图，如图4－76，从白1至白7，虽然也是劫活，但黑方是后手劫，比较吃亏。

失败图，如图4－77，白1是错着。到黑4为止，黑棋即活。

白3如走4位，黑走3位，也是活棋。

十五、拔钉子

图 4－78 中被包围的两个黑子，只有三口气，似乎无法可救了。但是黑如果走对了，不仅能活，还能吃掉角上的白子。

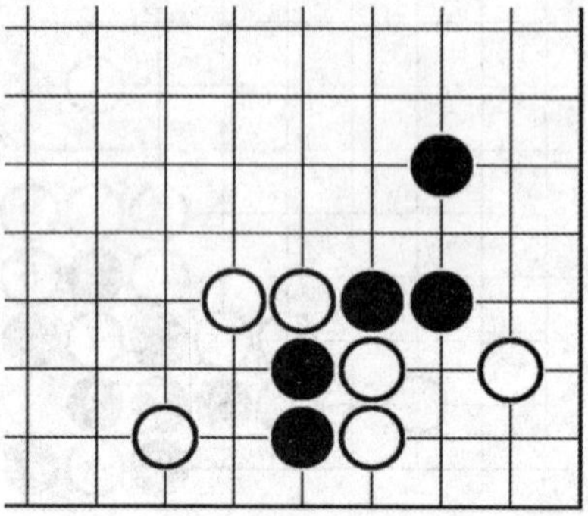

图 4－78

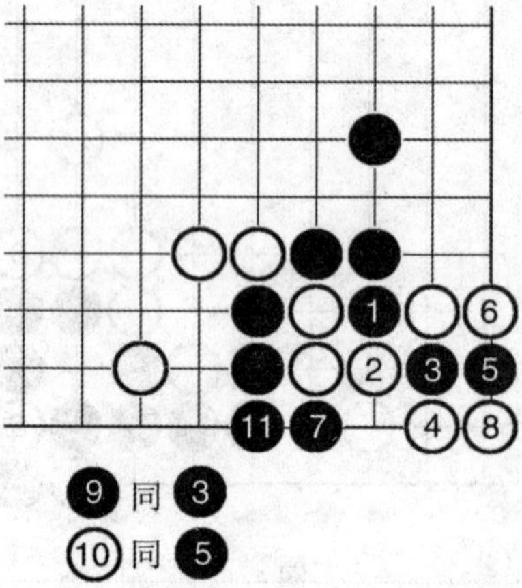

图 4－79

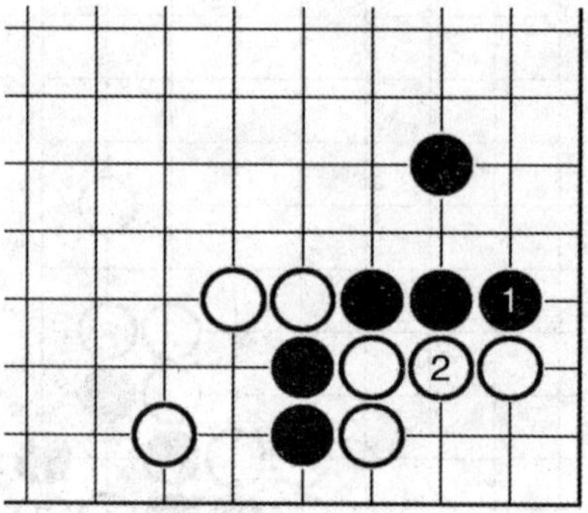

图 4－80

正解如图 4－79，黑 1 冲，是要点。以下几着，是必然的连续走法。到黑 11 为止，黑子气长，即吃掉白子，而与外面黑棋通连。

失败如图 4－80，黑 1 如不冲而挡，白 2 接后，白棋气长，两个黑子无法逃走。

第五章　常用的吃子技巧

下围棋，最终是以占地的多少来决定胜负的。吃掉对方的棋子，尤其是吃掉一些关系全局利害的重要棋子，不仅能够扩大自己的地域，而且能够掌握全局的主动权，最终取得胜利。

本章就是介绍一些吃子的方法，并附带介绍一下“紧气”的简单常识。

征

“征”是对局中常用的吃子方法之一，如图 5－1 所示。

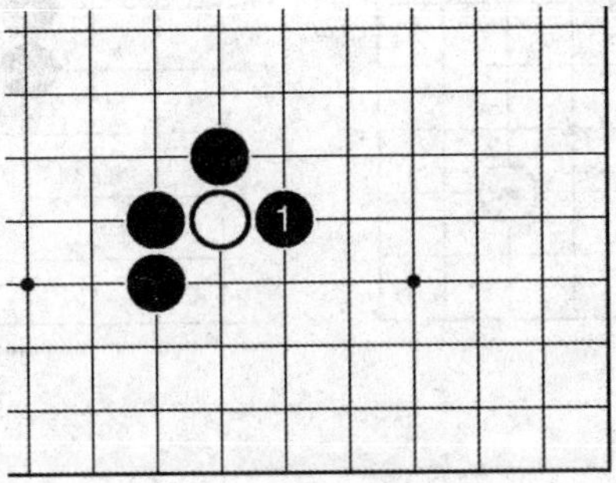

图 5－1

图 5－1 黑 1 打吃，白子如果逃走，黑棋就可以用“征”的方法把它吃掉。试看图 5－2。

图 5－2 黑 1 打，白 2 逃，黑 3 打，白 4 逃，黑 5 又打……。这样一逃一打，连续走下去，到黑 15 为止，就把白子全部提掉了。

像这样，从两边连续地大吃，迫使对方永远只有一口气，而最后被吃掉，这种吃子的方法叫“征”（俗称“扭羊头”）。

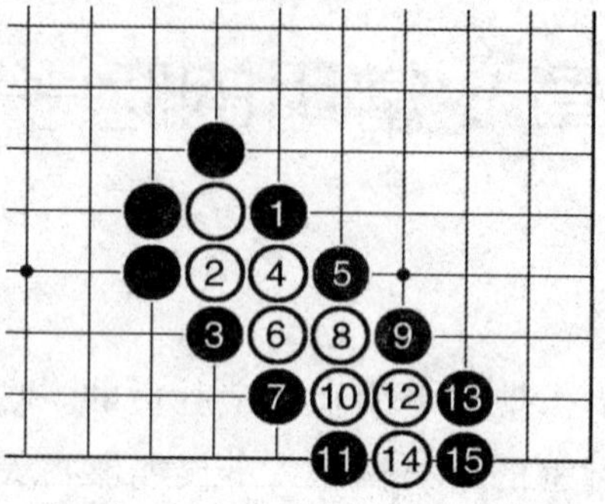

图 5－2

但是，在黑棋征吃白子所经过的路线上如有白子存在（这子叫“接应子”），例如图 5－3 有白△一子时，黑棋就不能用“征”的方法吃掉白子。试看图 5－4。

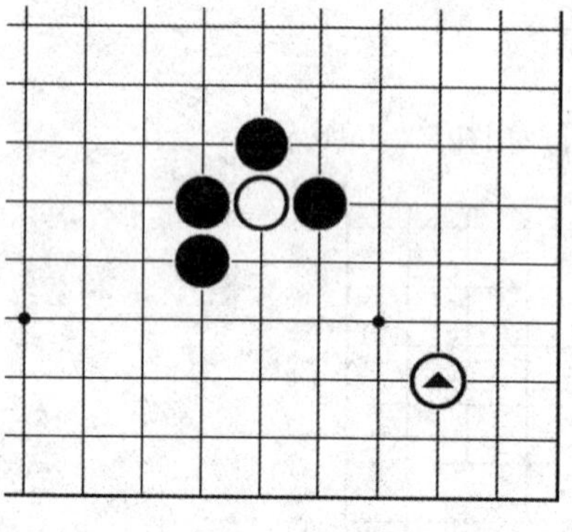

图 5－3

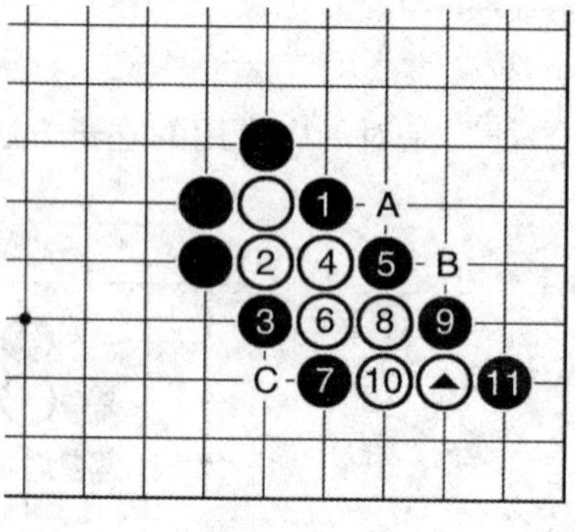

图 5－4

图 5－4 黑棋 1、3、5、7 仍然用“征”的方法打吃白子，白棋 2、4、6、8 往外逃，但当黑 9 打吃时，白 10 便与白△一子通连而宽出一口气，黑 11 就无法继续征吃白子；而黑棋在 A、B、C 等处都会被打“双吃”，黑棋崩溃。

因此，在应用“征”的方法时，一定要预先注意到，沿路有没有对方的“接应子”，以免失败。

封

“封”，又叫“门”、“方”、“枷”等，也是常用的吃子方法。

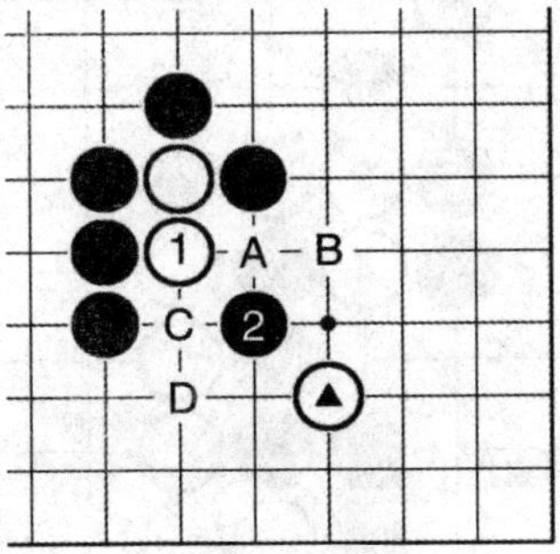

图 5－5

图 5－5 白棋因有白△一个接应子，而想走 1 位逃出；黑棋看到无法征吃，就改在 2 位下子，仍然把两个白子吃住了。（白 A 位冲，黑即 B 位挡；白 C 位冲，黑即 D 位挡；总是逃不出去）

这样把对方的棋子虚罩在自己的势力范围之内，使它无法逃出，就叫“封”。

“封”的使用范围很广，下面再举几个实例。

图 5－6 黑走 1 位封白。虽然两个白子还有三口气才被提掉，但是已被封住而逃不出去了。试看图 5－7。

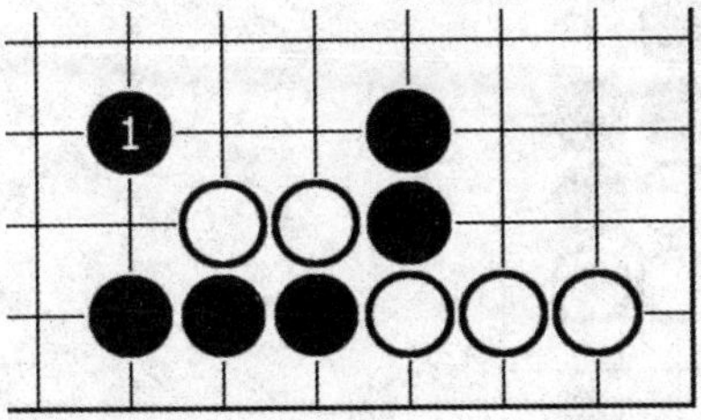

图 5－6

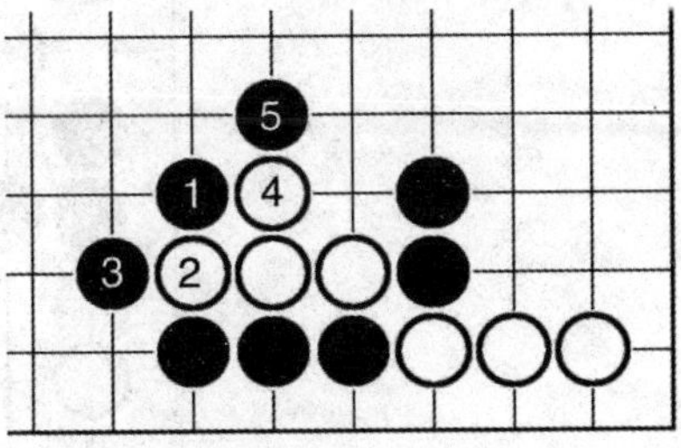

图 5－7

图5－7黑1封后，白子如从2位冲，黑即3位挡，白从4位冲，黑即5位扳，白子就被吃死了。这样用一个子把具有三口气以上的敌子封住，叫“大封”。

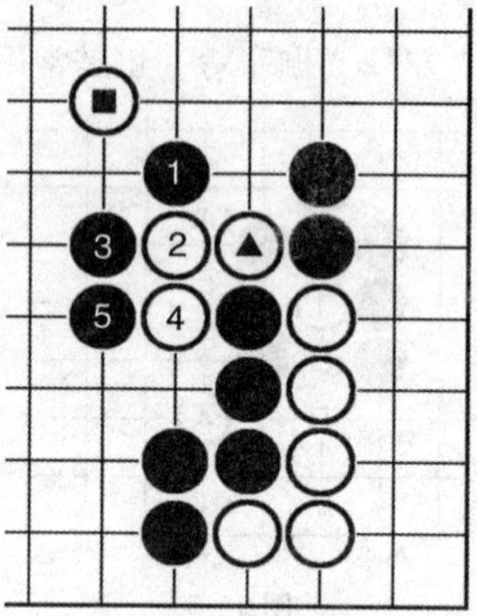

图5－8

图5－8白△一子，想把黑棋断开。因为有白□一个接应子，黑棋不能征吃，所以改在1位封，白2、4逃，黑3、5逼紧，白子就逃不掉了。这种“封”的方法，有偏侧的形状，俗称“半面枷”。

有时，如用“枷”“跳”或“关”的形式封不住敌子，还可用“飞”的形式来封。

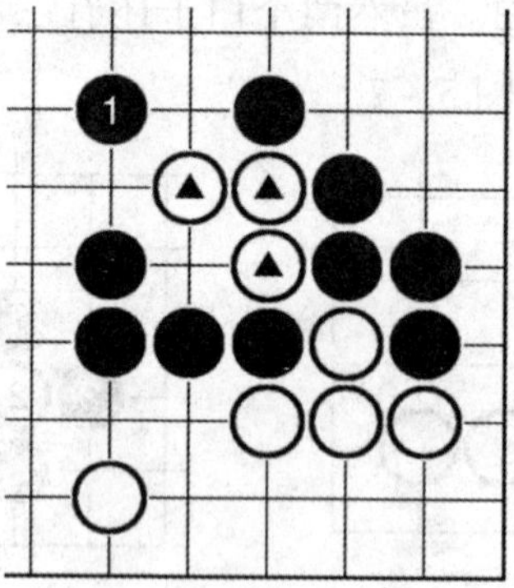

图5－9

图 5 - 9 黑棋要封吃白△三个子，用跳的形式走 1 位，行不行呢？试看图 5 - 10。

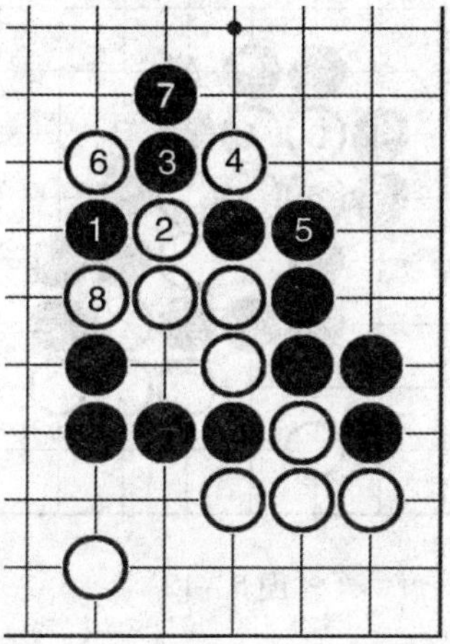

图 5 - 10

图 5 - 10 黑 1 封，白 2 冲，黑 3 挡，白 4 打吃，黑 5 粘，白 6 再打吃，黑 7 长，白 8 再打吃，就冲出去了。

怎样才能封住这三个白子呢？试看图 5 - 11，“飞封”的正确运用。

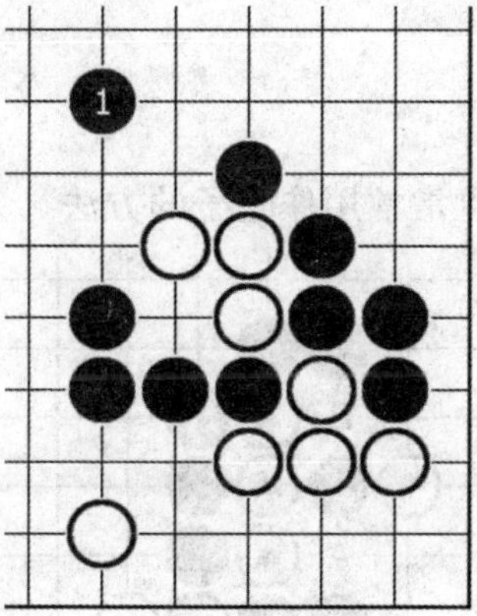

图 5 - 11

图 5 - 11，前图黑 1，如改用本图小飞的形式走 1 位，就把三个白子封住了。这叫“飞封”。其演变结果，见图 5 - 12。

图 5－12 白 1 冲，黑 2 挡，白 3 冲，黑 4 扳，白 5 冲时，黑 6 就把白子全部吃住了。

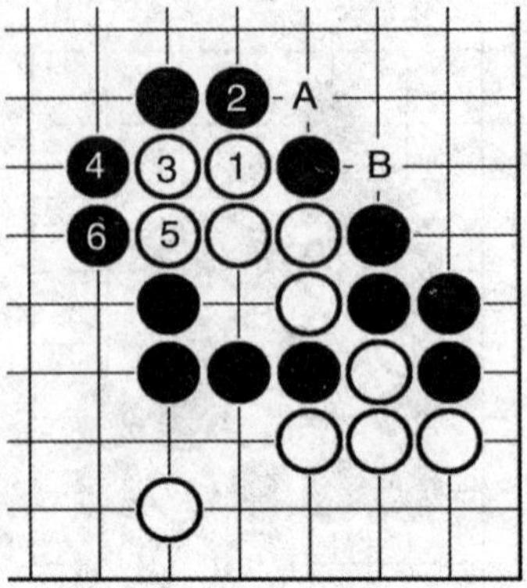

图 5－12

白 1 如先走 3 位，黑也在 4 位扳，然后白 5，黑 6，白子仍不能逃脱。由于黑用小飞的形式，即使白子在 A 位打吃，黑子只要在 B 位粘上，白子就没有二次、三次打吃的机会，因而就被封住了。

挖

“挖”的作用很多，也常常用作吃子的方法。

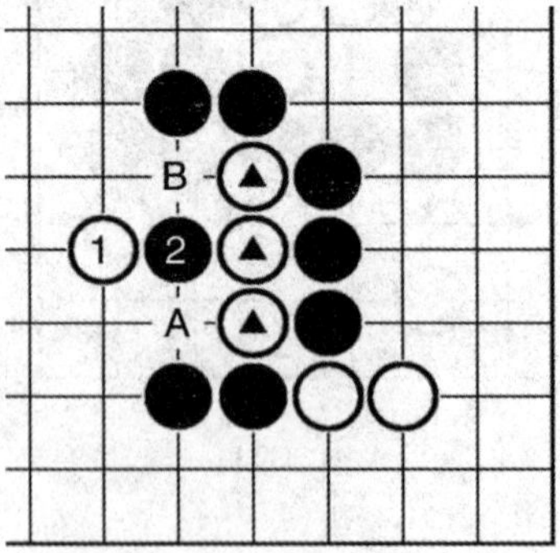

图 5－13

图 5－13 乍一看，白△三个子是能够与白 1 连在一起的。无论黑走 A 位或是 B 位，白子都可以从 2 位通连。但是，如果黑子用挖的手段，首先下在 2 位，就可以吃掉那三个白子。试看图 5－14。

“挖”的正确运用：

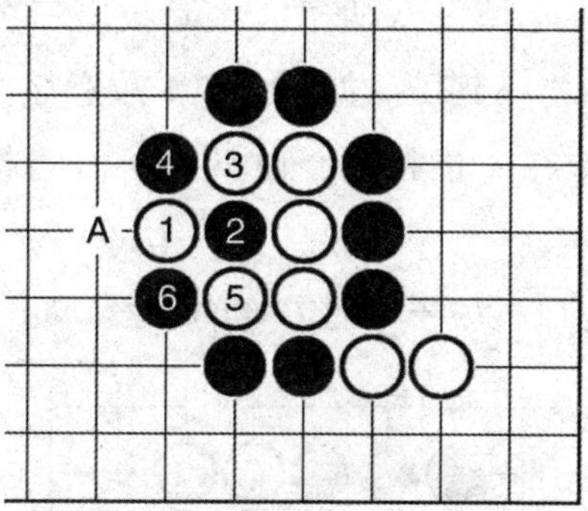

图 5－14

图 5－14 黑 2 挖，白 3 打吃，仍想与白 1 通连，此时，黑 4 必须反打；待白 5 提黑一子后，黑从 6 位卡吃，就可以捕获五个白子了。像这样大吃，使五个白子不能在 2 位和白 1 连接（如果连接，就被黑从 A 位一齐提掉），叫作吃“接不归”。

图 5－15 被围的白棋已有 A 位一个整眼，黑 1 如走 2 位，白走 1 位做眼，就活了。但是，黑在 1 位挖，让白 2 去吃，然后在 3 位一卡，破掉这个眼，整块白棋就死了。

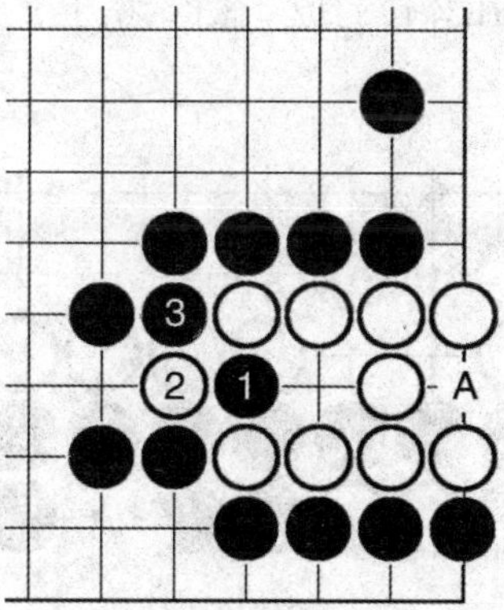

图 5－15

扑

图 5 – 16 黑棋只有吃掉白△两子，才能救出三个黑子。如果黑棋走 2 位，白棋在 1 位粘，就吃不到了。如图，黑 1 故意往白棋虎口里填一子，白棋若于 2 位提，黑棋即在 3 位打吃，白棋三子便“接不归”。吃掉三个白子，黑棋三子就得救了。

这种故意往对方虎口里填子给对方吃的手段，叫“扑”。

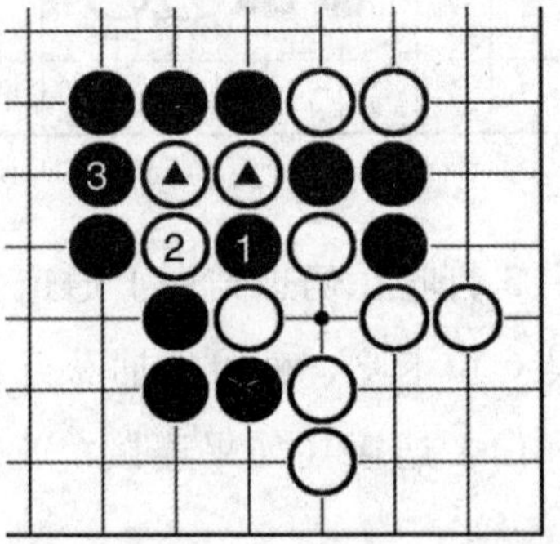

图 5 – 16

图 5 – 17 这块黑棋被白棋包围，只有 A 位一个眼。白走 1 位去破黑棋的另一个眼，黑棋如果随手在 2 位打吃，白 3 粘上，黑棋就吃不到白子，无法做活了。

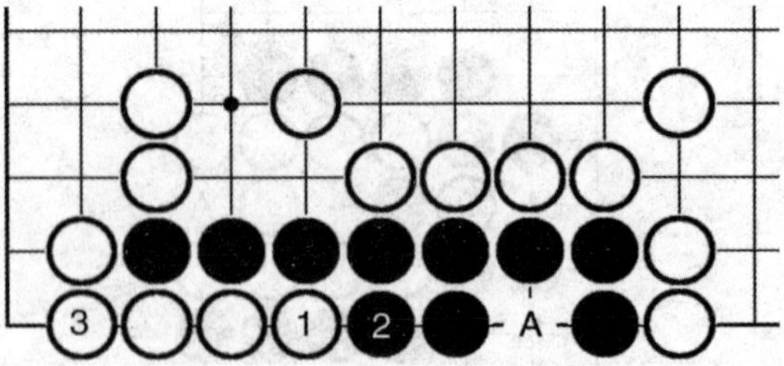

图 5 – 17

但是，改用“扑”的方法，还可以使黑棋得救。试看图 5－18。

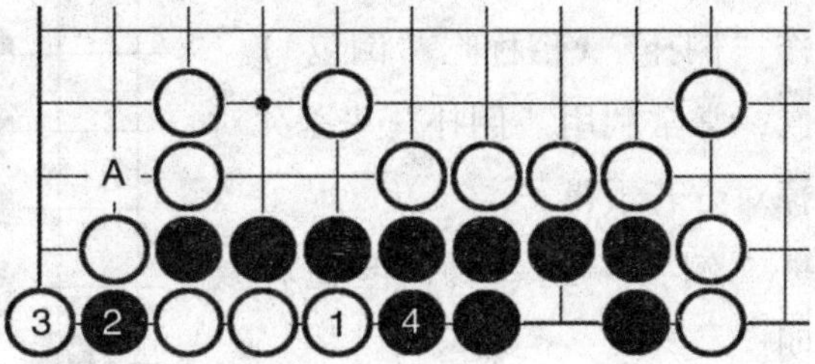

图 5－18

“扑”的正确运用：

图 5－18，白 1 去破黑棋的眼，黑棋先在 2 位扑，待白 3 提后，黑 4 打吃，白棋若在 2 位粘，黑棋在 A 位吃掉六个白子，就活了。白棋若不粘，则黑走 2 位，提掉三个白子，做成第二个眼，也是活棋。

所以，“扑”的第一个作用是：送一子让对方提，因而使对方自己紧自己一口气，以致最后被追杀而死。

倒扑与双倒扑

图 5－19 黑从 1 位扑，就可以把白△两个子吃掉。如果白在 A 位提黑一子，黑即仍在 1 位提掉三个白子。

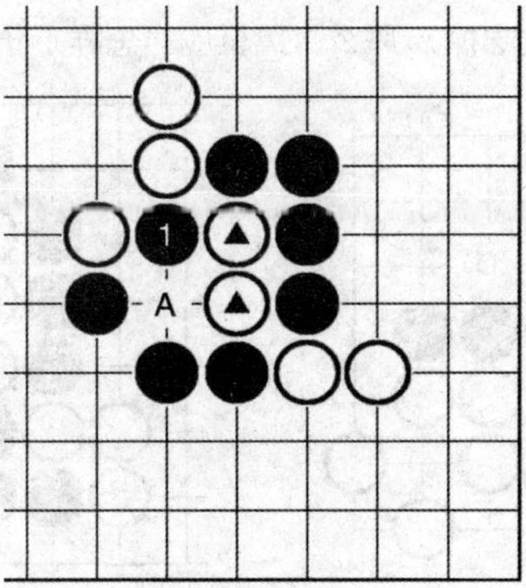

图 5－19

这样，投入一子给对方吃后，立即反提对方棋子的着法，叫作“倒扑”（俗称吃“倒包”）。

在对局的时候，常常利用“倒扑”来杀死对方的一块棋或吃掉对方若干棋子。

“双倒扑”是“倒扑”的一种，但比较复杂。下面举例说明。

图 5－20 角上白棋似乎已经有了两个眼，但因有黑▲一子的存在，黑棋从 1 位扑，就成为“双倒扑”的形状。无论白棋从 A 位或 B 位提黑一子，黑棋都能把白子反提起来。这种吃棋方法叫“双倒扑”。

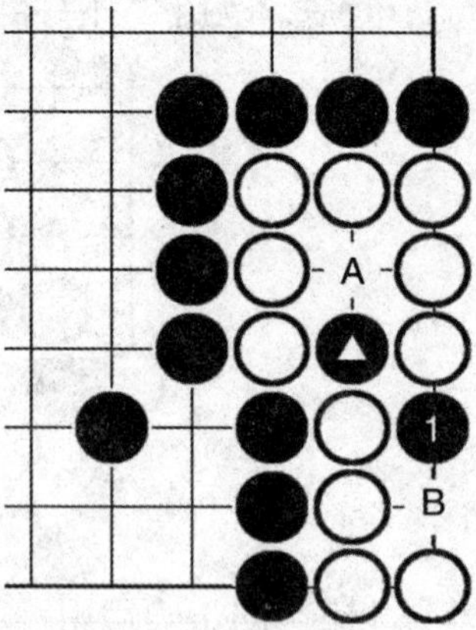

图 5－20

夹

“夹”也常常用作吃子的方法。

图 5－21 边上的四个黑子已逃不掉了，只有把白△两子吃住，才能得救。如果黑从 A 位冲吃，则白从 B 位逃（即使黑从 C 位打双吃，白棋仍能从 D 位逃出），无法捕获，边上黑子还是不能得救。（如果黑棋从 B 位打吃，白子即从 A 位连接，也不会被吃掉）那么，黑棋应当怎样下子呢？试看图 5－22。

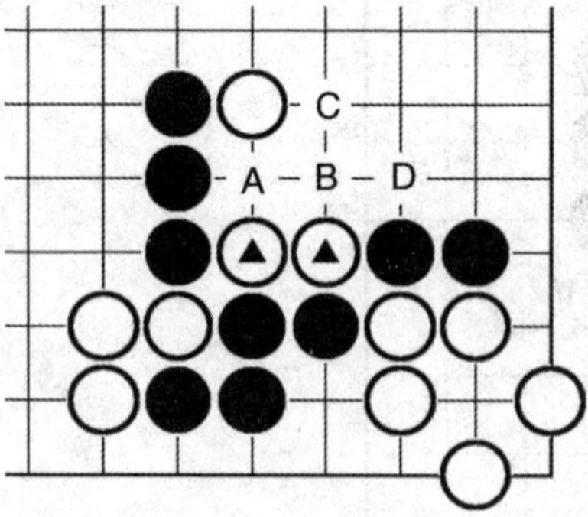

图 5－21

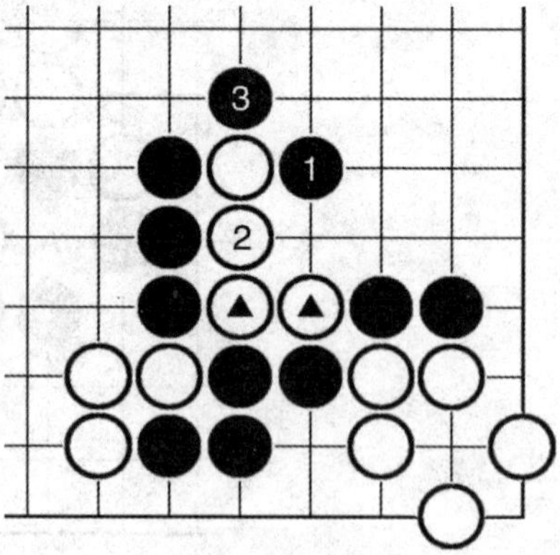

图 5－22

“夹”的正确运用：

图 5－22 黑 1 位夹，就可以吃掉两个白子。白 2 接，黑棋即从 3 位把四个白子吃掉。再参看下面的图 5－23。

图 5－23 黑 1 夹，白 2 长出，黑 3 即断吃两个白子。白 2 如改走 A 位，黑棋即于 B 位挡吃，白棋三子就“接不归”。

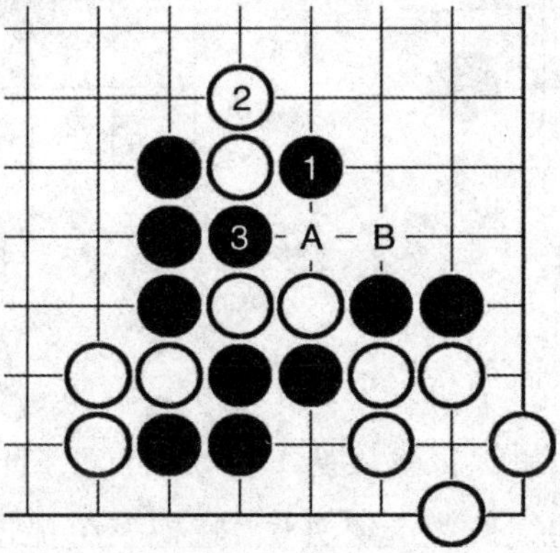

图 5－23

立

“立”作为一种杀棋的着法，经常是在一路上发挥它的作用（俗称“硬腿”）。下面举例说明。

图 5－24 角上白棋已经有了两个眼位，应当是活棋。但黑棋先走，能不能破掉白棋的眼呢？请看图 5－25。

“立”的正确运用：

图 5－25，黑 1 立，就可将白棋杀死。白棋如从 2 位做眼，黑棋即从 3 位打吃三个白子；白棋即使在 A 位粘上，也只剩下一个大眼，就死了。如果白棋先在 3 位做眼，黑棋即从 2 位卡眼，白棋仍不能活。这样，黑棋用“立”的方法杀死了白棋。

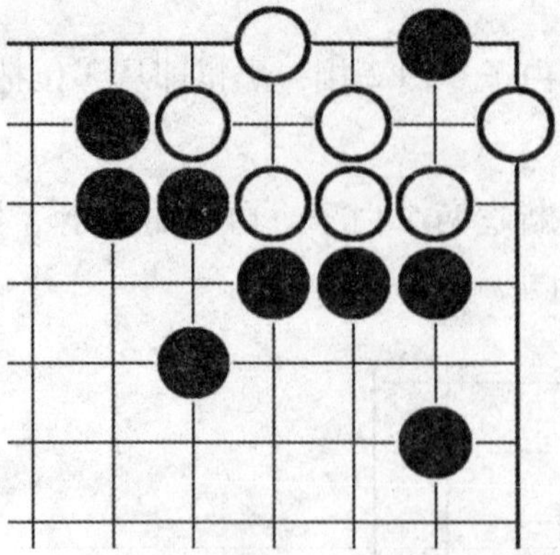

图 5 – 24

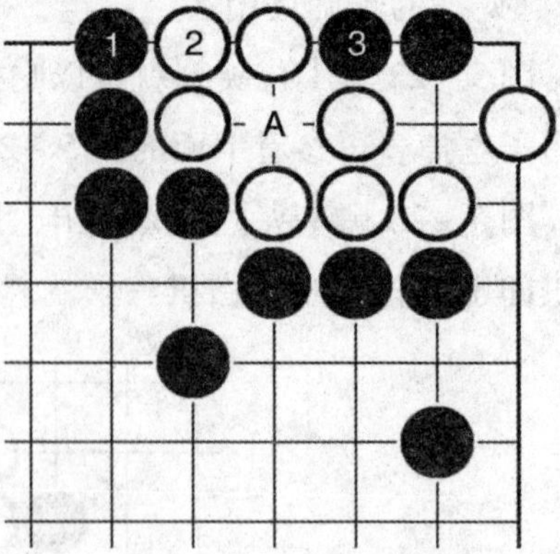

图 5 – 25

图 5 – 26 角上五个白子与三个黑子对杀，双方都没有眼，需要比“气”的长短来决定生死。如果黑棋直接从 1 位紧白气，白棋即从 2 位紧黑气，这样对比下去，总是白的气长，走到白 6，就把三个黑子提吃掉。但是，黑棋是不是真比白棋短一气呢？

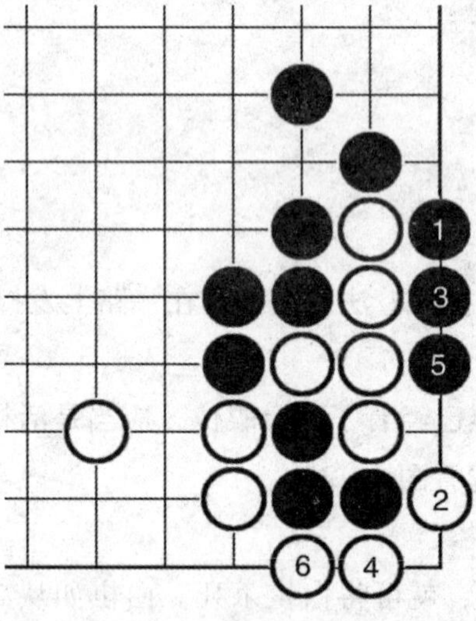

图 5 – 26

图 5 – 27，黑棋先不紧白气，而在 1 位立，是杀死白棋的唯一手段。这样，白棋无论从哪里下子，总短一气。如图，白走 2 位，经过黑 3、白 4、

黑5之后，因为白棋不能在角上A位入气吃黑，而要在B位接一着之后才能入气，这样，黑棋就长一气而获胜。

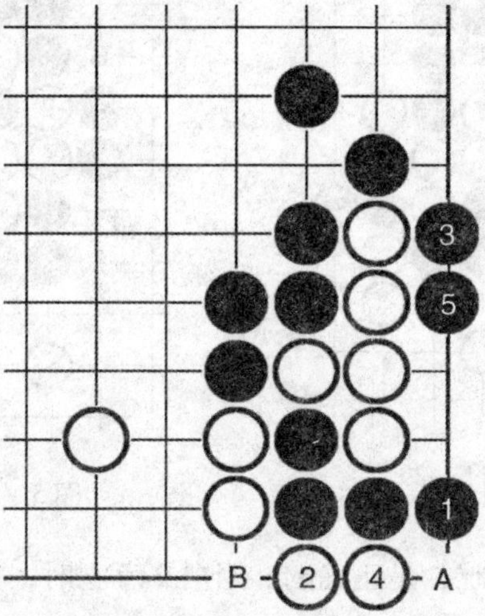

图5-27

勒吃与兜吃

“勒吃与兜吃”也是对局中常用的吃子方法。

图5-28，黑▲两子被白棋围着，只有两口气。但白棋也有弱点，可以利用来攻杀。黑棋如误在1位打吃，白2粘上，黑3紧气，白走4位，就吃住了两个黑子。

图5-29，黑棋如改在本图1位打吃，白2即长出，反吃黑1一子，黑3不得不粘上，白棋仍可在4位吃住两个黑子。黑棋有没有办法吃掉白子呢？试看图5-30。

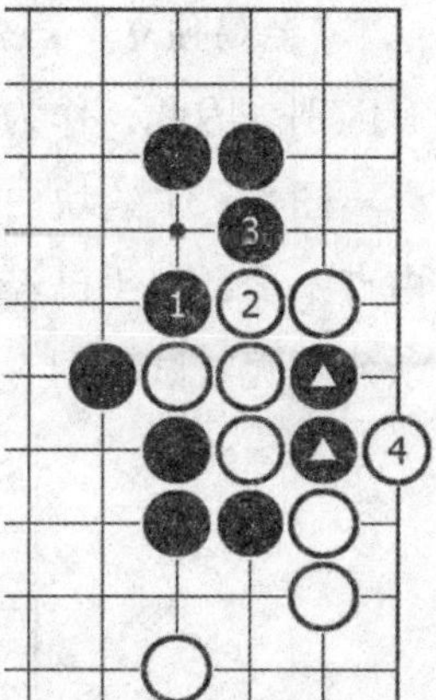

图5-28

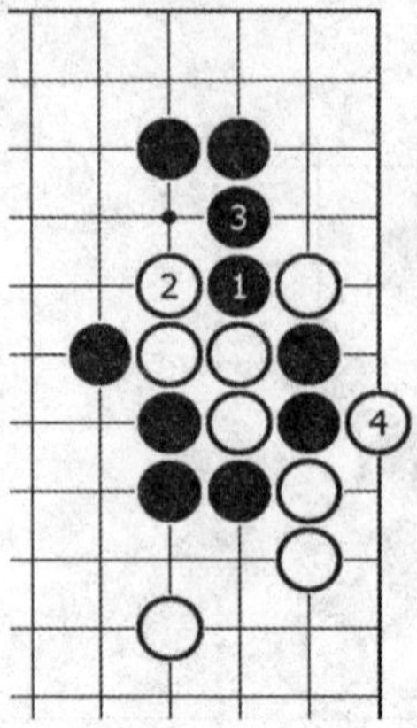

图 5－29

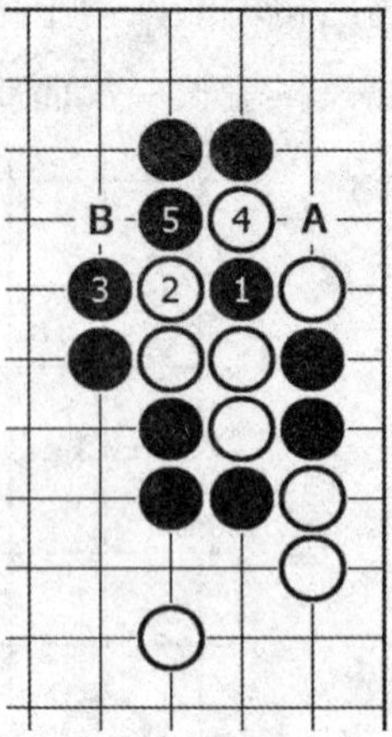

图 5－30

图 5－30，黑 1 断吃，是正确的。当白 2 反吃时，黑 3 一定要从外边包起来反吃白子，待白 4 提后，黑 5 再进一步勒吃，白即不敢粘了（白子如粘，黑即于 A 位追吃）。白 4 如不提而从 5 位长，黑即从 B 位打吃，白如再从 4 位提，黑即从 A 位吃白的“接不归”。这种吃子的方法，就叫“勒吃与兜吃”。

金鸡独立

“金鸡独立”虽然也是“立”的一种，但与前边讲过的“立”的着法有区别。因此，作为吃子的方法，单独列出。

图 5－31 这块白棋被包围，A 位已经有一个眼，白△的几个子所围的空白点不少，似乎已经具备了第二个眼。那么，这块白棋，黑方有没有手段杀死它呢？试看图 5－32。

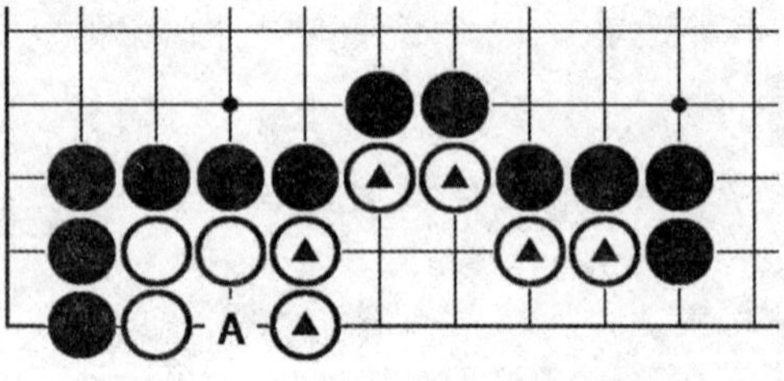

图 5－31

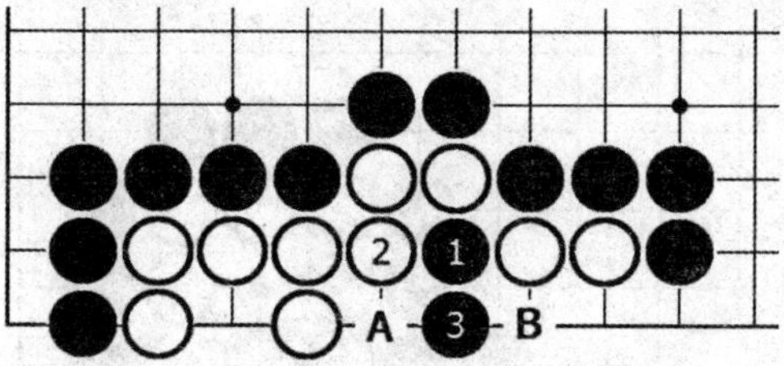

图 5－32

“金鸡独立”的正确运用：

图 5－32，黑 1 断吃，黑 3 立下，是连贯的好着。这样，白棋在 A、B 两处都不能入气吃黑，而黑棋可以紧气吃白两子，白棋只剩下一个眼，就死了。

像这样，在边、角行棋当中，用“立”的手段把对方的棋子断成两半，使它在两边都不能入气，而终于被吃掉，这叫“金鸡独立”。

倒脱靴

“倒脱靴”，是一种复杂而有趣的杀棋着法。

图 5－33 被包围的白棋，已经有了一个眼；另外已经吃住三个黑子，好像能做成第二个眼。初学者往往认为白棋已经活了，于是从 1 位提白一子，这样，白从 2 位提黑三子，就活了。黑棋能否杀死白棋呢？试看图 5－34。

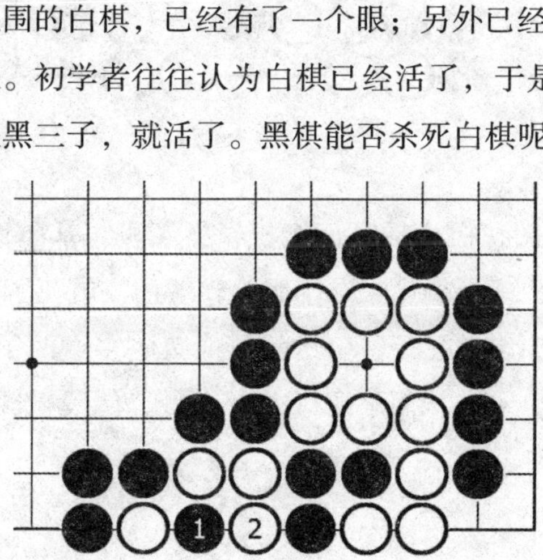

图 5－33

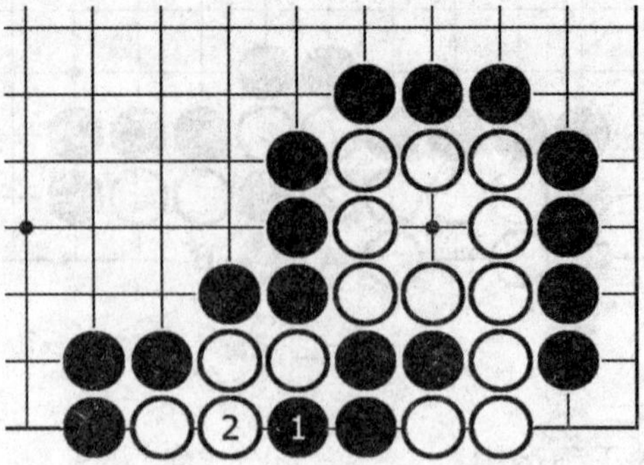

图 5－34

"倒脱靴"的正确运用：

图 5－34，黑棋利用三个死子，走在本图 1 位，多送一子给白棋吃，白棋只好在 2 位提掉四个黑子，提后形状见图 5－35。

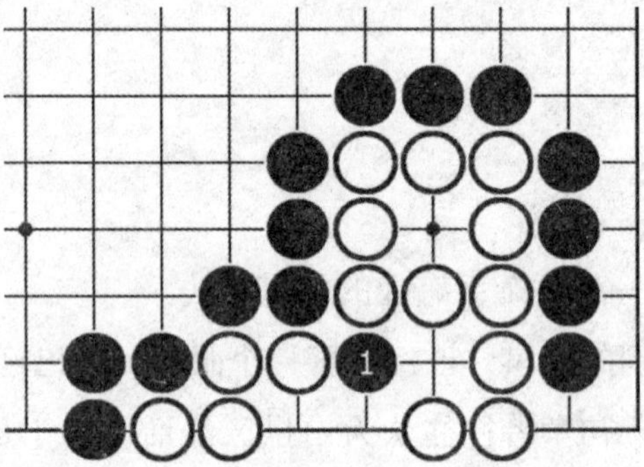

图 5－35

图 5－35 接上图，白棋提了四个黑子，黑棋再从本图 1 位吃回四个白子。白棋四子被吃，无法做出第二个眼，整块白棋就死了。

像这样，利用原来的死子，多送一子（有时多送两子），给对方吃，又能立即吃回对方几个子，从而杀死对方，这叫"倒脱靴"（也有叫"脱壳"或"脱骨"的）。

第六章　常用定式

在角上，黑白双方互相接触，经过激烈争夺，最后告一段落，会形成许多不同的棋型。通过长期的经验积累和千百万人的实践结果，会形成一些变化比较合理，利益大体均等，双方都可走的定型，就叫作“定式”。

定式的数量很多，至今还在不断发展和创新。据不完全统计，目前就有超过四万种的定式。学围棋，当然不能背诵所有定式，但对其中常用的定式还是要有所了解并熟悉它。通常只要把其中的一个原始图形掌握住，再记住几个主要变化图形就可以了。至于其他千变万化的复杂情况，只要具有一定的基础知识和棋艺水平，都可以临场计算和类推出来。

在布局中正确地选用定式是很重要的。对常用定式的特点不熟悉，布局就容易吃亏。在布局中运用定式，一定要考虑周围的情况来选择最有利的定式。通过布局来学习运用定式是个很好的方法。

本书中以“星”“三、3”“小目”“高目”“目外”五种类型，分别举例说明，供读者参考。

首先把这五种类型作个说明。请看图 6－1，在角上，可下子的部位有 A、B、C、D、E 五个部位。下在 A 位的叫“星”；B 位的叫“小目”；C 位的叫“三、3”；D 位的叫“目外”；E 位的叫“高目”。这五个部位，各有不同的作用。一般说来，“小目”和“三、3”偏重于守角；“星”、“目外”和“高目”偏重于控制中腹和边上的形势。

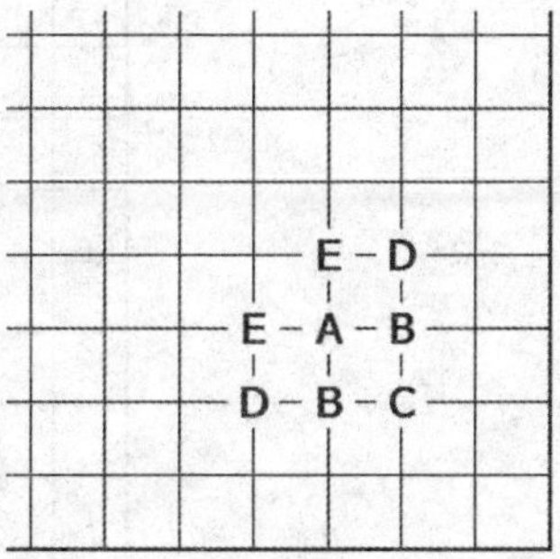

图 6－1

星定式

图 6－2，黑 3 也可以于 A 位小飞，以后黑 7 可争先手走他处。

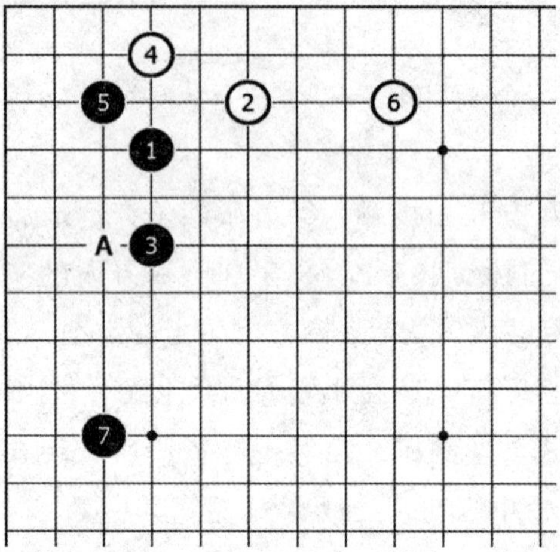

图 6－2

图 6－3，黑 9 拆大场是好点。如于 A 位补断，则较弱。黑 9 拆后，白若立即于 B 位冲断，不能成立，见 6－4 图，白 1 至黑 26，黑成先手劫，白不行。

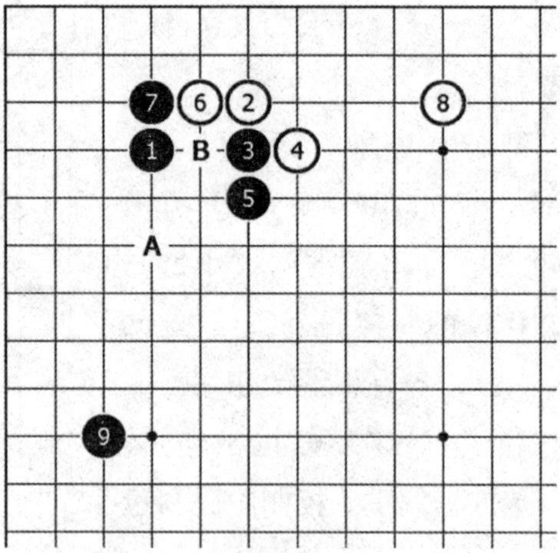

图 6－3

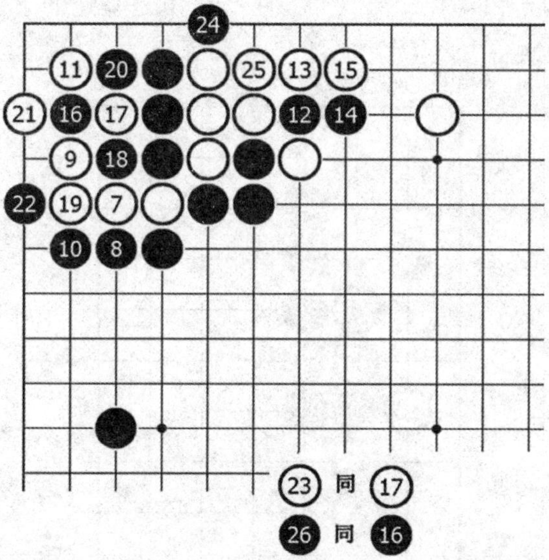

图 6－4

图 6－5，黑 3 大飞应，白 4 如点角，至黑 17 也是定式。

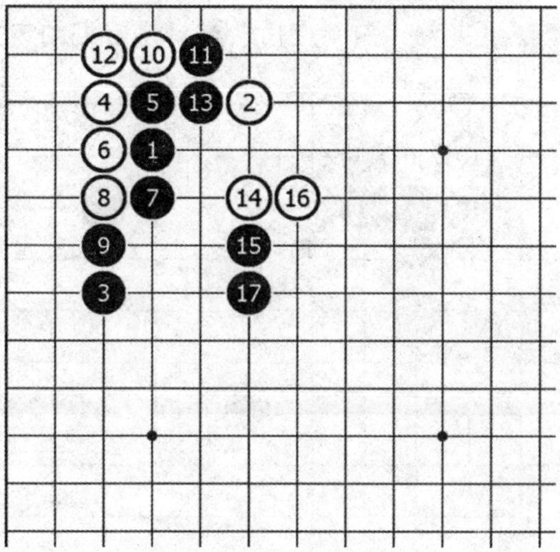

图 6－5

图 6-6，对于白 4 拦，黑 5“玉柱”守角是坚定的下法（在角上星位下立一步，叫“玉柱”）。

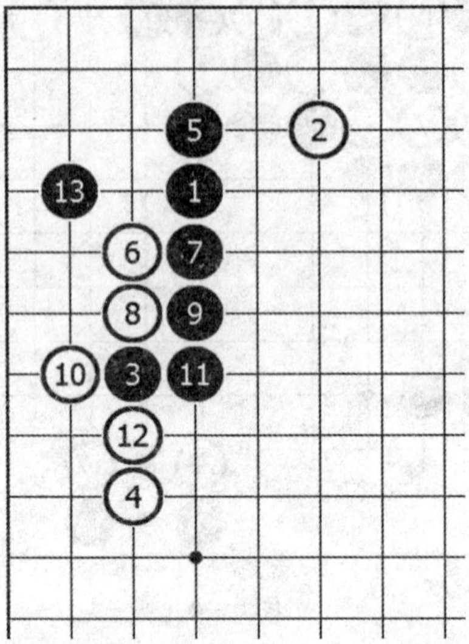

图 6-6

图 6-7，对于黑 3 夹攻，白 4 点角转换，是常见的定式。

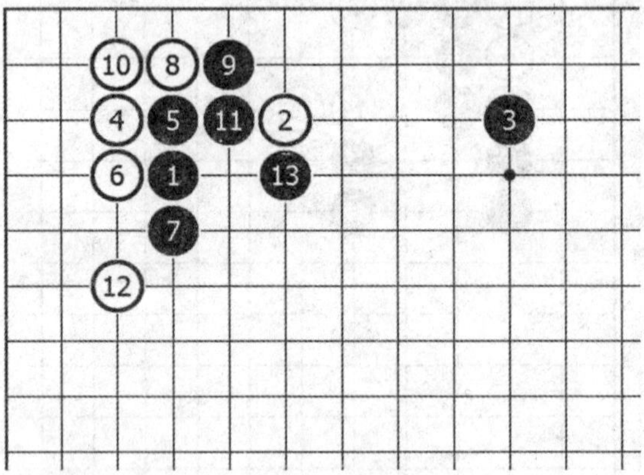

图 6-7

图 6－8，黑如 A 位一带有子，白 4 点角时，黑 5 应从这一方向挡。至黑 9 构成外势。

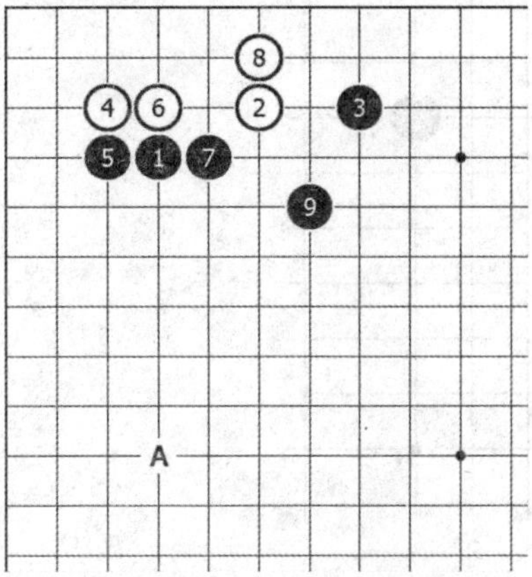

图 6－8

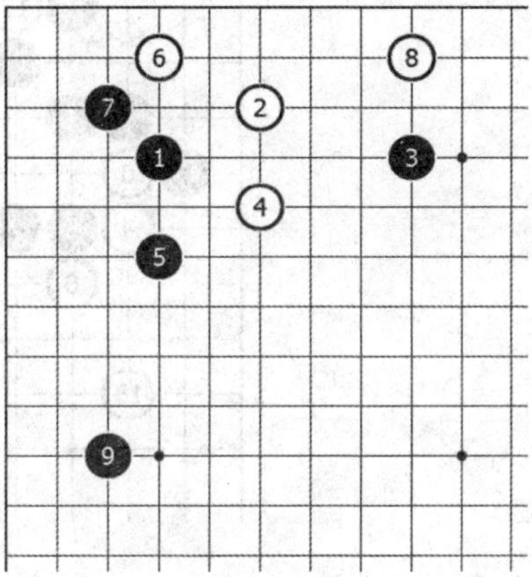

图 6－9

图 6－9，黑 3 二间高夹，白 4、6、8 是简明的应法。

图 6－10，对于白 4 点角，黑在 A 位一带有子的情况下，不能于 6 位挡，至 23 黑在下边构成模样。

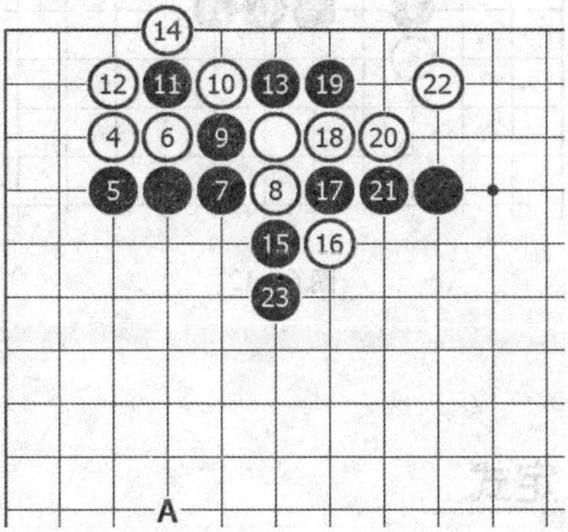

图 6－10

图 6－11，对于黑的三间高夹，白 2、4 反夹，以下成为“双飞燕”定式。

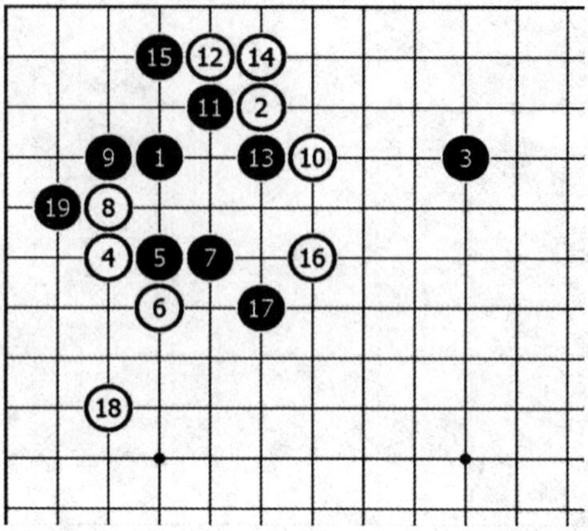

图 6－11

图 6－12，白 4 若高一路反夹，至 13，白得角地，黑得外势。

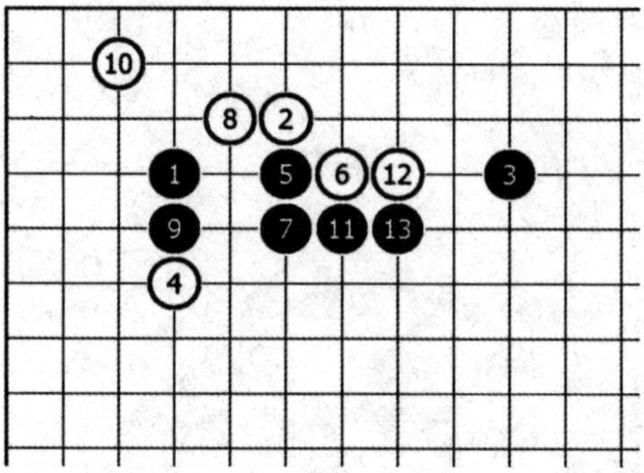

图 6－12

“三、3” 定式

图 6－13，黑 1 占“三、3”，能以一手占角。对于“三、3”，白有 A、B、C、D 四种挂法，黑则根据形势可选应于 A、B、C、D 四点。

图 6－14，对于“三、3”，白 2 肩冲是控制黑势发展的有力手段，意在压低黑棋，而换取外势。至白 8，黑得角地，白加强了中腹的势力。

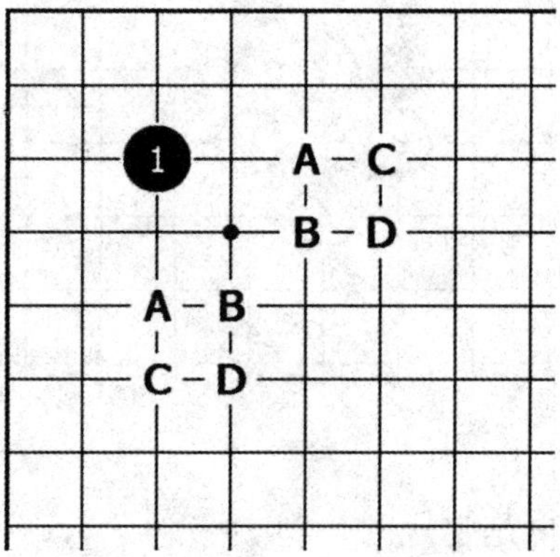

图 6－13

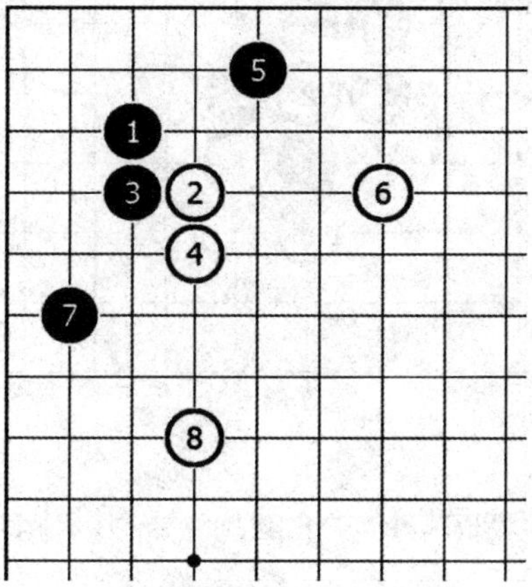

图 6－14

图 6－15，黑 5 曲至黑 9 也是定式的一种。

图 6－16，白 2 挂、4 压、6 顶，然后 8 位拆也是定式。

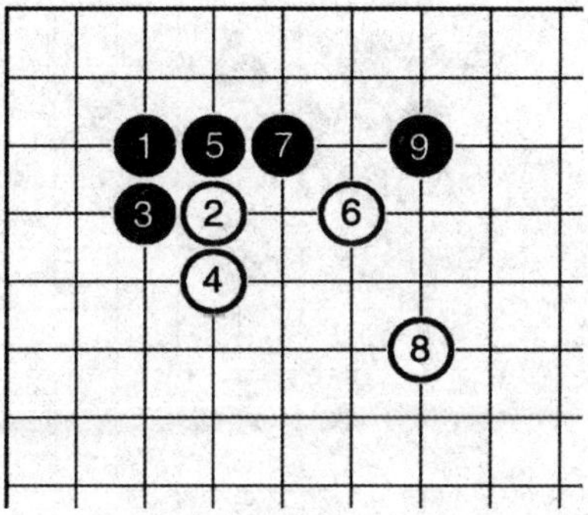

图 6－15

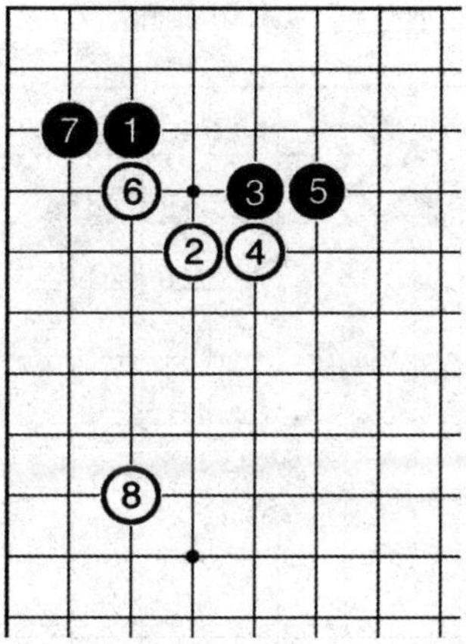

图 6－16

图 6－17，白 4 关是一种轻灵的下法。至白 10 是定式变化的一型。

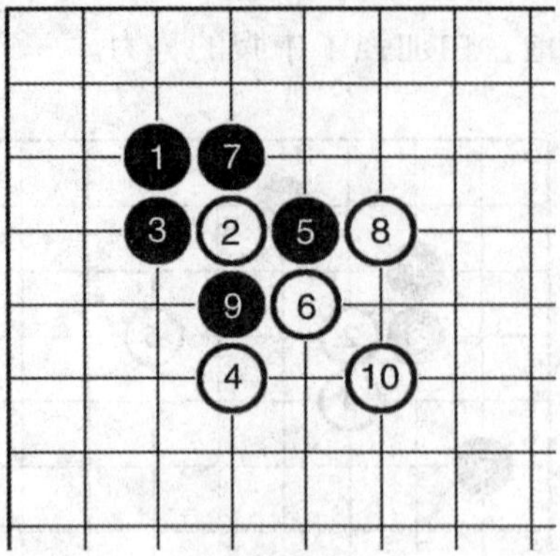

图 6－17

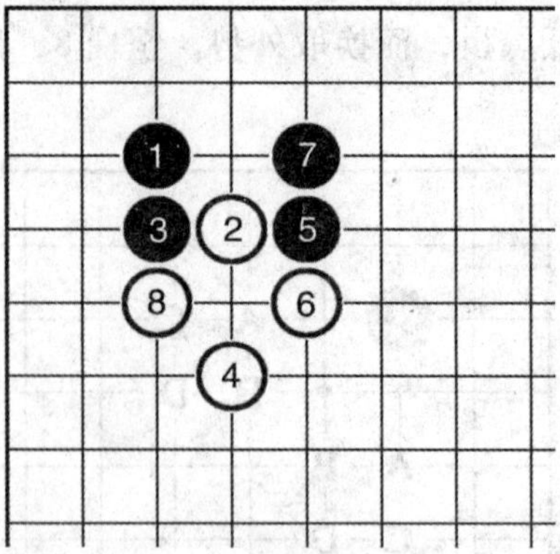

图 6－18

图 6－18，上图黑 7 若走本图的退，也是定式的一型。

“小目”定式

一子下在“小目”，不能完全守住角地。对方常有以下几种挂法。

图 6－19，黑 3 一间夹，白 4 托角是简明的下法。注意 A 位是有关根据地得失的要点，不可忽略。

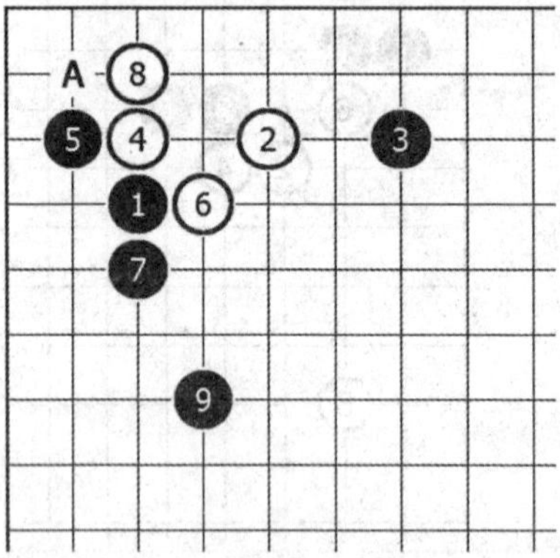

图 6－19

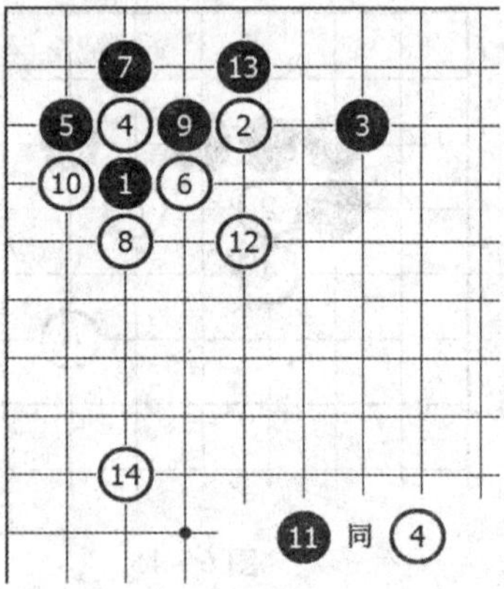

图 6－20

图 6－20，黑 7 打吃，白 8 反打正确。如于 9 位接，则成“愚形”而受攻击。

图 6－21，白 4、6 是简明的下法，黑 7 拆二补，白 8 位断活净。

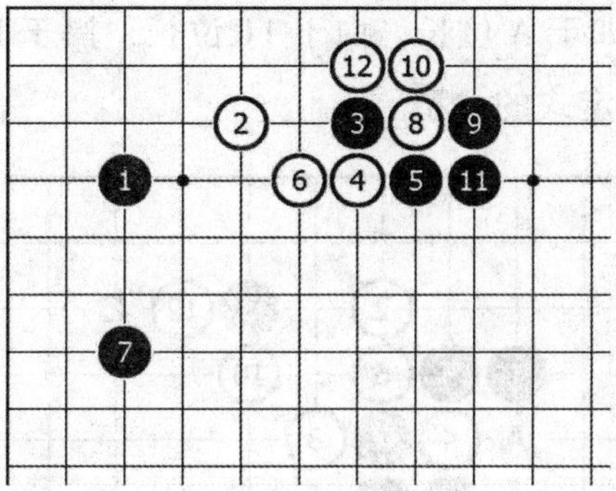

图 6－21

图 6－22，黑 7 如补上边，白 8 封角取外势。

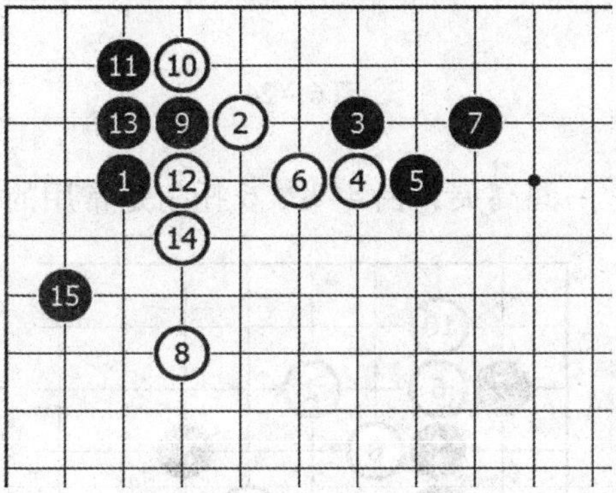

图 6－22

图 6－23，白 12 是攻黑 3 子的好点，至 26 是定式的一型。

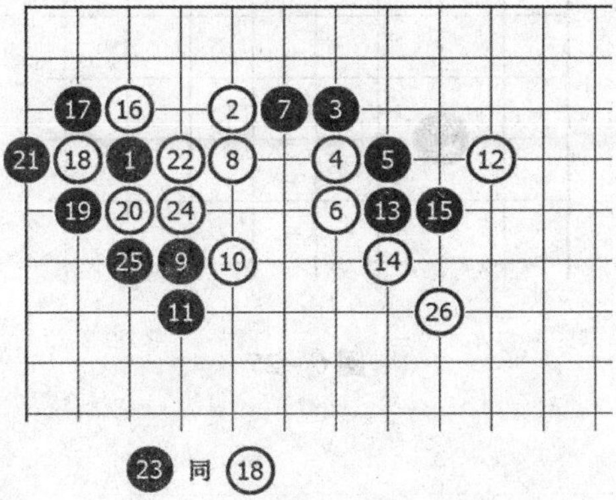

图 6－23

图 6－24，黑 5 如于 A 位长，白于 11 位长，黑于 B 位关出，白于 C 位反夹黑 3 一子，也是定式的一型。

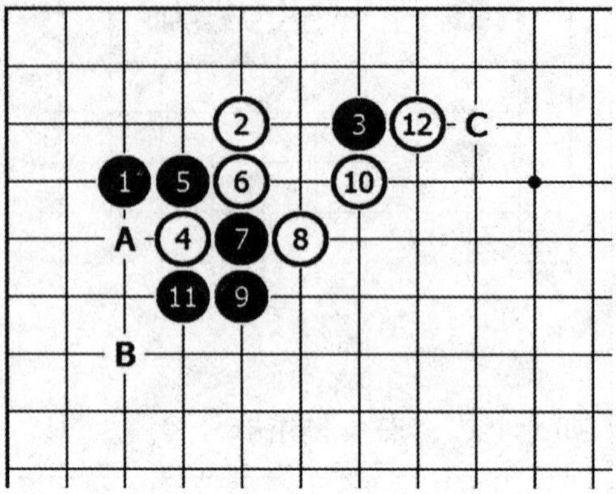

图 6－24

图 6－25，黑 3 一间高夹，白 4 飞，6 托角是常用的手法。

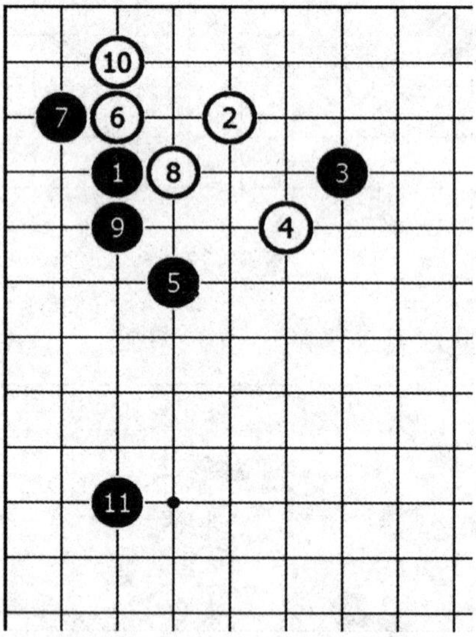

图 6－25

图6－26，对于白6托角，黑7、9冲断，也是严厉的下法。以下形成中央战斗的局面。白18也可着于A位，黑19仍拆。

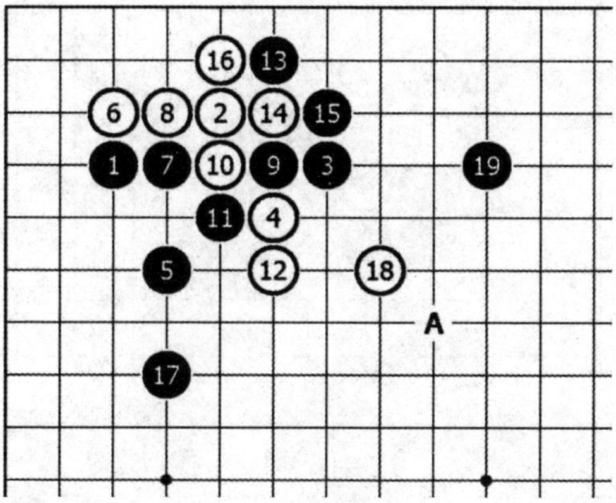

图6－26

图6－27，黑7尖顶，白8扳成为转换。黑9以下是黑方的权利。但在一般情况下，应保留变化。

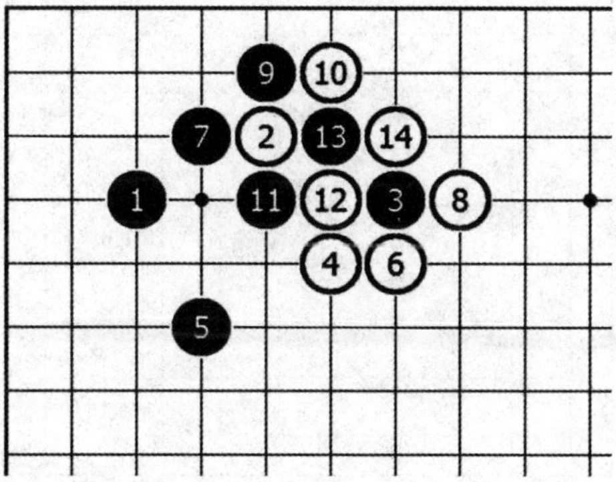

图6－27

图 6－28，白 4 关，6 夹攻，也是常用的手法。

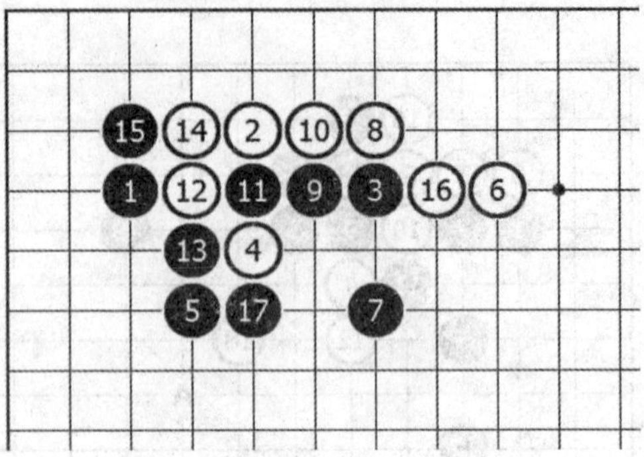

图 6－28

图 6－29，黑 3 是二间高夹，白 4 小尖，6 飞角是简明的应法。

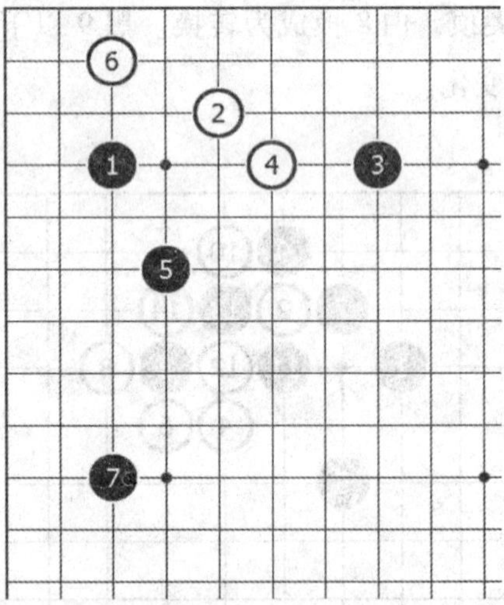

图 6－29

图 6－30，黑 5 顶角也是一型。

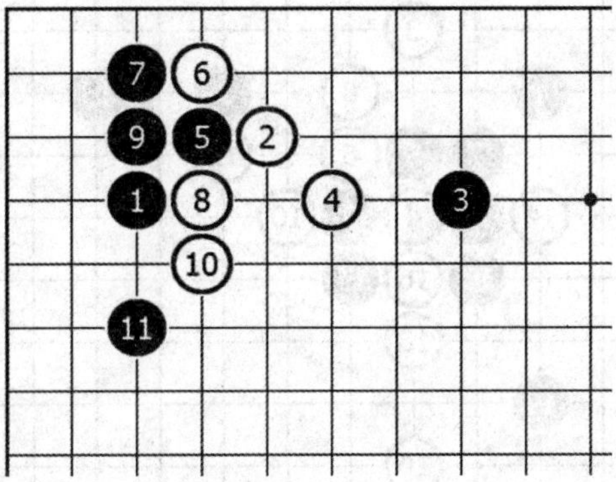

图 6－30

图 6－31，白 4 大关后，于 6 位夹攻黑 3 一子。以下黑若 A 位关，白则 B 位飞压作战，这是近年流行的下法。

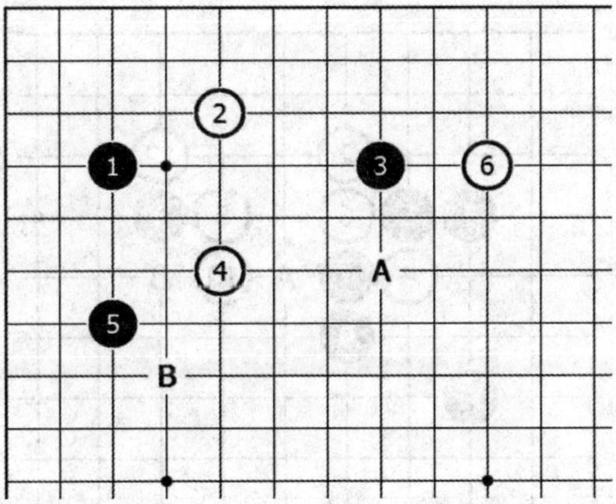

图 6－31

图 6－32，对白 4 大关，黑 5 靠断，也是一种下法。白 14 是好手，至

20 大致两分。

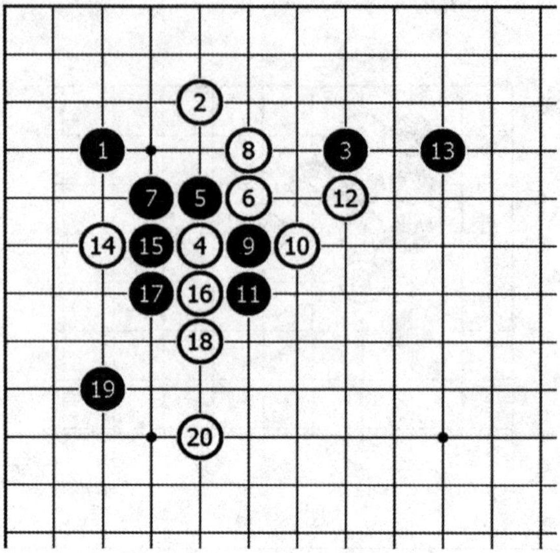

图 6－32

图 6－33，对黑 5、7 冲断，白 8 碰是好手。白 8 如先于 A 位打，黑 9 长，白再碰，黑 B 位长，白不好。

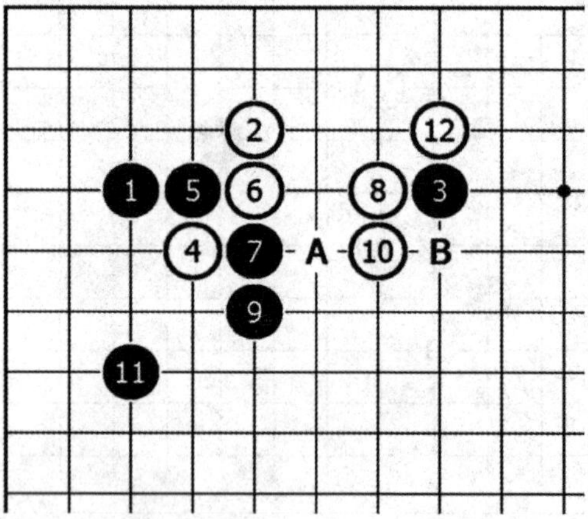

图 6－33

图 6－34，白 2 高挂，黑 3 托角是重视角地的下法。白 6 如于 A 位虎，

黑7后，白在B位拆也是一型。

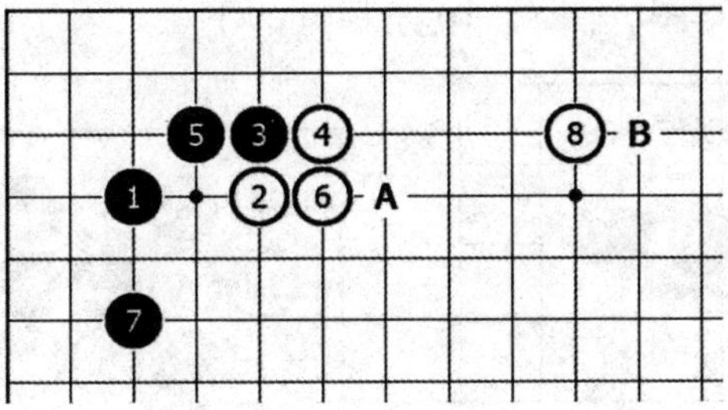

图6－34

图6－35，黑3拆一应，至白8，是双方稳健的下法。

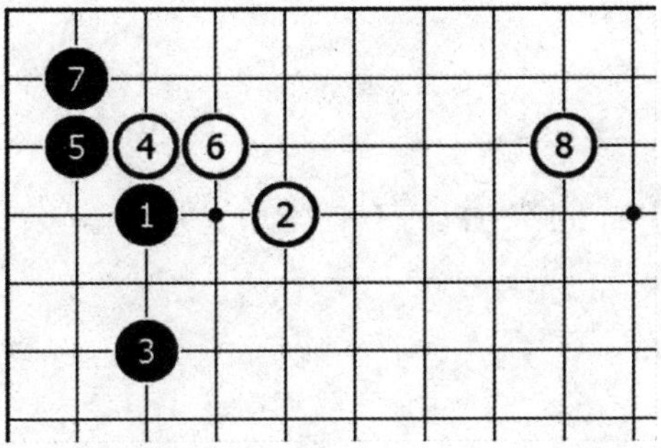

图6－35

图6－36，黑7、9取角地，以后白于A位关，是好点，扩张中腹势力。

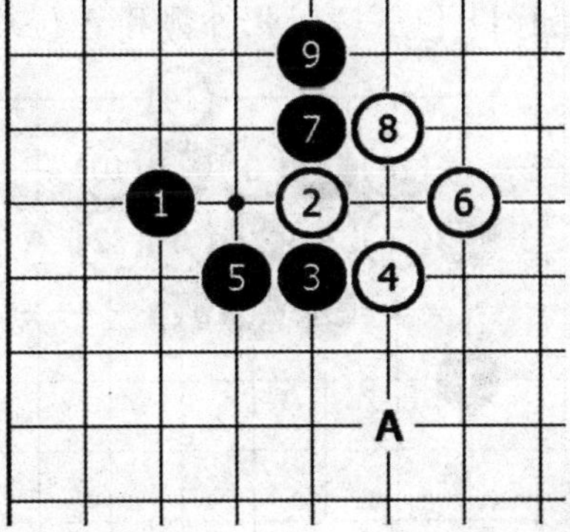

图6－36

图 6－37，对黑 3 托，白 4 顶，6 扳下，也是常用的手段。到白 6 为止，是“雪崩”型的基本图，白 8、10 是稳健的下法。

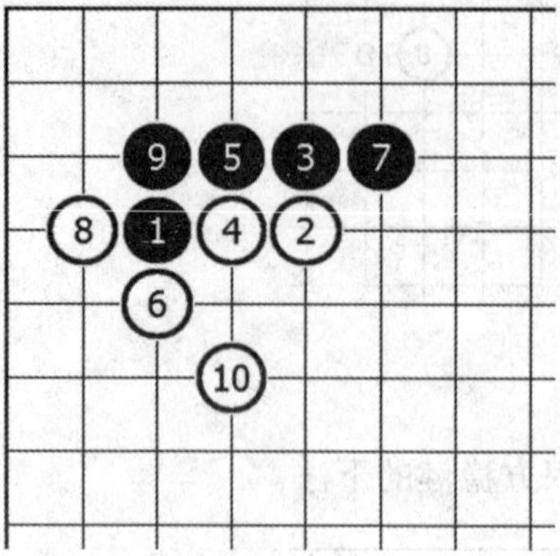

图 6－37

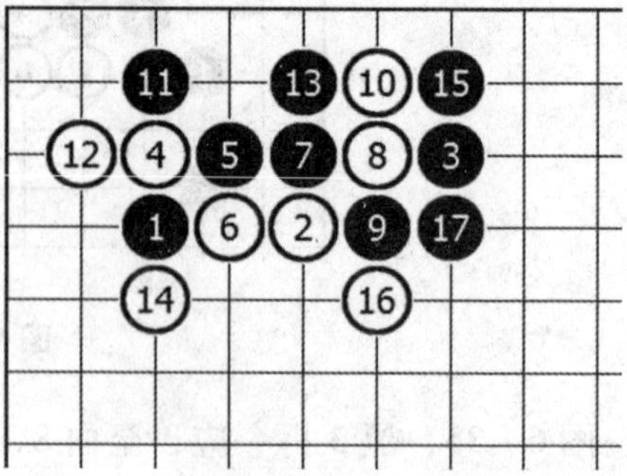

图 6－38

图 6－38，黑 3 一间夹时，白 4 托角，形成复杂的变化，这是其中一型。

“目外”定式

图 6－39，白 2 是对“目外”的主要挂角点，黑 7、9 以下可暂不走，单于右边拆大场，保留于 11 位压，以张外势和 A 位攻逼的手段。

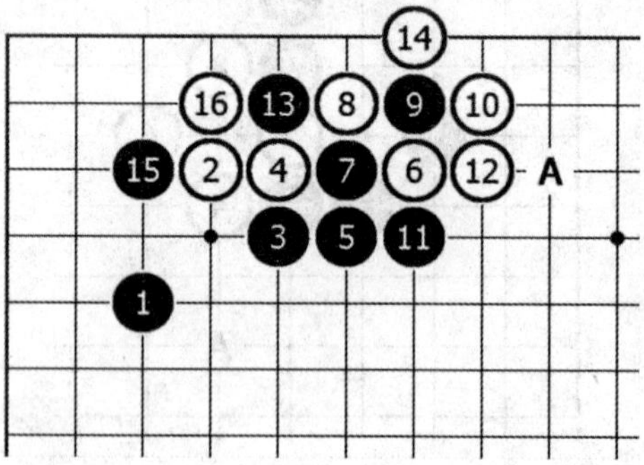

图 6－39

图 6－40，对于目外，白 2 高挂，是重视外势的下法。

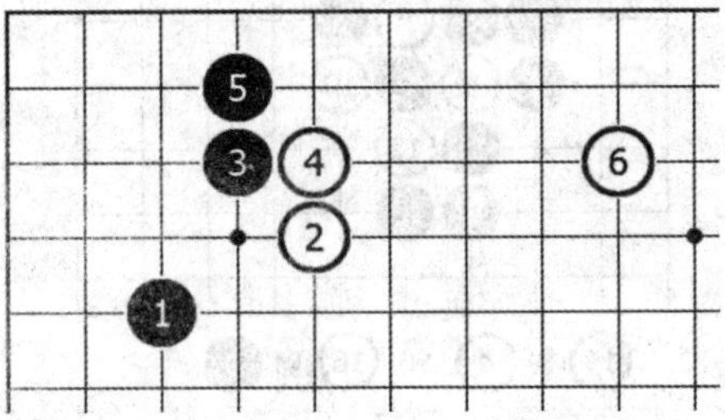

图 6－40

图 6－41，黑 3 大飞罩，称为“大斜定式”，其变化很多，比较复杂。白 4、6 以下是稳健的应法。但应注意白 10 必须在此位长一子，不可直接跳出，防黑冲后托“三、3”。

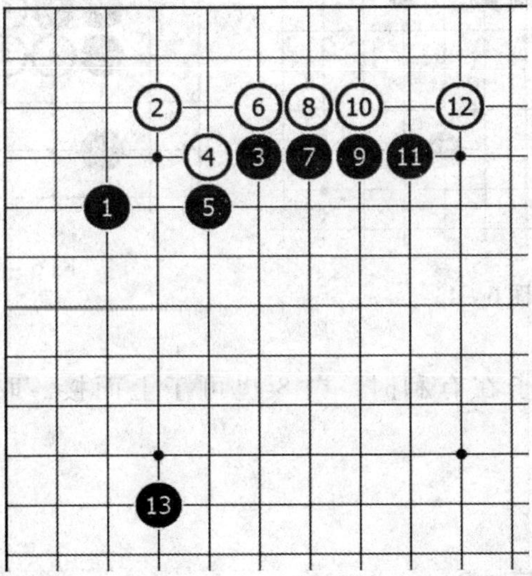

图 6－41

图 6－42，白 4 跨出，至白 18 是定式的一型。

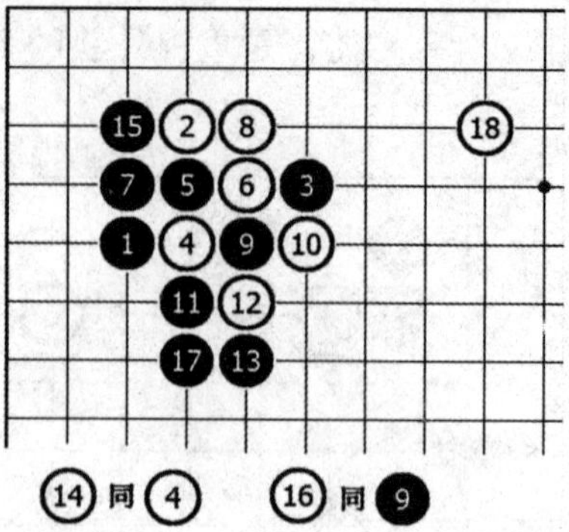

图 6－42

图 6－43，白 10 长出作战，以下是复杂变化的一例，至白 20 构成战斗的姿态。

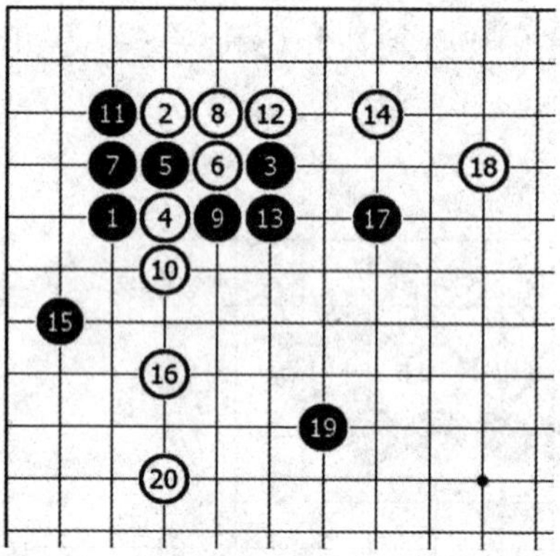

图 6－43

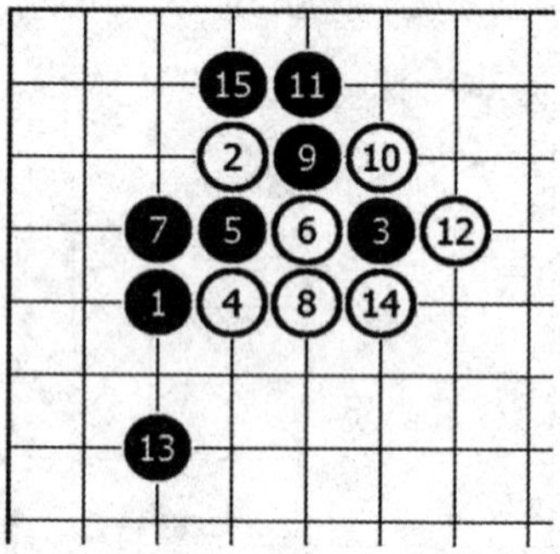

图 6－44

图 6－44，征子在有利时，白 8 也可于上面接，取外势，是简明的下法。

“高目”定式

对“高目”的挂法，常有以下几种：

图 6－45，黑 3 托，至 7 拆是常见的走法。白 8 若脱先投他处也可。

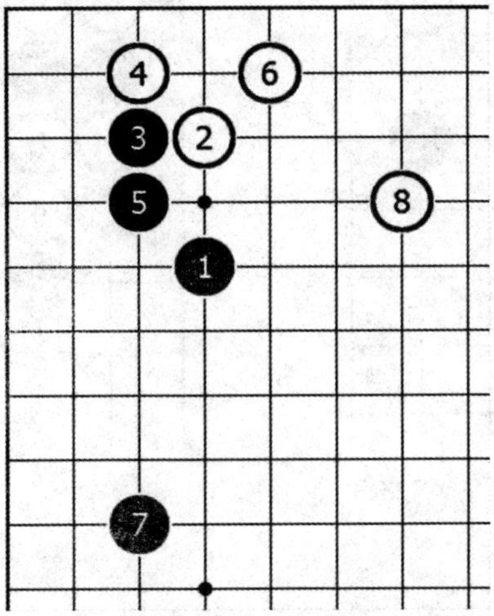

图 6－45

图 6－46，黑 3 外靠，黑 7 断，弃一子换得角地。

图 6－47，黑在征子有利的情况下可于 7 位断。至 11 征吃白一子取外势。本图与前图相反。黑欲取外，则内断，欲取内，则外断。白吃掉对方断子即可。

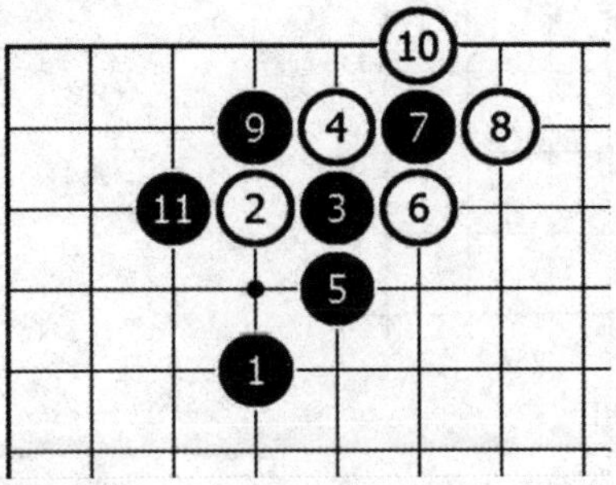

图 6－46

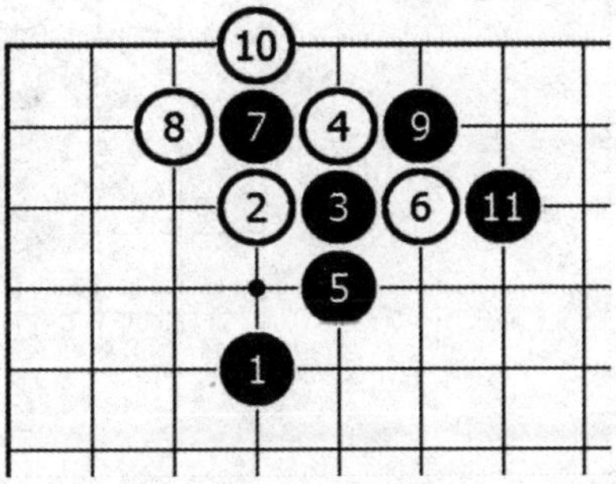

图 6－47

图 6－48，黑 3 飞罩，是取势的下法，至 8 白得角地，黑加强了中腹势力。

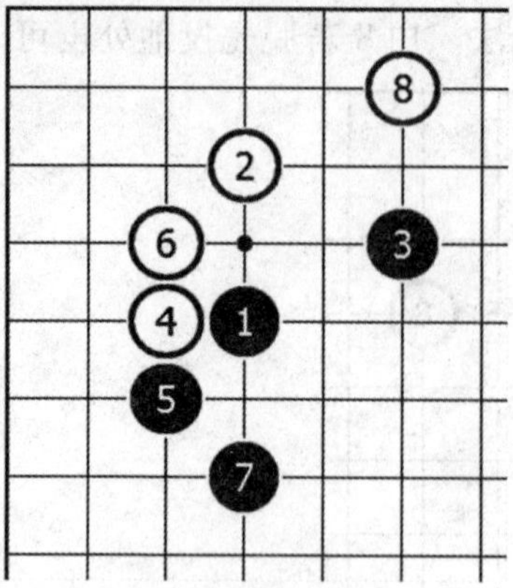

图 6－48

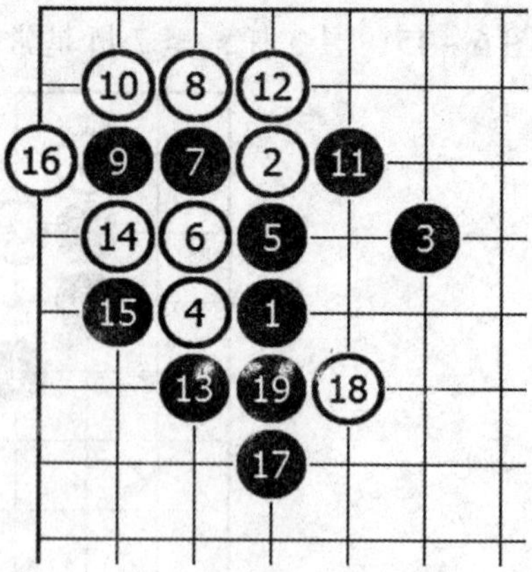

图 6－49

图 6－49，黑 5、7 顶断，舍二子获得外势。

图 6－50，白 2 投“三、3”是重视角地的下法。至 14，白得角地，黑得外势。

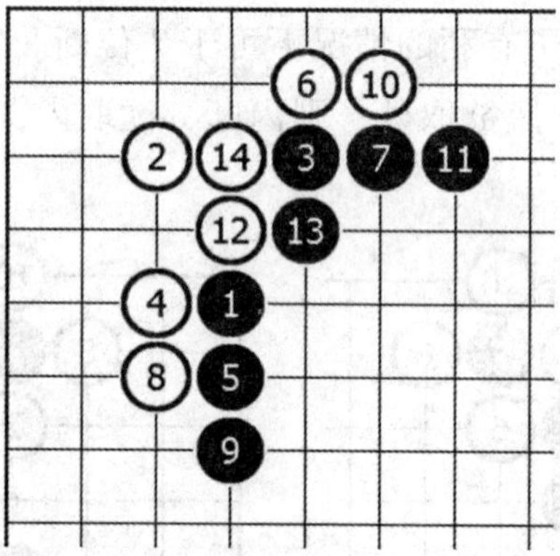

图 6－50

第七章　打劫初步

打劫在围棋中是一门复杂的战术。它可能出现在对局的各个阶段，小至单劫，大至通盘劫，名目繁多，往往有这种情况：一个劫的胜负，就决定了这局棋的命运，故打劫的技术是不能忽略的。现按劫的种类、打劫的要领等初步知识，简要介绍如下：

打劫的常用术语

1. 提劫——一方将劫提起，是打劫每一回合的第一着。

2. 寻劫——即甲方提劫后，乙方在别处投子，迫使对方应一着，是打劫每一回合的第二着。

3. 应劫——即甲方被迫应的那一着。提劫、寻劫和应劫，构成打劫的一个回合。

4. 粘劫——即将劫粘上，这个劫随之解除。

5. 做劫——即甲方叫吃时，乙方不粘而以劫应。如图 7－1，黑 1 打吃，白 2 不粘，叫作劫。

6. 抛劫——即一方送吃一子，而造成劫，如图 7－2 中黑 1。

7. 开劫——即选择适当机会进行打劫，劫从此开始的意思。

8. 补劫——即怕对方抛劫而自补一着，如图 7－2 白下 1 位，叫补劫。

9. 劫材——即打劫时对方需应一手的地方，叫劫材。

10. 本身劫——即不必到他处寻劫，打劫这块棋本身所具有的劫材。劫材的数目通常叫作几个劫，如在外面可以要三次劫，就叫三个劫。

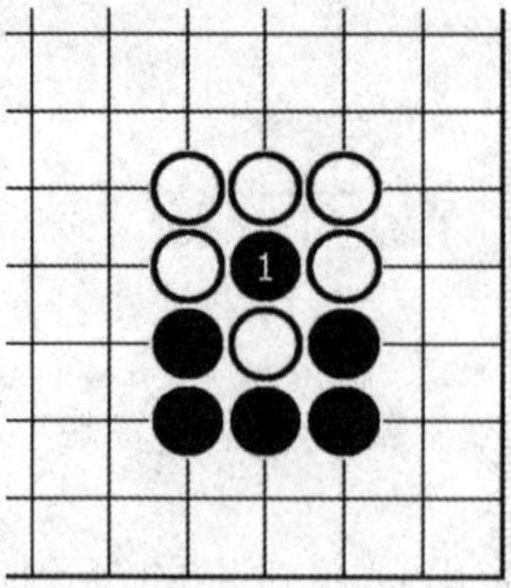

图 7－1

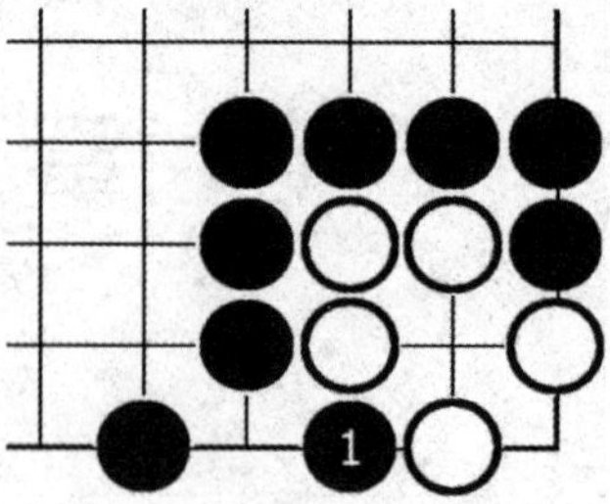

图 7－2

劫的种类

1．单劫

这是劫的最简单的形式。如图 7－3，常在单官阶段，即双方所争不过二子，叫作单劫。

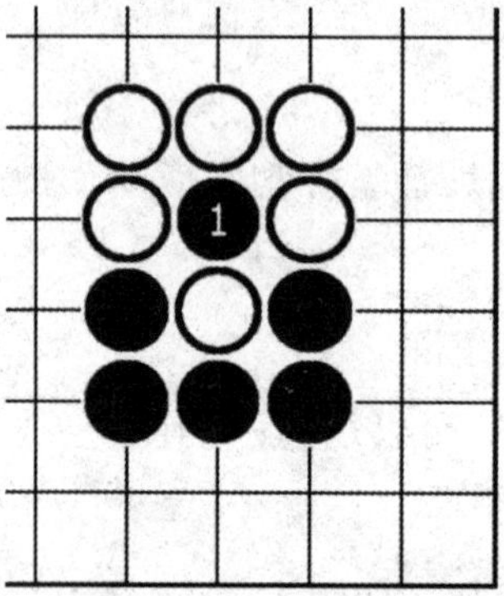

图 7－3

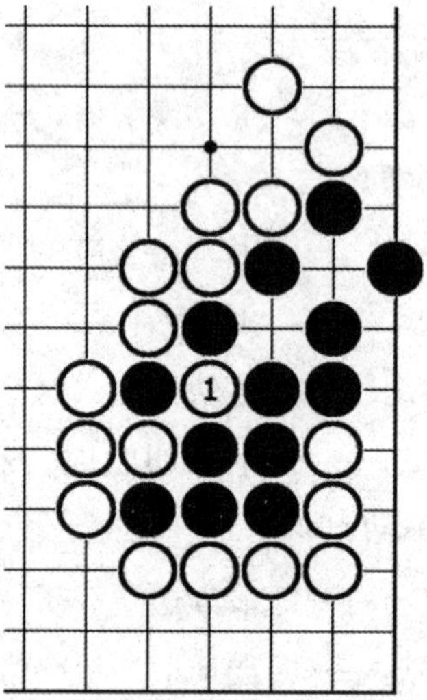

图 7－4

2．套劫

劫经提起后，还能再提劫的叫套劫。如图 7－4，白 1 提起后，还能连提。

3. 生死劫和无忧劫

打劫关系到一块棋以至几块棋的死活，叫生死劫。如图 7－5，白子若打胜了，这块黑棋就完全死了。这对黑方来说，就是生死劫；但对白方来说，则是无忧劫。

4. 紧劫（急劫）

图 7－5 中的劫，白方若劫胜，即可杀死黑棋，这对黑方来说，叫紧劫。

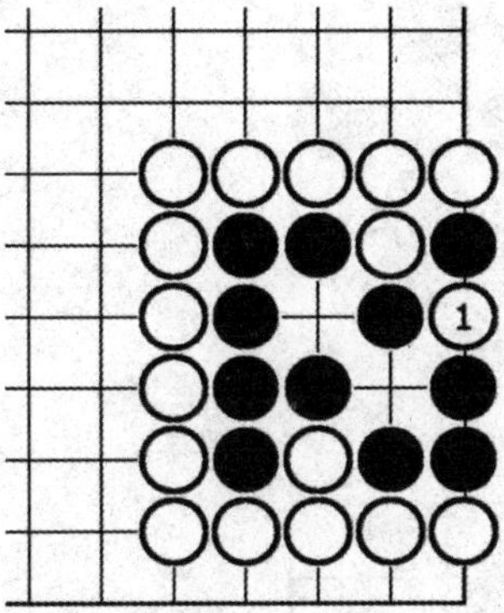

图 7－5

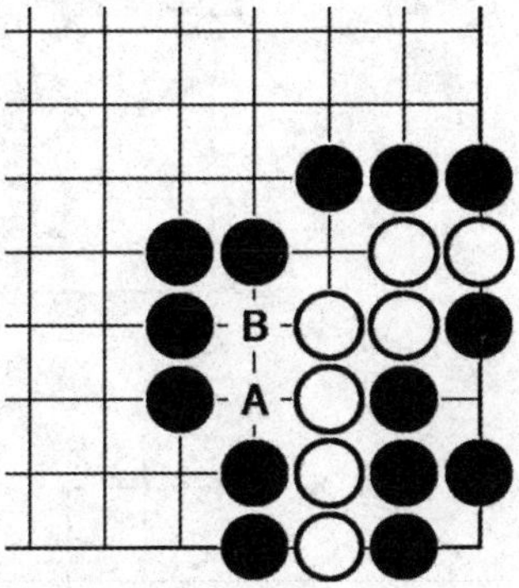

图 7－6

5. 缓气劫

再走一步或两步以上，才变成紧劫的，叫缓气劫。如图 7－6，黑方需再走 A、B 两着棋，才成紧劫。这个劫叫作缓气劫。

6. 先手劫和后手劫

先提劫的一方，叫先手劫，对方则叫后手劫。如黑先提劫，对黑来说是黑先手劫；对白来说是后手劫。

7. 连环劫和三劫连环

图 7－7 中有两个劫同时打的，叫连环劫。图 7－8 中有三个劫同时打的，叫三劫连环。

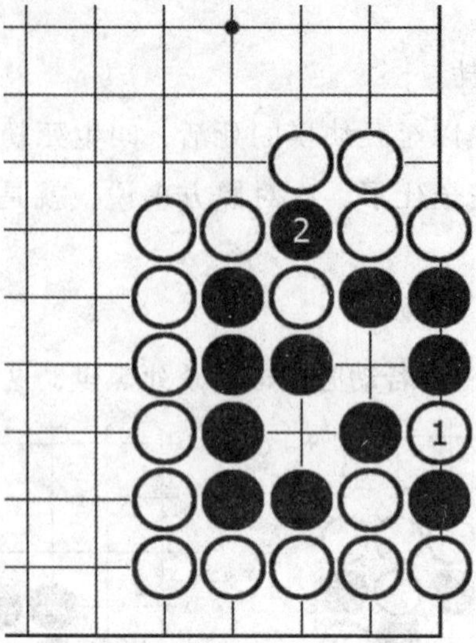

图 7－7

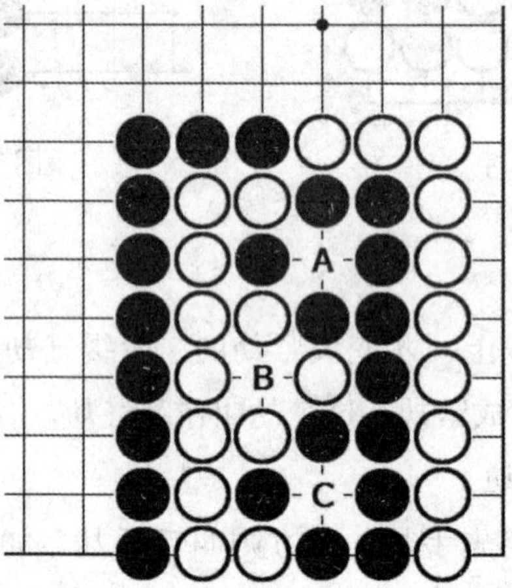

图 7－8

打劫的原则

围棋初学者对于打劫常有恐惧心理，原因是对劫的大小和劫材多少计算不清，打起劫来怕吃亏上当。在打劫时，只要注意以下几点，就不会吃亏。

1. 一块棋要打劫活的时候，一般情况应一直打到底。对方寻劫时，都要照常应付。如果最后劫打输，这块棋被杀，也要在他处取得补偿，达到转换的目的。

2. 如果劫材不足，则不能主动开劫，因为劫打不胜，多少要受些损失，还不如走在他处，让对方再补一着。

3. 寻劫时，在对方非应不可的劫材中，一般先寻小劫材。大劫材留在以后再用。因此，盘中存留大劫材是必要的，其他地方再出现大劫时可以使用。

4. 一般地说，缓三气的劫不能打，因为劫材不是大量多于对方时，等于无劫。所以俗称“宽三勿打”。

5. 布局初期，因无适当劫材，后手劫的一方不能打。所谓“棋初无劫”就是这个意思。

6. 打劫要分轻重，盘中出劫，经常是一方关系重大，而另一方较轻。关系重大的一方需慎重从事。

劫的运用

1. 劫渡

图7－9中白1至白7劫渡。白3扳时，黑4如6位吃，白4位扑，可得角。

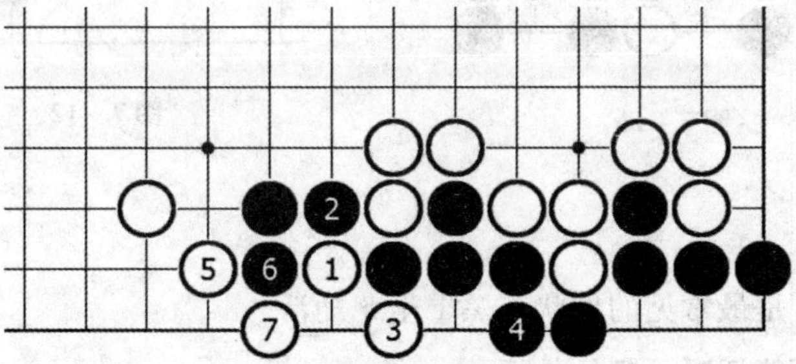

图7－9

2. 劫封

图 7－10 白 1 吃时，黑 2、4 以劫应付是好着，也是劫的技巧之一，封空时常用这一手。

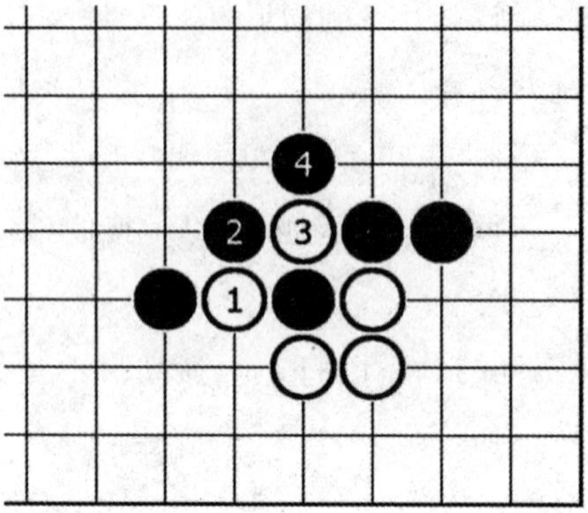

图 7－10

3. 一、二路的扑劫

图 7－11 中，轮到白方寻劫，白 1 扑好棋，形成连环劫活。

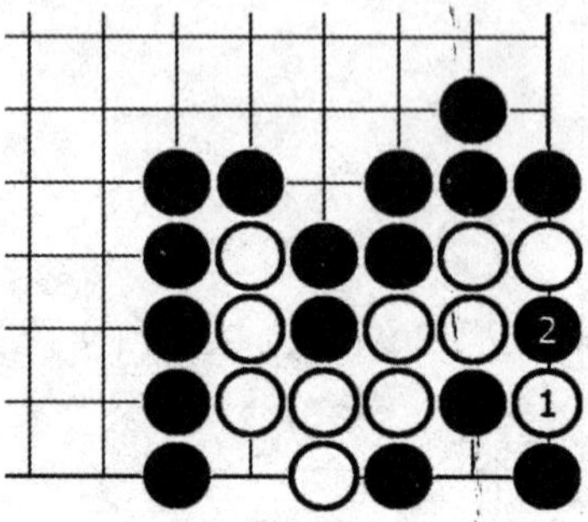

图 7－11

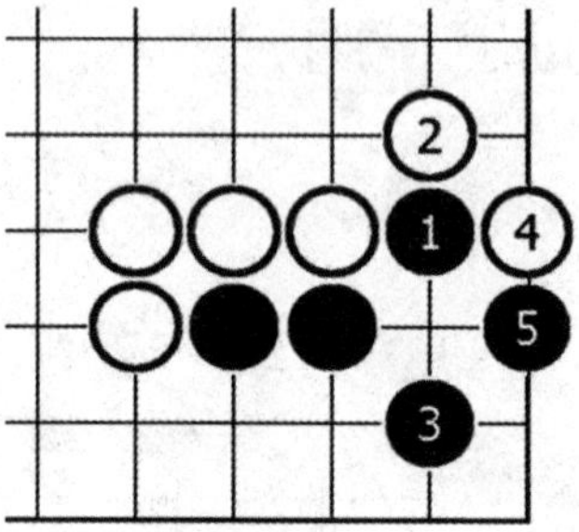

图 7－12

4. 劫活

图 7－12 是最常见的形状。黑 1 至 5 劫活。

凡粘上不能活时，都作劫活。

5．借劫紧气

如图 7－13 中，黑 1 好着。接着，黑 5、7 两扑，促白气成劫。

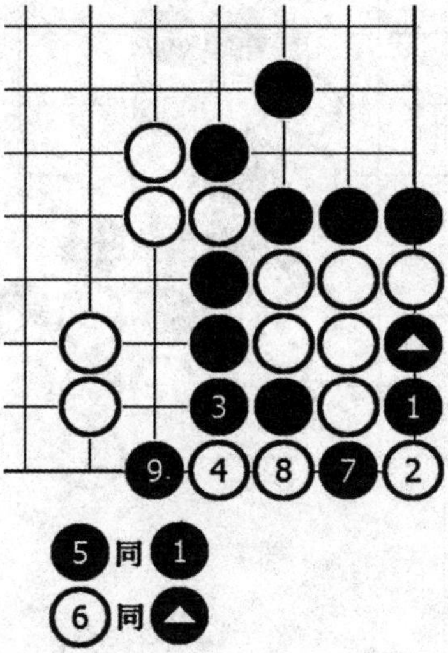

图 7－13

6．借劫得官子

图 7－14 中黑 1 尖，白 2 必须粘上，以免打劫。然后黑 3 大飞，大得便宜。图 7－15 中，白 1 断，3 反打，就成劫。这样，白官子便宜很多。

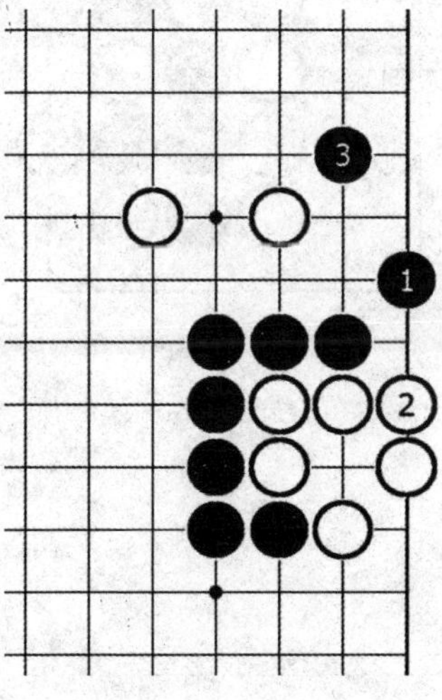

图 7－14

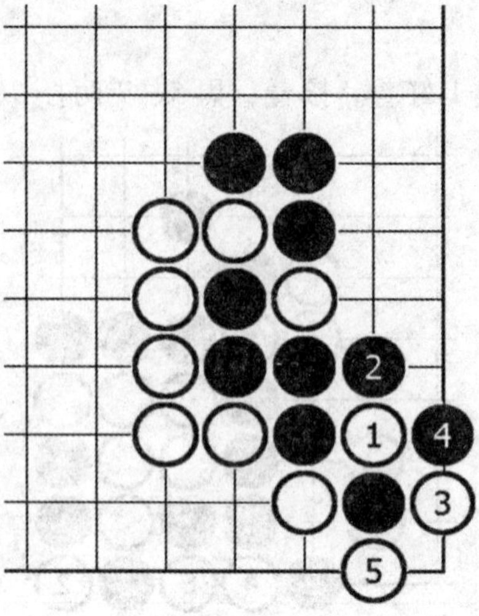

图 7－15

7．借劫出棋

图 7－16 中，白 1 先打，3 夹，至 5 成劫。

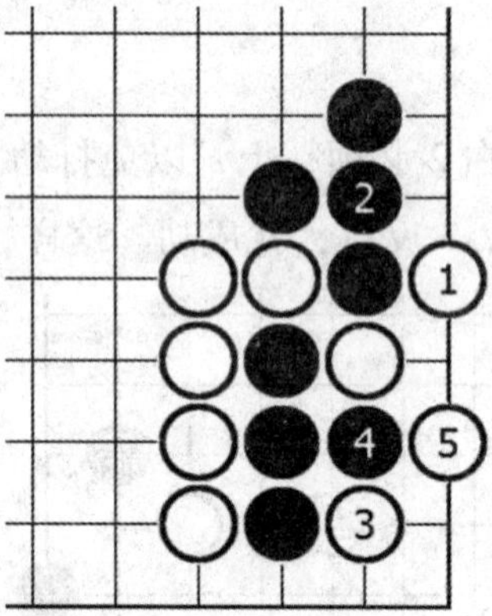

图 7－16

第八章　官子常识

官子是大局既定之后双方进一步划定疆界之着，即官子阶段，叫作收官。

一局棋，一般可分为三个大的阶段，即布局、中盘和官子。一局棋除了明显的优势或劣势外，最后谁胜谁负都和官子有直接关系。双方水平接近，盘面往往形成“细棋”（胜负不大，俗称“细棋”），官子技术便起决定作用。稍占优势的棋，由于官子没有收好，往往失败；稍处劣势的棋，如果官子收得准确巧妙，也能反败为胜。比赛中这样的棋是相当多的。如何掌握官子技术也是学围棋的重要方面，要提高围棋水平，在官子技术上同样也要下些功夫。

子和目

围棋，顾名思义，就是用棋子把地围起来。围棋盘上有 361 个纵横交叉点，谁围住的交叉点多谁就获得胜利。占住交叉点有两种形式：一是把棋子直接放在交叉点上占领，一是用棋子围住交叉点占领。在一局棋中，由于双方轮流下子，因此如果双方没有死子的话，各自用棋子直接占领的交叉点基本上是一样的，这时决定胜负就取决于谁用棋子围住的交叉点多一些。用棋子围住的交叉点我们就称之为“目”。

图 8－1 白棋用棋子所围得的交叉点 11 个，就称作 11 目。

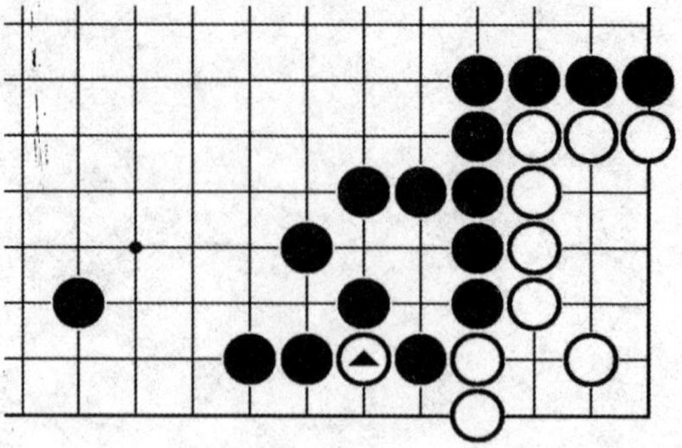

图 8－1

在计算目数时，有几种特殊情况要注意：

1、如果有死子，怎样算目呢？吃掉对方 1 子，对方用棋子占住的交叉点少了一个，我方则多一个不用棋子占领的交叉点。因此，每提掉对方 1 子，应算作 2 目。

图 8－2 黑棋有一个交叉点，加上吃掉白棋 1 子，黑空共有 3 目。

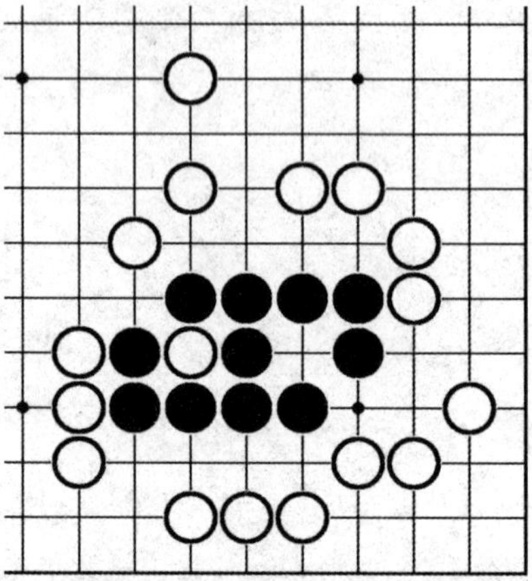

图 8－2

2、提掉对方死子后，自己又需要填上，怎么算目数呢？这时，由于自己所围住的交叉点被填上，实际上只有提掉死子的 1 目，只能算 1 目了。

图 8－3 白 1 提黑 1 子，黑 2 打吃时，白 3 又需粘上，这样仅得吃黑 1

子的1目。

图8－4 这是一个“打二还一”的图形。黑1提白2子后，白可以在△位马上提回黑1一子。黑吃白2子，白吃黑1子，今后双方在都填上空的情况下，黑多得1目。因此。“打二还一”是黑方先手1目的官子。

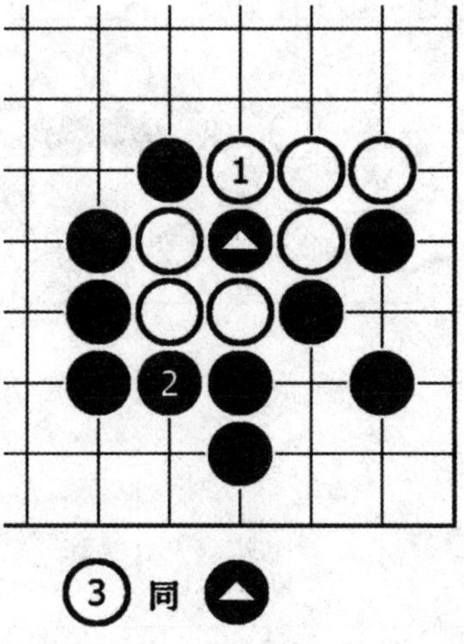

图8－3

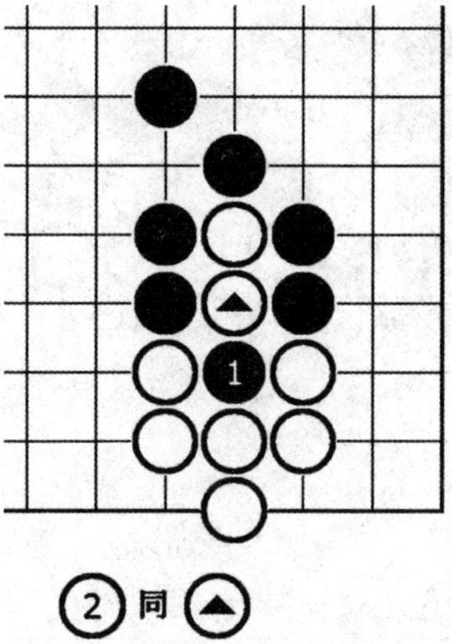

图8－4

明确了子和目的的概念及计算方法后，我们就可以深入探讨官子的大小和收官的顺序了。

官子的种类

官子的种类和围棋的先手后手有关。所谓先手是指任何一方走均可马上获利，且对方不应还可继续获利，迫使对方不得不补一手。

图8－5的黑1扑吃白2子以后，已先手获利，白2如不补一手，黑点2位，白角全部被歼。这里黑1就是先手。

图8－6的白1夹3渡，黑2、4不得不应，否则黑角除大损外，所谓后手是指除走这一步有所获利外，不能连续获利，或虽有连续获利而价值不

大，对方可不应而脱先它投。

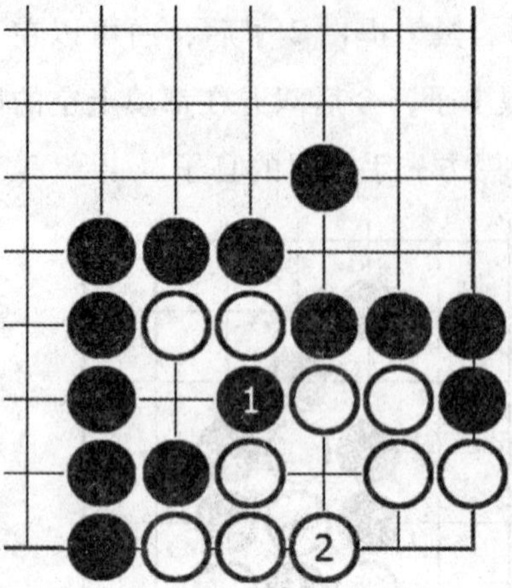

图 8－5

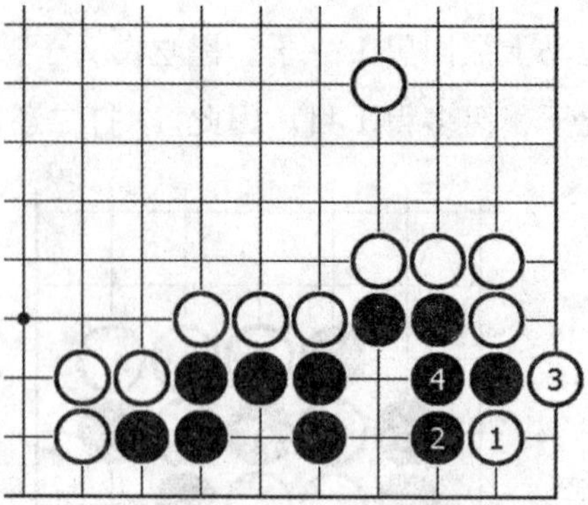

图 8－6

图 8－7 与图 8－5 比较，黑 1 扑吃白棋 2 子，但因白角已活，可不补棋，黑 1 即为后手。

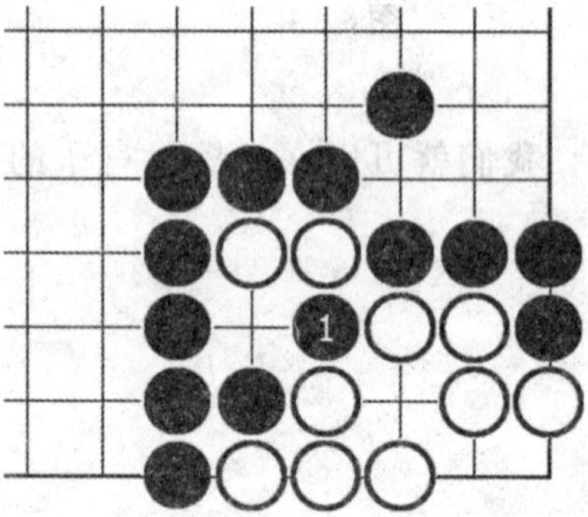

图 8－7

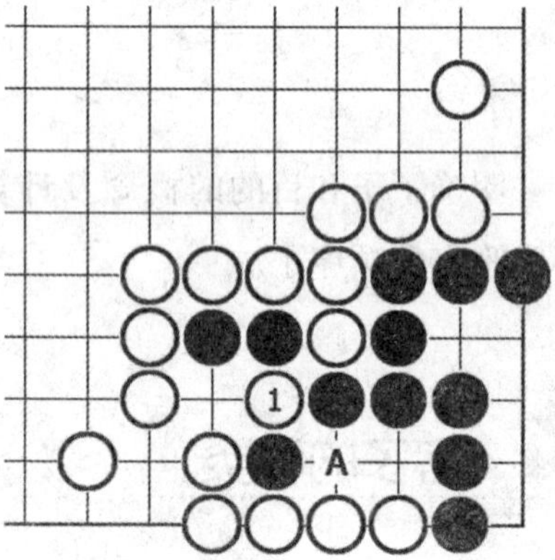

图 8－8

图 8－8 的白 1 吃黑 2 子后，虽还可再在 A 位吃黑 1 子，但因价值不大，黑棋可以不应，白落后手。

根据先手后手的关系，官子可以分为三类：

1. 双先手官，即无论谁走都是先手。

2. 单先手官，即一方走为先手，另一方走为后手，或称“逆先手”。

3. 双后手官，即无论谁走都是后手。

双先手官是双方无论谁先走都是先手，都可连续无偿获利的官子，因此它是三类官子中价值最高的，在收官的时候双方都要力争先走掉它，有的甚至在中盘时即可考虑走掉。

图 8－9 黑走 1 位，白需在 2 位补棋，白为先手。

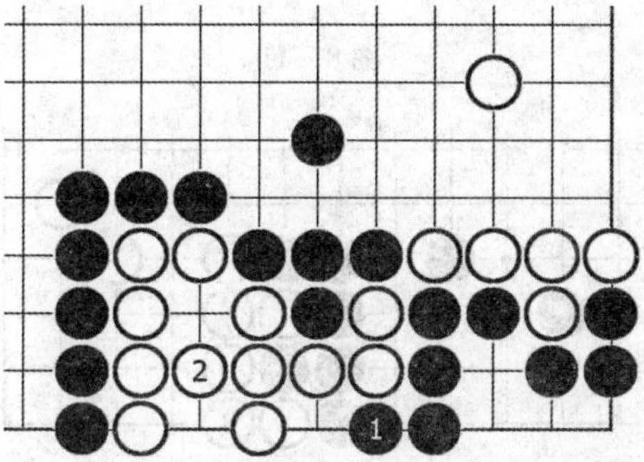

图 8－9

图 8－10 同样，白走 1 位，黑也需在 2 位补棋，白亦为先手。

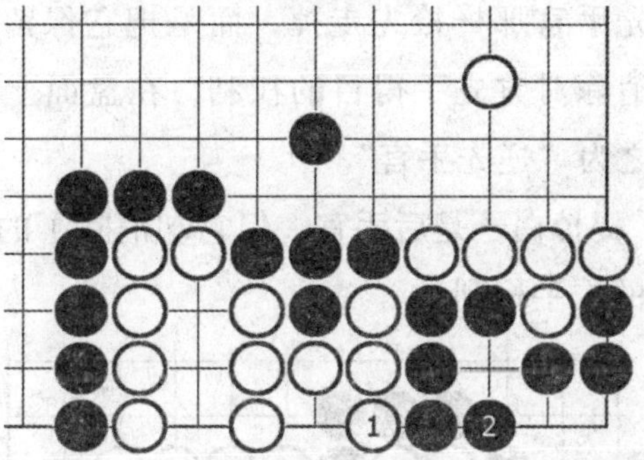

图 8－10

因此，这是一个双先手官子，在收官时都要抢先走掉。

单先手官就是一方走是先手，另一方走却是后手。它的价值小于双先手官，大于双后手官。

图 8－11 中黑方先走 1、3 扳粘是单先手官；而图 8－12 中白方如先走

1、3 扳粘，黑方可以不要补棋，因此是后手官子。

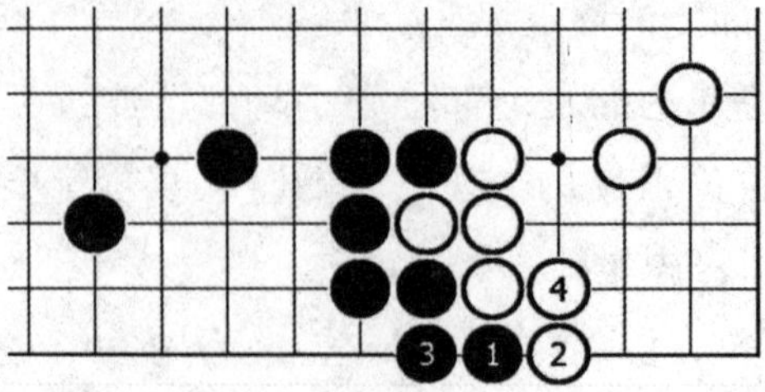

图 8－11

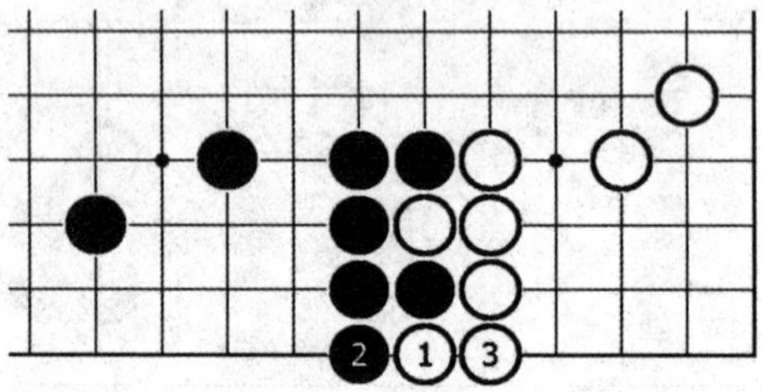

图 8－12

单先手官中由于一方走是先手，另一方走是后手，因此作为先手的一方往往不像抢收双先手官那样抢先走掉，而是把它保留下来作为劫材。但有时后手一方为了消除对方先手得目的权利，在盘面上没有更大官子的情况下后手收官，称之为“逆先手官”。

图 8－13，黑 1 提掉白子是后手官，但它却消除了的白方提掉黑子后黑方还需在 A 位补活的先手权利。

图 8－13

双后手官即双方无论谁走都是后手。它在三类官子中价值最小，一般放在最后才收。

图 8－14 和图 8－15 两图中，无论是白方先提黑子，还是黑方先提白子，均为后手，价值一样。

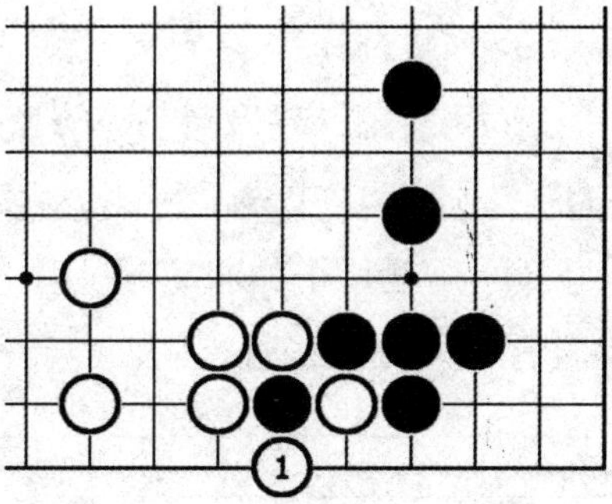

图 8－14

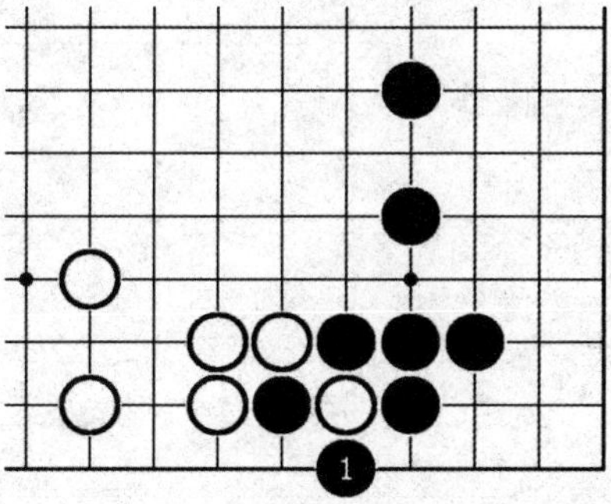

图 8－15

一局棋进入官子阶段，就必须对盘面上的各种官子的目数进行计算，然后在通盘考虑的基础上，权衡大小缓急，分步骤有计划地进行收官。这样才不至于或是穷于应付，亦步亦趋；或是逐小弃大，本末倒置。

官子的收序

收官顺序是把围棋目数、先后手及官子种类、官子计算方法等知识综合起来进行运用的机会。在收官顺序中一般有两种情况：一是不同类型官子收官；一是同类型官子收官。

一、不同类型官子收官顺序。

在混杂着不同类型官子的情况下，首先要仔细辨认哪些是双先手官，哪些是单先手官，哪些是双后手官，以及计算它们的目数；然后按照由先到后的原则，先收双先手官，然后收单先手官，最后才是双后手官。

图 8－16，这是一组不同类型官子的收官示意图，图中有 A、B、C、D 四处官子，如果让黑棋收官，应该怎样进行呢？

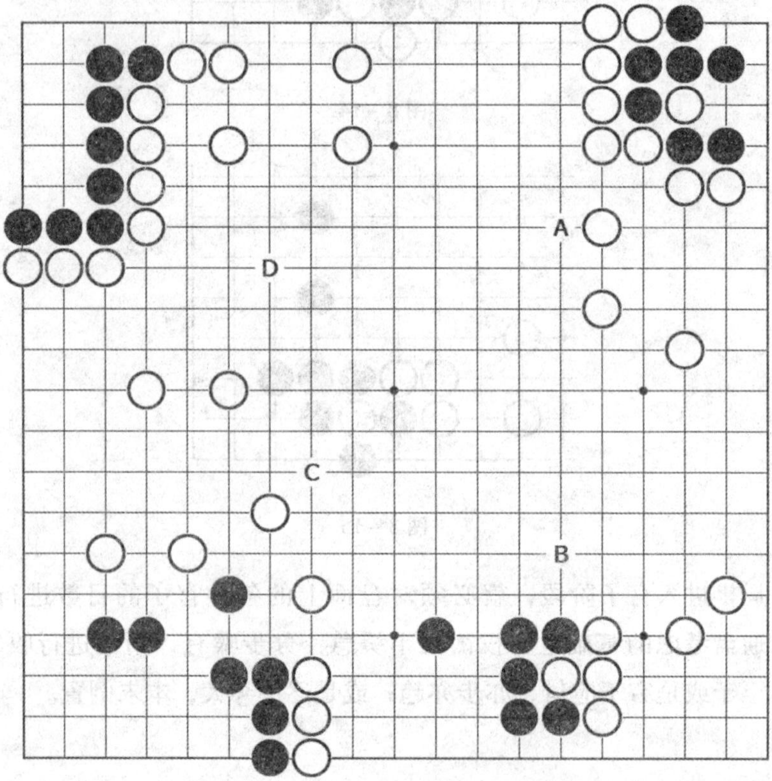

图 8－16

图 8－16A－1 和图 8－16A－2 中，黑先走，1、3 扳粘，是先手。白先走，1 位打吃，亦是先手。

两图相比，双方出入 4 目，为双先手官 4 目。

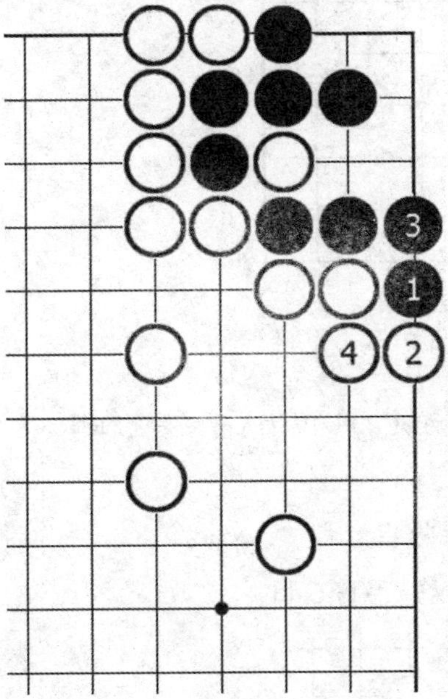

图 8－16A－1

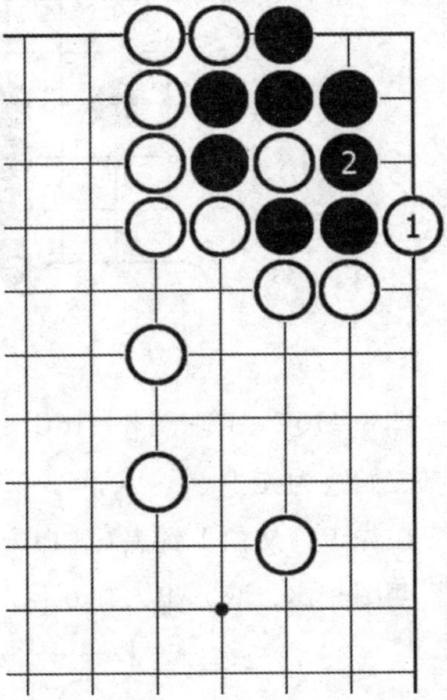

图 8－16A－2

图 8－16B－1 和图 8－16B－2 中，黑先走，1、3 扳粘，白 2、4 应棋，黑为先手。

白先走，黑不需补棋，为后手。

两图相比，双方出入 3 目，为黑单先手官 3 目。

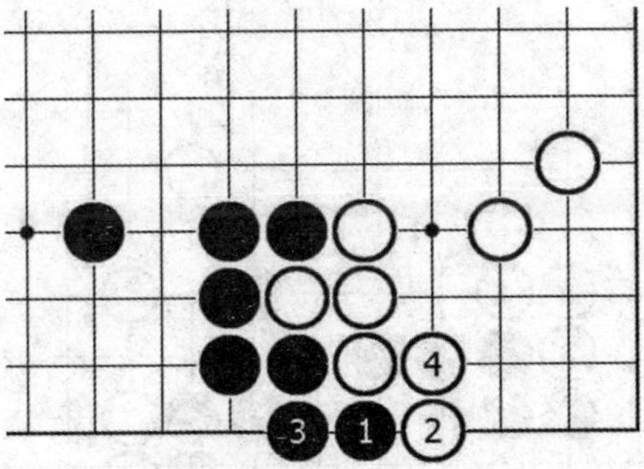

图 8－16B－1

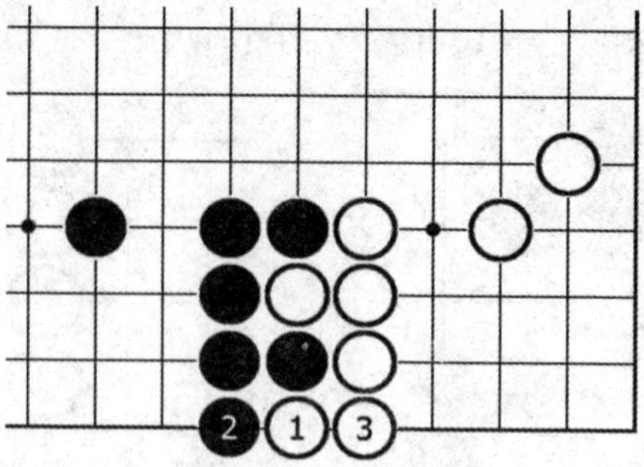

图 8－16B－2

图 8－16C－1 和图 8－16C－2 中，黑先走，1 位尖后，接连在 1、3 位扳粘，始终为先手。

白先走，从白 1 到黑 6，白方也是先手收官。

两图相比，双方出入在 6 目左右，为双先手官 6 目。

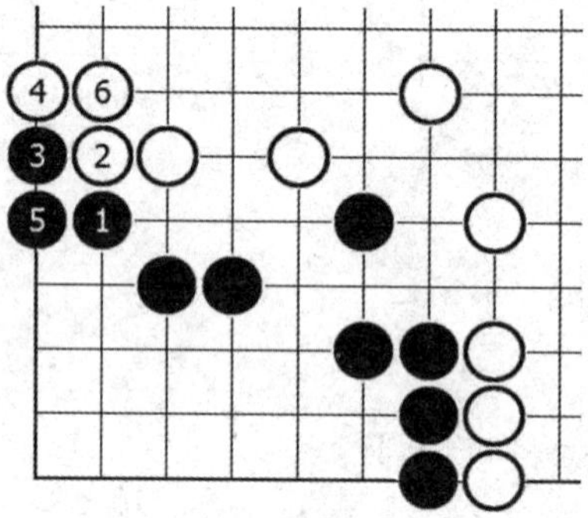

图 8－16C－1

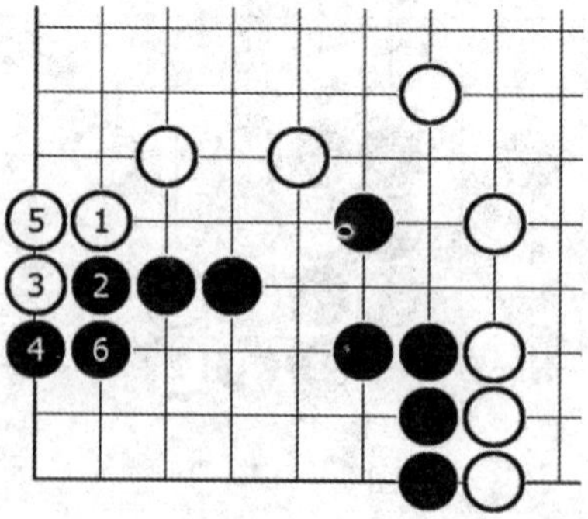

图 8－16C－2

图 8－16D－1 和图 8－16D－2 中，黑先走，1、3 位扳粘白不需补棋。

白先走，1、3 位扳粘，黑同样不需补棋。

两图相比，双方出入 2 目，为双后手官 2 目。

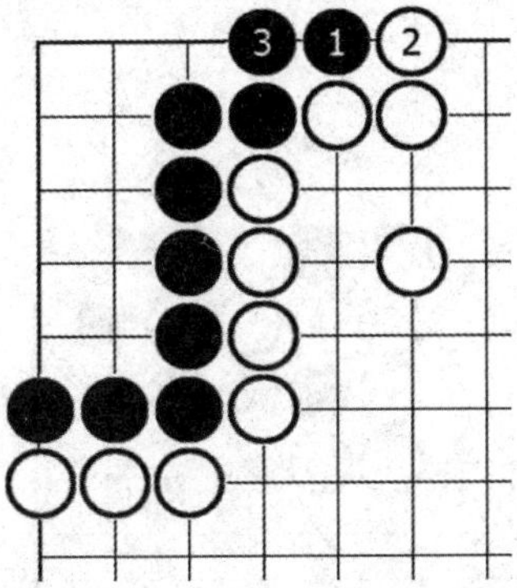

图 8－16D－1

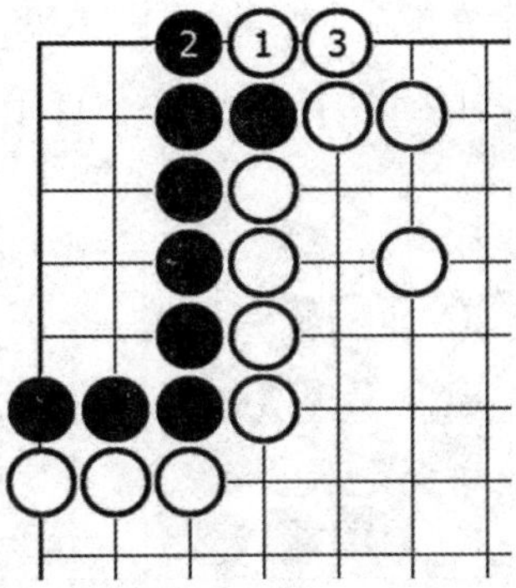

图 8－16D－2

通过以上分析比较，黑方正确的收官顺序应为：

①收 C 双先手官 6 目官子。

②收 A 双先手官 4 目官子。

③收 B 单先手官 3 目官子。

④收 D 双后手官 2 目官子。

二、同类型官子收官顺序

在收同类型官子时，首先要按照由大到小的原则收官，即先计算出各个官子的目数，然后按目数大小依次进行收官。

图 8－17，这是一组同类型官子示意图。图中有 A、B、C、D 四处官子，倘若让黑方收官，应该怎样着手呢？

我们可以先对各处官子的目数进行计算。

A、黑棋先走，可吃白 4 子，得 8 目。如白先走，可吃黑 2 子，得 4 目。用双方出入计算法计算，这个官子为 12 目。

B、此处黑方先走，可吃白 3 子，得 6 目，如白先走则可接回 3 子，但目数无增减。用单方出入计算法计算，这个官子为6目。

C、此处黑棋先走可吃白2子，得4目；如白先走，可吃黑棋2子，得4目。用双方出入计算法计算，这个官子为8目。

D、此处黑先走，可吃白2子，得4目；白先走，可吃黑3子，得6目。用双方出入计算法计算，这个官子的为10目。

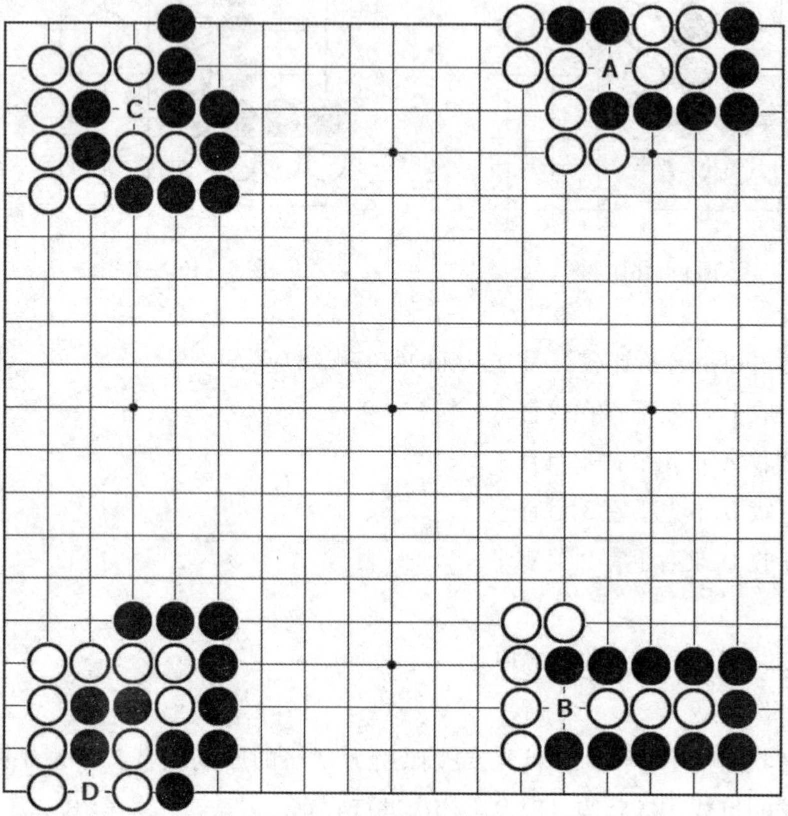

图8－17

通过以上计算，可知黑方先走，其收官顺序应为：

①先走A处，得12目。

②再走D处，得10目。

③再走C处，得8目。

④最后走 B 处，得 6 目。

在同类型收官顺序中，还有一条原则，即由广到狭的原则。

图 8－18，这是一个经常用来说明收官顺序的典型图形，其特点是由左到右逐渐变广。黑方应该怎样收官呢？

解答图 8－18A：黑从广的地方收官，由广到狭，最后白得 28 目。

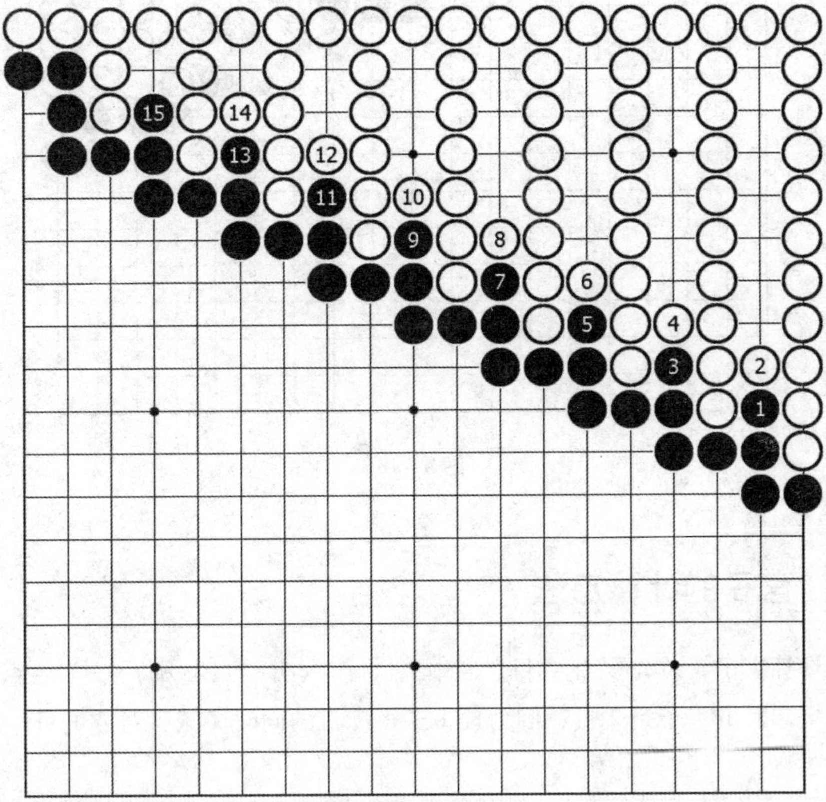

图 8－18A

解答图 8－18B：如果黑先从狭的地方收官，由狭到广，则白得 30 目。收官顺序不同，相差 2 目，有时这小小的 2 目就决定棋的输赢。

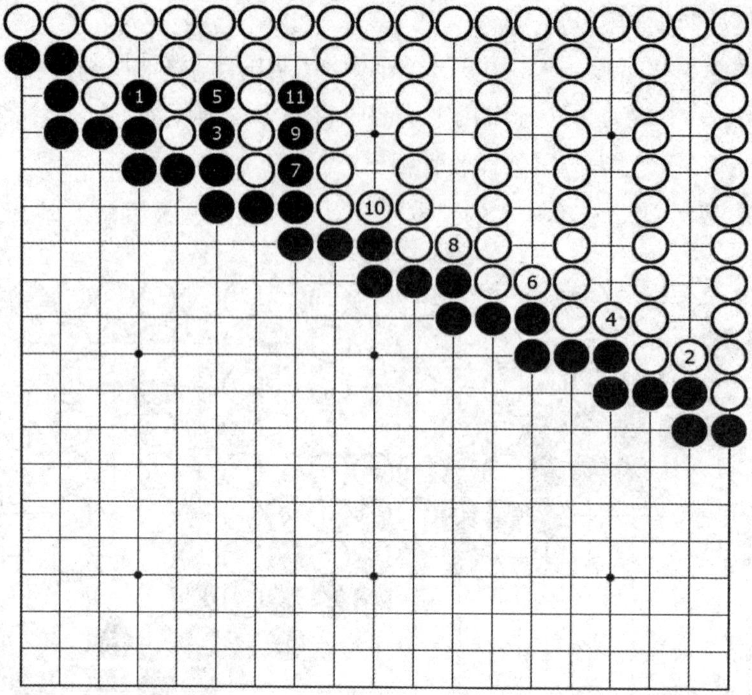

图 8－18B

官子的计算方法

计算官子，首先要有“目”的概念。什么叫“目”呢？一个空点为 1 目，提起对方 1 子是 2 目，因为提 1 子得 1 目的同时又减少对方 1 目，加起来是 2 目。

图 8－19，黑 1 得 1 目，黑 2 得 2 目，黑 3 得 3 目。

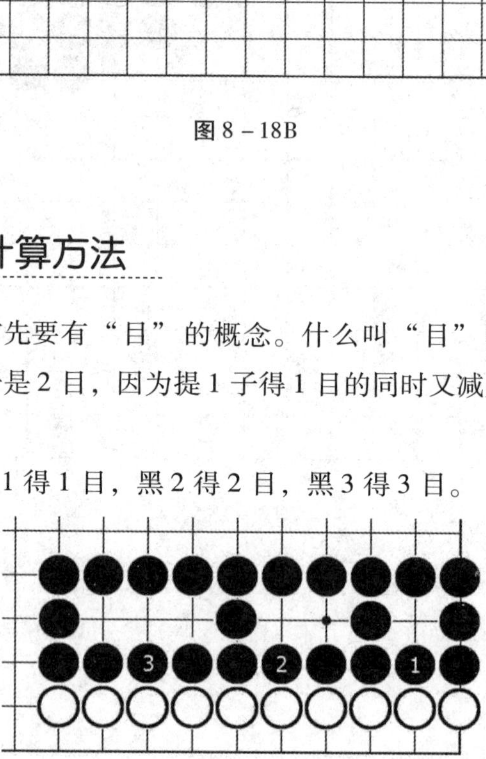

图 8－19

图 8－20，黑 1 提 1 子得 2 目。

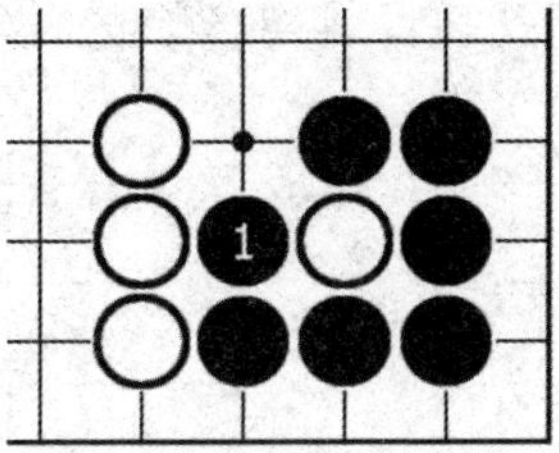

图 8－20

图 8－21，黑 1 得 5 目，吃白 2 子是 4 目加上 × 位为 5 目。

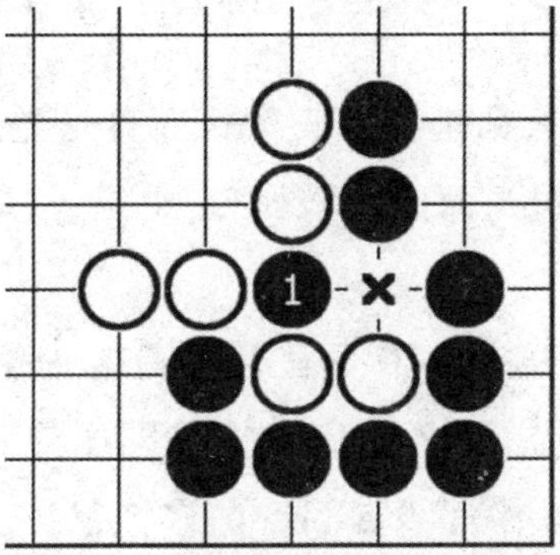

图 8－21

图 8－22，黑 1 提白两子得 4 目，但白可在△位回提 1 子得 2 目，加上△位 1 目，共 3 目，所以实际上黑方只得 1 目。此型叫“打二还一”。

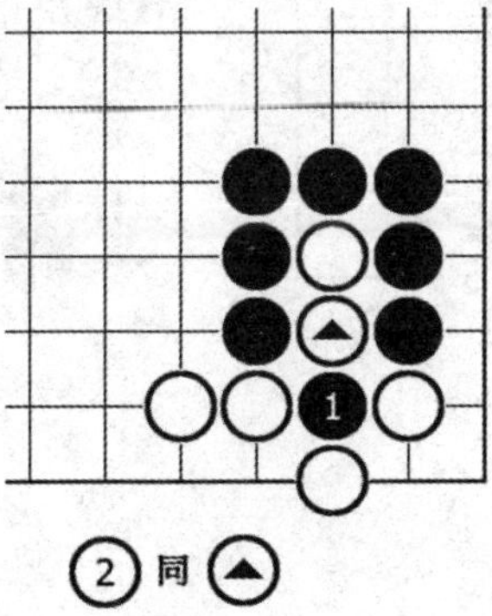

图 8－22

图 8－23，黑 1、3 扳粘是 2 目官子。因为如被白方扳粘之后，白棋就多1 目，黑棋少 1 目，出入是2 目。相当于吃 1 个子。

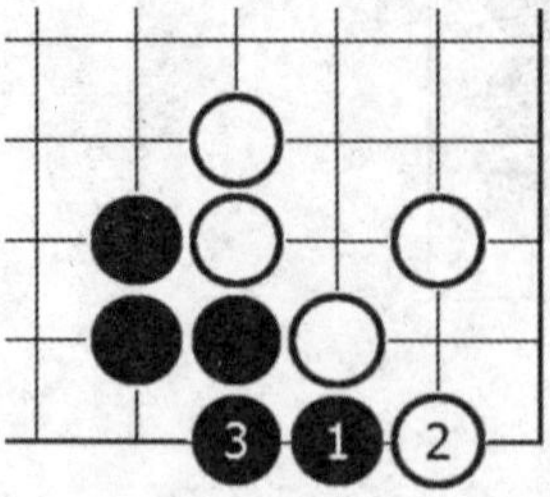

图 8－23

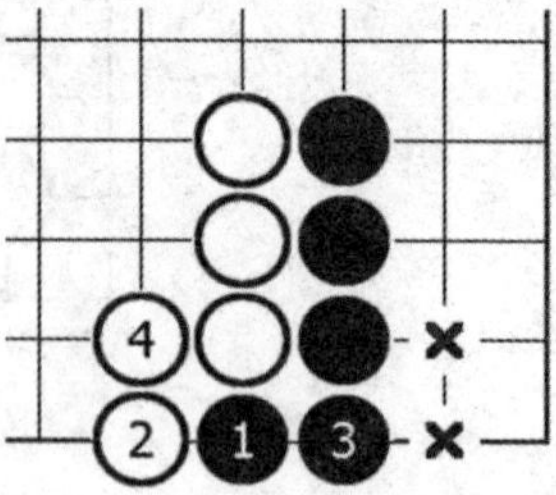

图 8－24

图 8－24，黑 1、3 扳粘是 4 目官子，而且是先手。因为如被白方扳粘之后，黑方减少 × 点 2 目，而白方增加 2、4 位 2 目，这样一增一减合起来是4 目。

图 8－25，黑 1、3 扳粘是 10 目官子（黑在一路 5、7 扳粘是先手）。此处被白扳粘如图 8－26，白同样得 10 目。两图比较一下，图 8－25 中黑多 5 目，白少 5 目，图 8－26 中黑少 5 目，白多 5 目，这样一增一减出入是 10 目。因此，黑 1 扳粘是 10 目官子，相当于吃 5 个子。

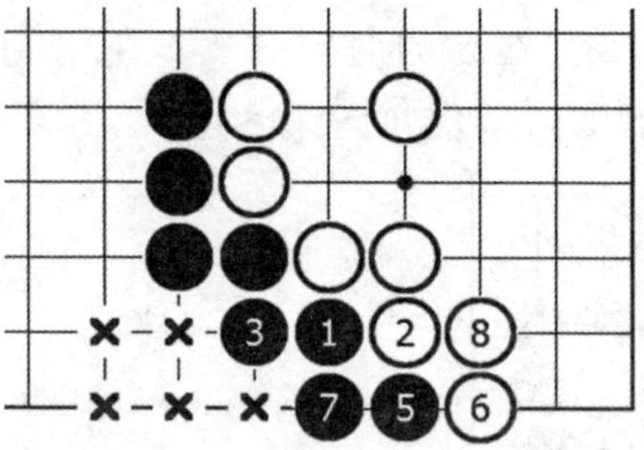

图 8－25

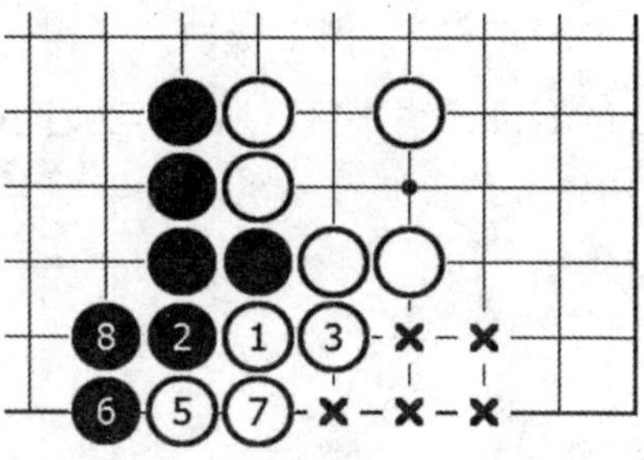

图 8－26

图 8－27，黑 1 尖是先手，反之，如被白在 1 位尖也是先手。两者的出入是 6 目，因此黑 1 尖是先手 6 目官子。

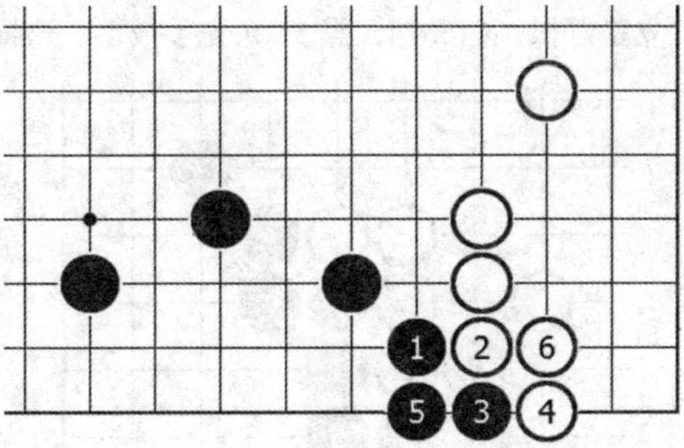

图 8－27

综上所述，一个官子的数值，等于双方得失数目的总和。

官子的技巧

同样一局棋的官子，收官方法各有不同，如能做到计算精确，先后手的次序把握好，并能利用对方的弱点借以破空或成空，便可大得收官之利。官子的技巧内容比较复杂，现就常见官子简单讲述如下。

图 8－28，黑 1 一路大飞，是收官中常用着法，到白 8 为止，这样收官是先手 9 目。

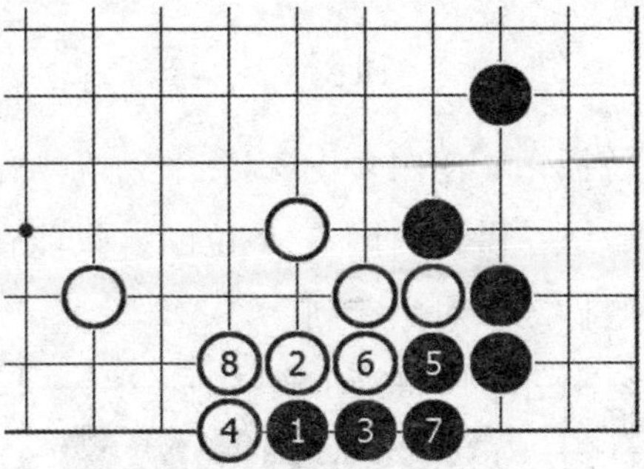

图 8－28

黑如不大飞，而于 5 位曲后并先手扳粘，只得 7 目。

图8－29，黑1立是好棋，白2挡，黑3、5先手扳粘，这样收法是先手7目。

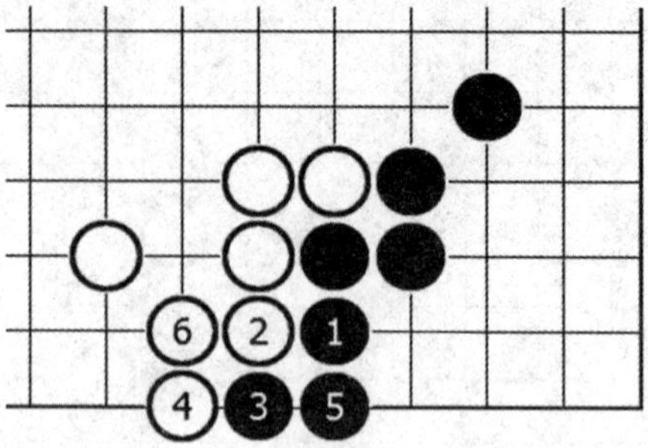

图8－29

黑如于2位扳粘，虽多得1目，但是后手。

图8－30，黑1夹是妙着，白只好在2位打吃，黑3退，先手破白4目，白2若走3位，黑A成劫。

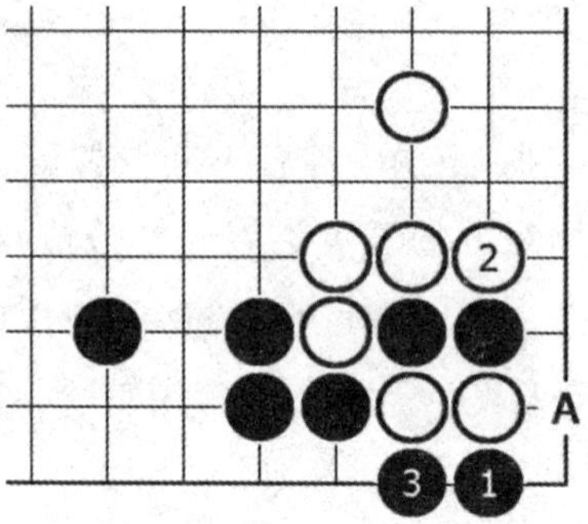

图8－30

黑如简单地在3位扳粘，使白多得3目。

图8－31，黑1断是好棋，白因有A位断，只能在2位打吃，黑3反吃，白4提，黑5再吃做劫，对黑有利。

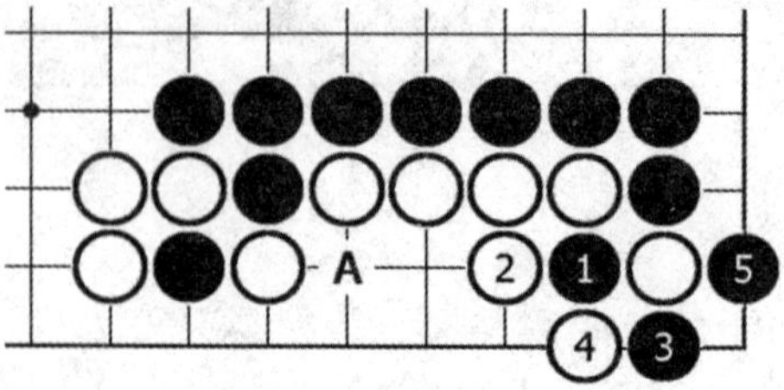

图8－31

黑1如不断，而于5位扳，白3位立或1位粘就没气了。

图8－32，黑1点好着，借用3位立的先手，黑5跳入，接回3子，较大飞更为有利。

图8－33，黑1扳，如有充分劫材，可在3位虎，以后在A位扳，白不敢挡，只好在B位退，黑利用打劫多占1子。以下黑C，白D，黑E，白F，黑可便宜2目。

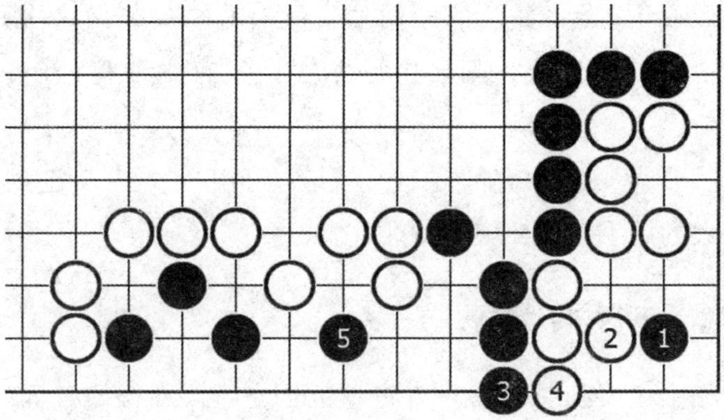

图8－32

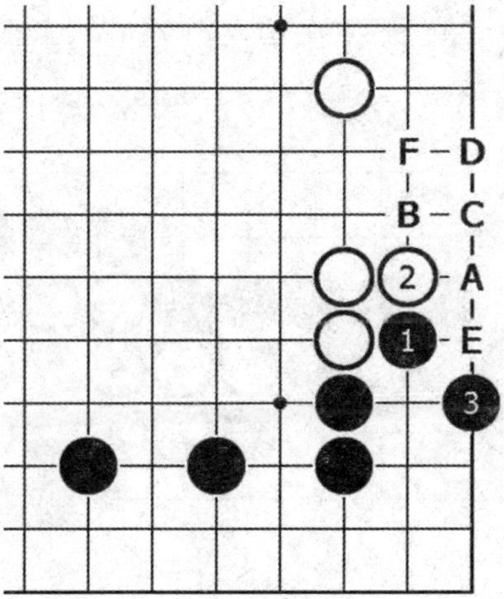

图8－33

官子注意事项

一、注意先后手

中盘激烈战斗之后，进入官子阶段，此时对全局要做一次详细的形势判断。如果自己处于劣势，则要想尽办法在收官中取得便宜，争取最后胜利。

对全盘官子做到心中有数之后，一般情况下，先占自己的先手官子，然后再占最大的后手官子，依次类推。

二、注意双方棋型的弱点

收官过程中，要随时观察对方棋型的弱点，乘机破空。同时也要时刻注意自己的毛病，及时补棋，防止对方破空。

图 8 – 34，白棋角上存有弱点，黑经 1、3 断后至 9 吃掉白方 2 子。如果看不出这一弱点，而简单地在 A 位扳，白 6 位长，这一弱点就没有了。抓住对方弱点之后，在行棋先后次序上，也要准确地计算好。

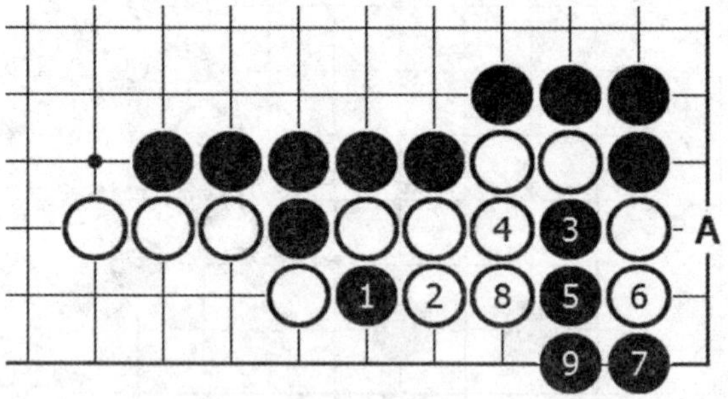

图 8 – 34

围棋初学者收官时，往往抢收大的官子而忽视自己的棋病，因而造成损失。如图 8 – 35，白 1 打吃后侵入 2 子，应于 9 位补断，5 位跳是错着，忽视了黑 6 立是先手，这样，被黑 8 一断，到黑 12 渡过，白侵入的数子全部被吃掉。如白 7 不补活，黑子 A 位断，白 B 位打吃，黑 C 位一点，白角上这块棋就死了。

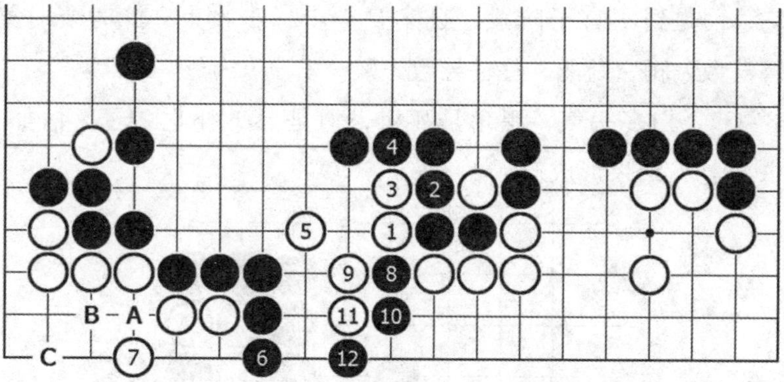

图 8－35

三、注意边、角上的官子

有些围棋爱好者，收官时往往有个错觉，总认为吃子大，而忽视边、角上的大官子。

图 8－36，黑 1 吃掉白方 5 个子是 10 目，而白于边上 2、4 扳粘却是一个 14 目的大官子，黑不收这个官子去吃 5 子，损失 4 目。

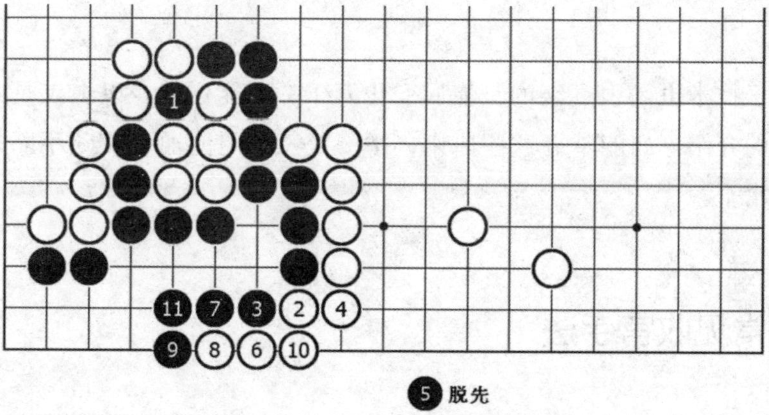

图 8－36

四、注意收气的官子

中盘战斗时，往往出现一些棋是紧气吃或紧气双活，这类棋当时不必忙于走它，但是到了官子阶段，必然要一步一步收束，此时要时刻注意，随时计算气数，稍一疏忽，往往导致失败。

图 8－37，白多一气，黑角是死棋，但是黑 1 扑吃 2 子，白如不慎接回，黑 A 再扑，结果形成双活。

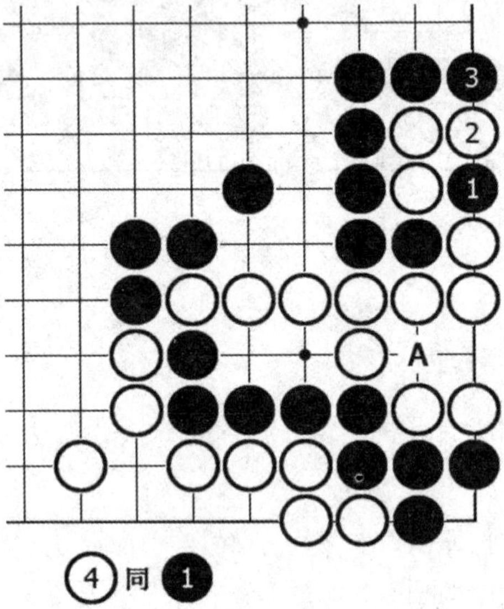

图 8－37

官子技术也是很复杂的，临局变化万千，不能详述，以上仅是几种常见官子的介绍。如能掌握这些原则，举一反三，定能通过实践不断提高官子技术水平。

常见收官手法

如同布局和中盘作战有许多手筋和技巧一样，在围棋的收官阶段，也同样有很多的技巧。是否能正确运用这些技巧手法，其出入目数少则几目，多则十几目甚至几十目，有时候足以影响胜负。因此掌握一些常见的收官手法是很有必要的。

一、扳

图 8－38，这是一线的扳接。A 图中黑棋比 B 图增加 1 目，而白棋则比 B 图减少 1 目。因此，这是个双后手 2 目的官子。无论哪一方扳接，都能后手得到 2 目棋，相当于吃掉对方 1 子。

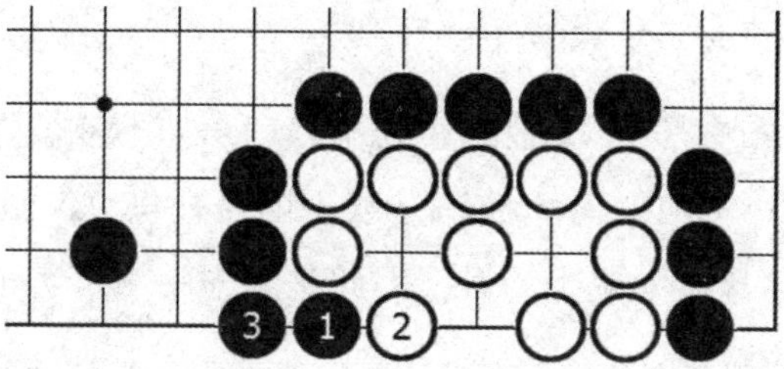

图 8－38A

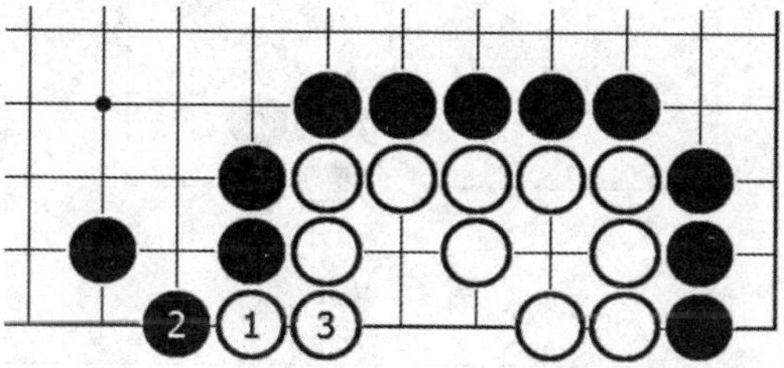

图 8－38B

图 8－39，A 图中白 1、3 扳粘，黑 4 须补一手，B 图中黑 1、3 扳粘，白不需补棋。A 图中白比 B 图增加 1 目，黑则比 B 图减少 2 目，因此，这是单先手 3 目的官子。这样的扳粘，白方应把握时机先手走掉。

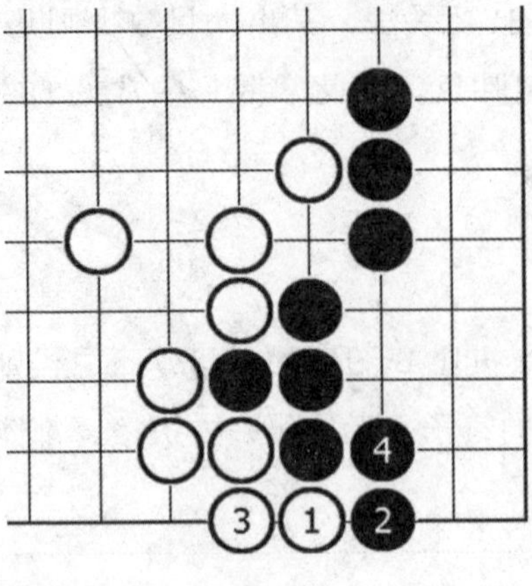

图 8－39A

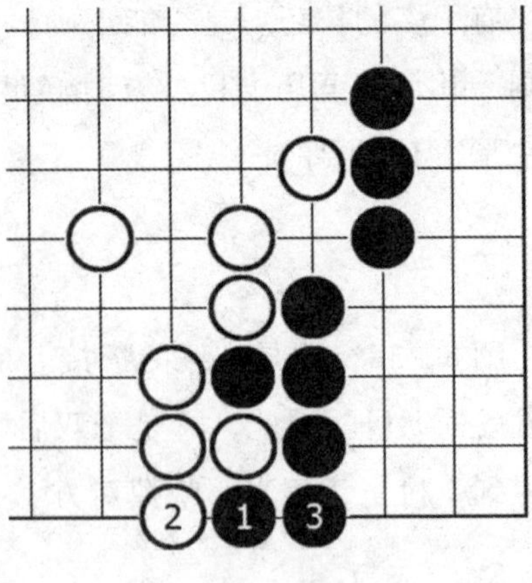

图 8－39B

图 8－40，A 图中黑 1、3 扳粘，先手，白 4 如不补被黑断打，白空将损失殆尽。反过来 B 图中白 1、3 扳粘，黑 4 也需补棋。A 图中黑棋比 B 图增加 2 目，白棋则比 B 图中减少 2 目，因此是双先手 4 目官子。这类官子是双方官子阶段争夺的对象。

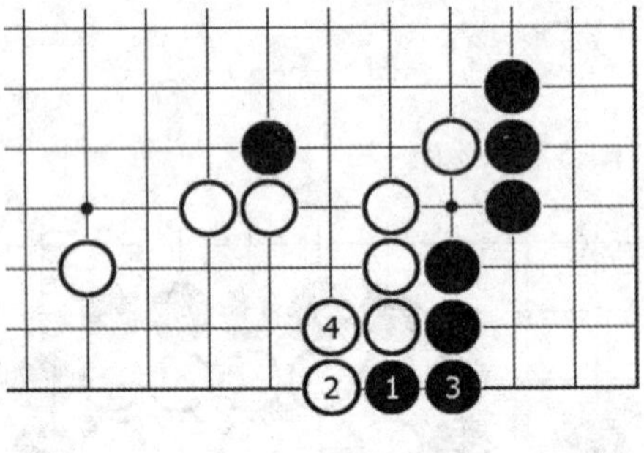

图 8－40A

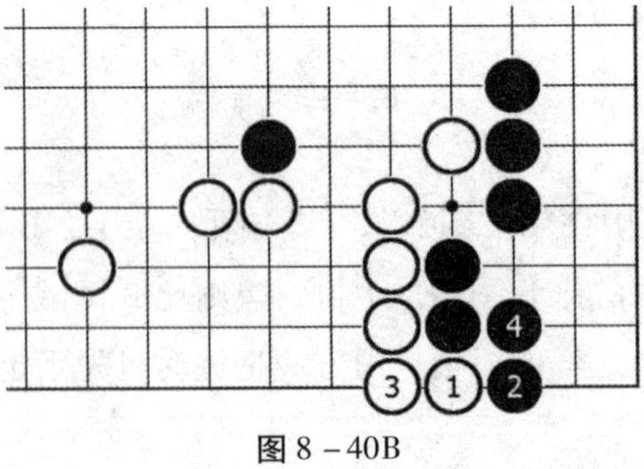

图 8－40B

图 8－41，A 图中白 1 扳，黑不能挡，只好于 2 位退。白乘机继续侵入，到 6 止告一段落，白得先手。B 图中，黑 1、3 扳粘也是先手。A 图中白比 B 图增加 2 目，黑则比 B 图减少 4 目，因此为双先手官 6 目，价值很大。

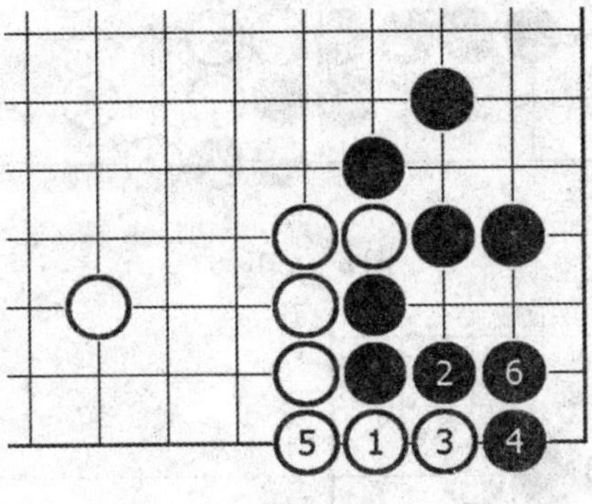

图 8－41A

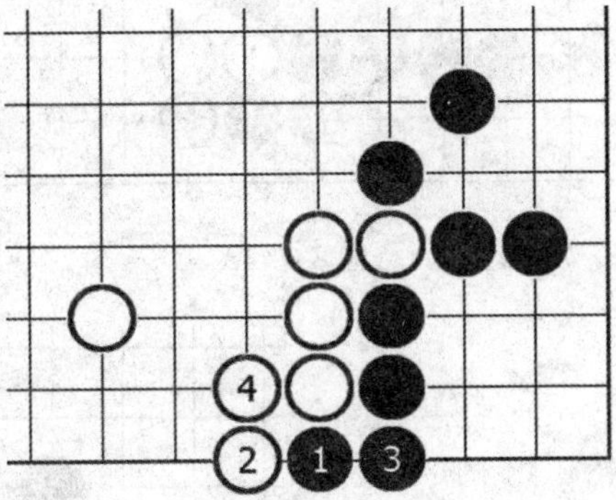

图 8－41B

图 8－42，A 图中黑 1 扳，白棋不敢立即挡住。如挡，黑即在 A 位断掉打吃，白 4 子全部被歼，大损。因此，白只能 2 位虎，到 8 止黑先手接回。B 图中白 1、3 扳接，逆手收官，消除黑先手官。A 图中黑比 B 图增加 1 目，白则比 B 图减少 6 目，这个官子为单先手 7 目官子。

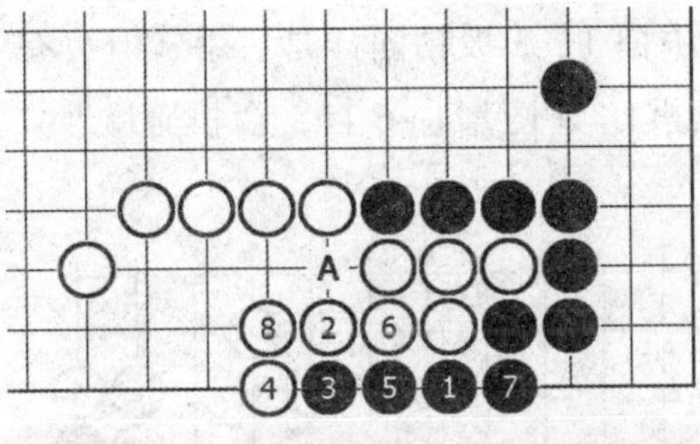

图 8－42A

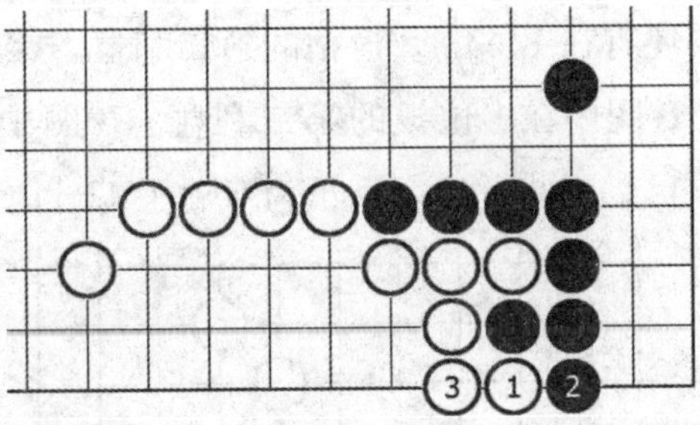

图 8－42B

图 8－43，这是二线扳粘的例子。A 图中黑 1、3 扳粘后，还有 B 图中 1、3 再扳粘的先手第二利益，白必须于 4 位虎补。C 图中白 1、3 扳粘，以后白再 A 位扳，黑挡后不需补棋，黑若先于 B 位扳，白挡后也不需补棋。B 图中黑比 C 图增加 3 目，而白棋比 C 图减少 5 目，因此，这个官子为单先手官 8 目。

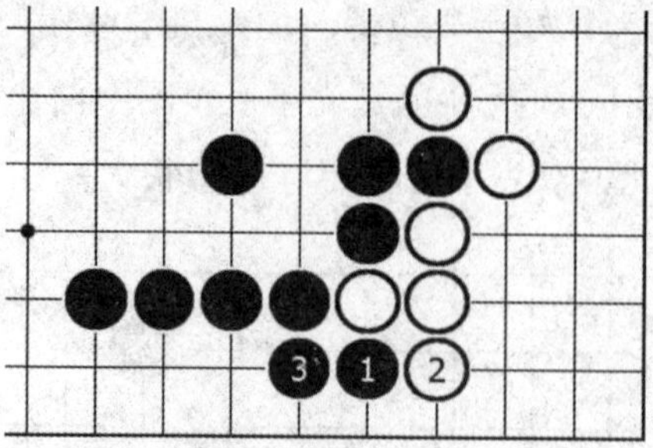

图 8－43A

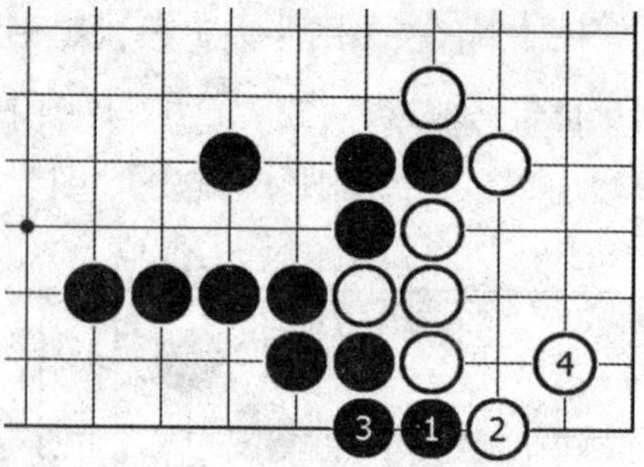

图 8－43B

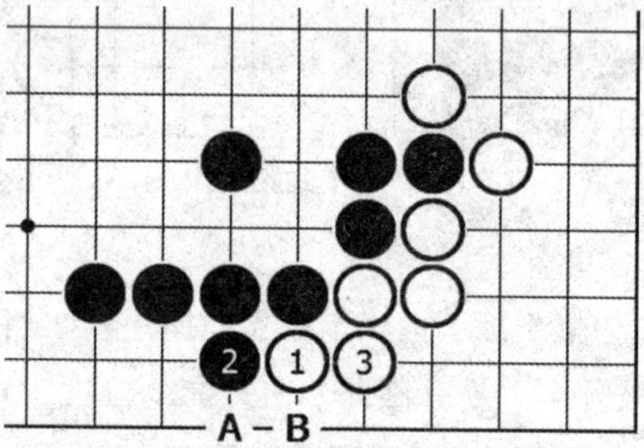

图 8－43C

图 8－44，A 图中黑 1、3 扳粘，白挡后不需再补。但如 B 图所示，黑还有在 1、3、5 扳粘的第二利益。C 图中白 1、3 扳粘同样是后手，但也有 D 图中在 1 位扳的第二利益。B 图中黑棋比 D 图增加 6 目，白棋则减少 7 目，因此，这个官子为双后手 13 目。

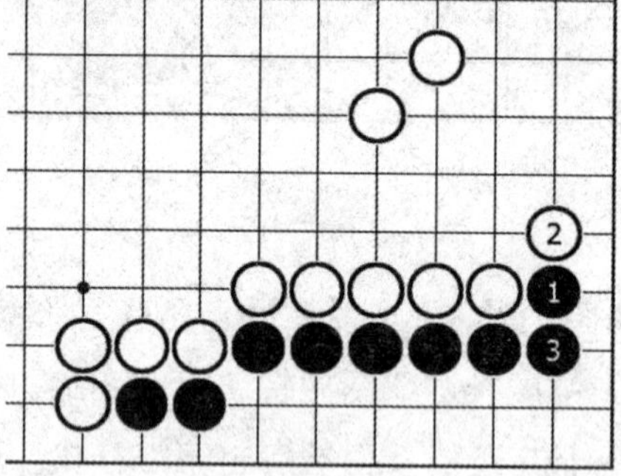

图 8－44A

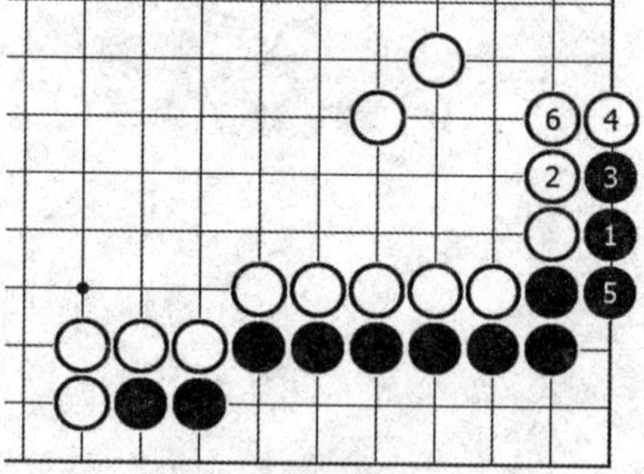

图 8－44B

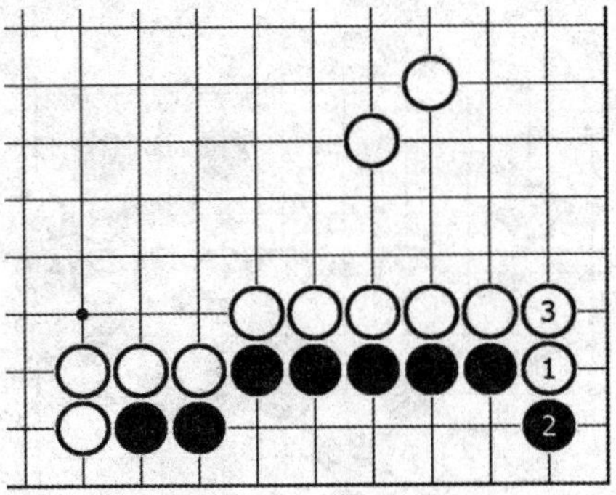

图 8 - 44C

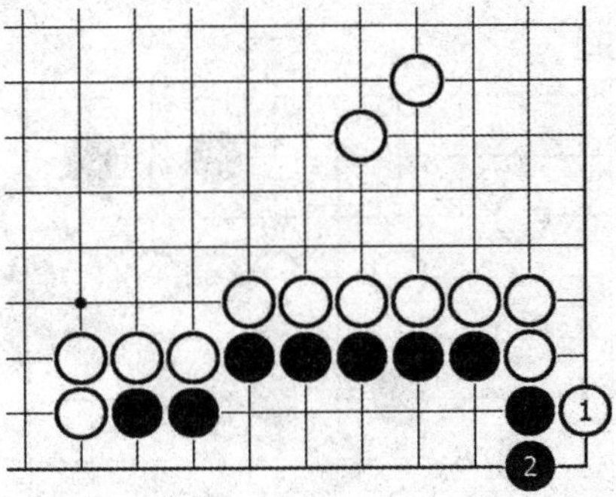

图 8 - 44D

二、尖

图 8 - 45，A 图中黑 1 尖 3 扳，到白 6 止，白落后手。B 图中白 1 尖 3 扳也是先手。以后黑 A 白 13 为双方正常的应对。A 图中黑棋比 B 图增加 3 目，白则比 B 图中减少 3 目。因此这个官子为双先手官 6 目。

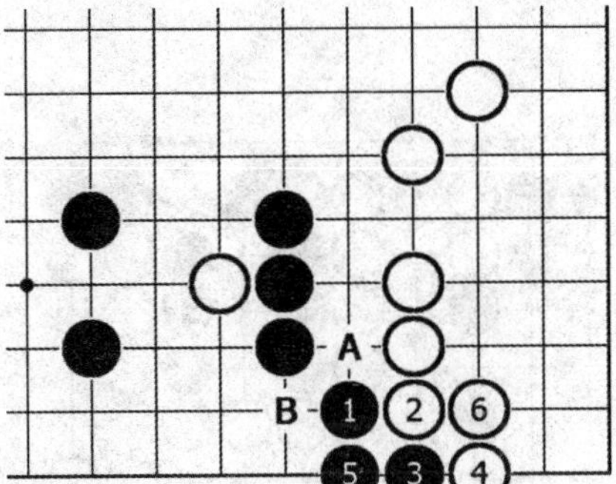

图 8 - 45A

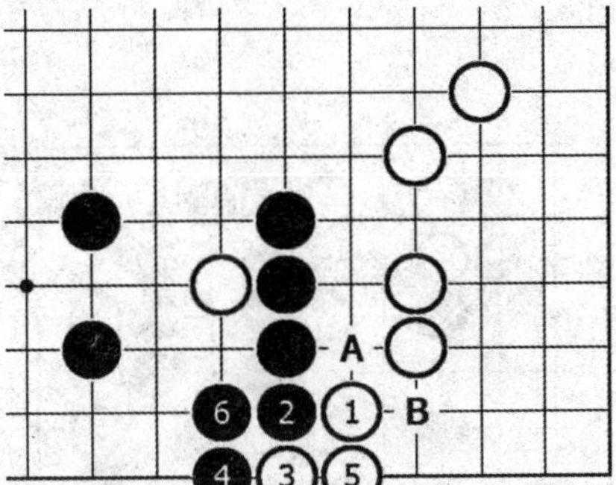

图 8 - 45B

图 8 - 46，A 图中白 1 尖是一线上的一着漂亮官子。黑大抵如图 2 位应，以后 4 挡 6 虎，白得先手。以后黑白双方大致按 A ~ F 进行收官。B 图中黑 1 挡，白 2 应，黑 3 脱先它投，白 4 扳 6 粘，黑 5 挡 7 补为双方大致应对。两图比较，A 图中白棋小尖先手 4 目，B 图中黑 1 挡亦先手 4 目。这个官子为双先手官 8 目。

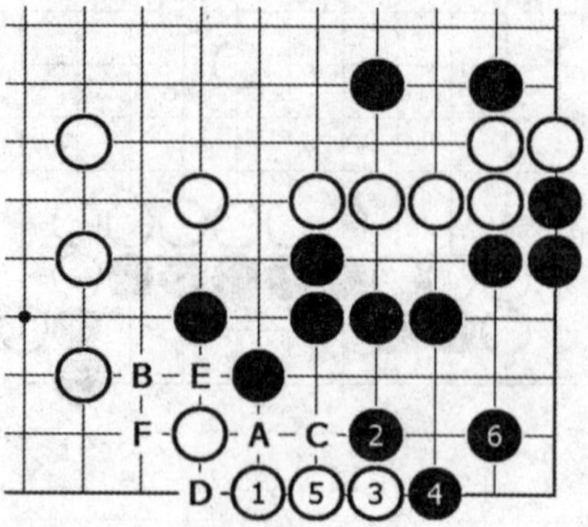

图 8－46A

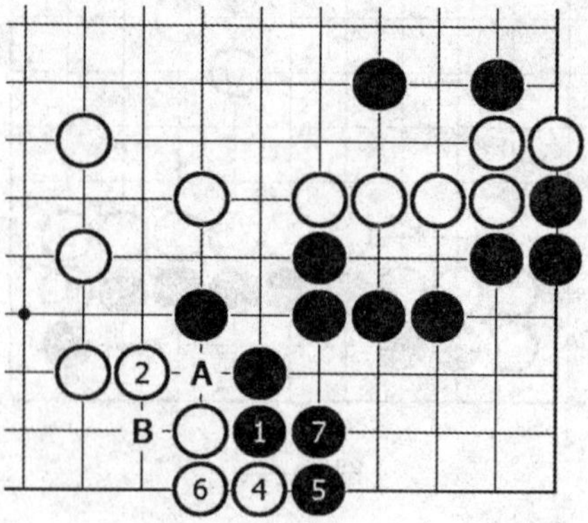

图 8－46B

图 8－47，A 图中黑 1 小尖，好棋！白棋非接不可，否则整块棋全部被杀。B 图中白 1 小尖，再 3、5 位扳接也是先手。两图比较，A 图中黑棋比 B 图增加 3 目，白棋则减少 2 目。因此这个官子为双先手官 5 目。

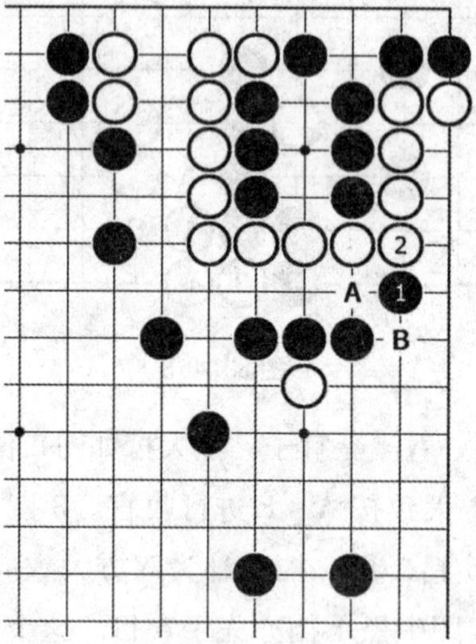

图 8－47A

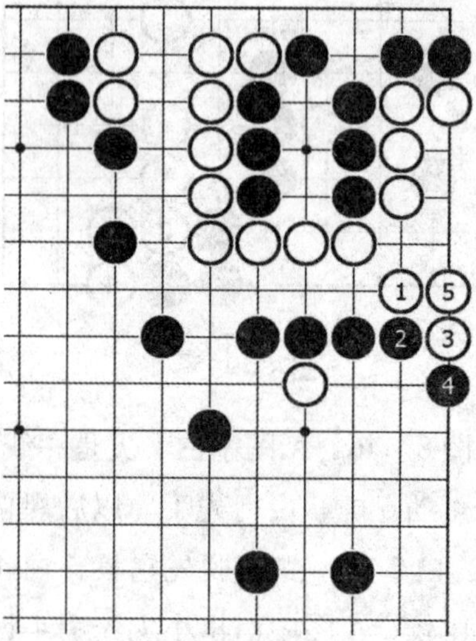

图 8－47B

图 8－48，A 图白 1 尖，黑 2 位补必然。如黑 B 位接，则留下以后白 D 位扳接的先手便宜。如脱先不补，则给白棋留下许多利用，如 A 位夹，B 位挖，C 位造劫等。B 图黑 1 托 3 虎，白 4 不得不接；接着黑 5、7 位扳接，白 6 挡 8 粘落后手。两图比较，A 图中白棋比 B 图增加 5 目，黑棋则减少 5 目。因此这个官子为双先手官 10 目。

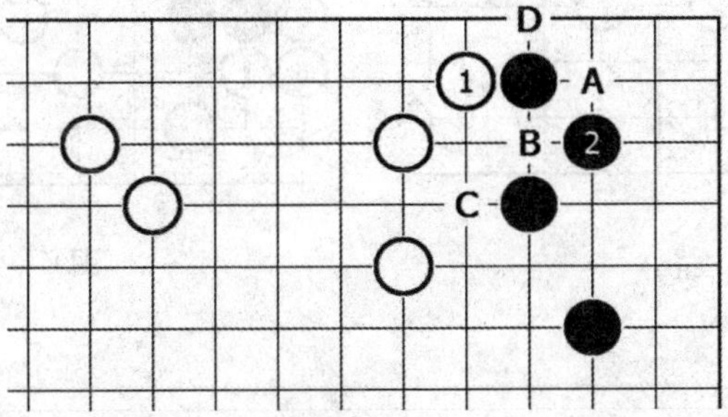

图 8－48A

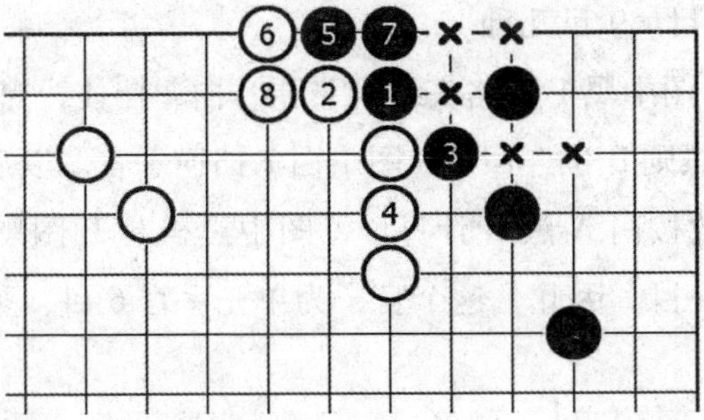

图 8－48B

图 8－49，这是三线上小尖的例子。A 图中黑 1 尖，白方大抵 2 位立，再 4、6 位扳粘，白为先手。B 图中，白如先走，则先小飞，黑一般脱先。这时白如图所示尚有第二利益，先 1 位尖，再 3、5 位扳接，黑为后手。两图比较，A 图中黑比 B 图增加 11 目，白则减少 7 目，按出入计算法为双后手 18 目棋，相当于后手吃掉对方 9 个子，价值相当大。

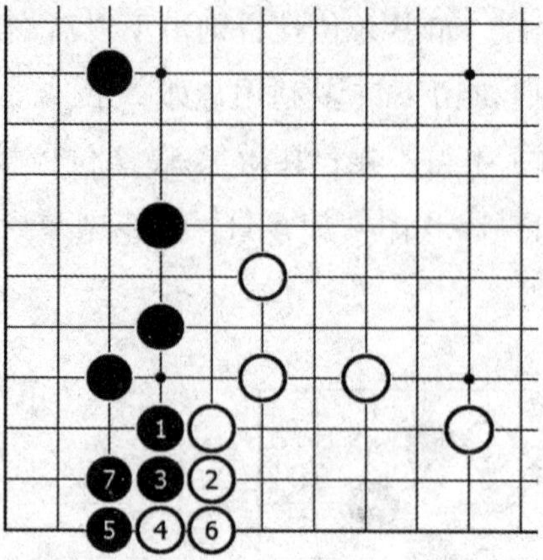

图 8－49A

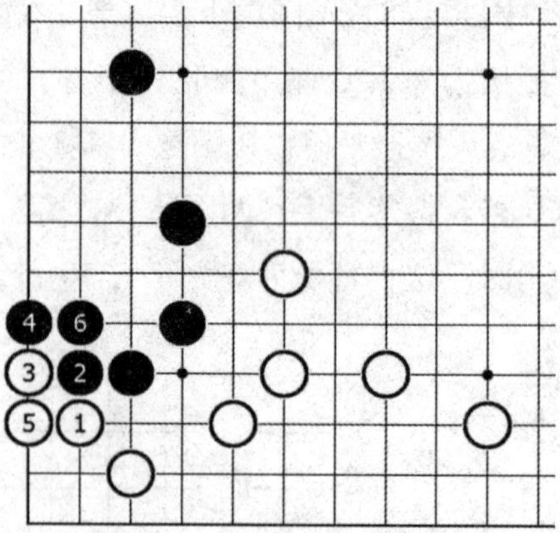

图 8－49B

三、飞

（1）大飞腿。在围棋术语中又称“仙鹤伸腿”，意为如仙鹤的长腿一样，从一线直伸进对方的区域。大飞腿根据双方形状不同，一般可分为单先 6 目、7 目、8 目、9 目几种。

图 8－50，A 图中黑 1 一路底线大飞腿，白 2 挡住，黑 3 退，白 4 单退。以后白 A 位冲，黑则 B 位连回。B 图中白 1 挡逆手官。以后由于双方 A 位 B 位扳都是后手，故按白 A 黑 B 计算。A 图中黑棋与 B 图黑棋比目数没有增减，白棋则减少 6 目。因此，这个官子为单先手官 6 目，是仙鹤伸腿中目数最少的一种。

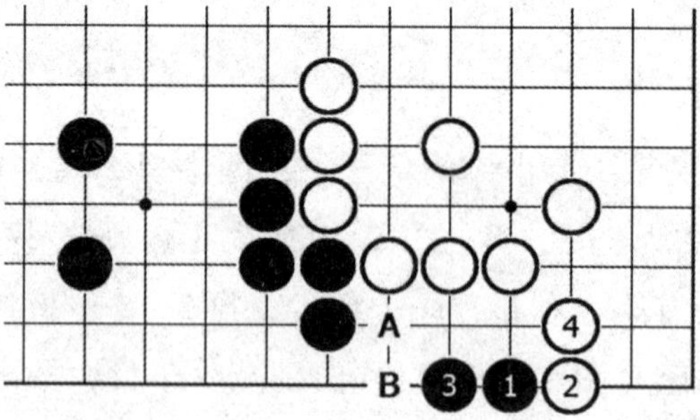

图 8－50A

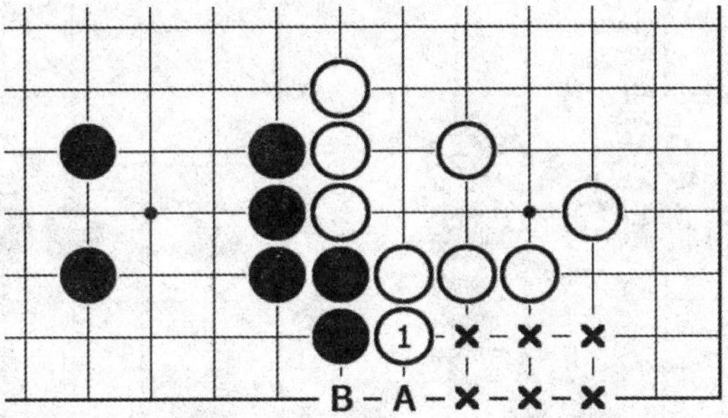

图 8－50B

图 8－51，本图图形与上图比稍有不同。黑 1 大飞腿，白 2 不能像上图那样于 4 位挡住，只能尖顶。以下应对到 8 止，黑得先手。B 图中白 1 挡为逆手官，消除了黑 1 大飞腿的机会。A、B 两图比较，黑棋增加 1 目，白棋仍然减少 6 目，因此这个官子为单先手官 7 目。

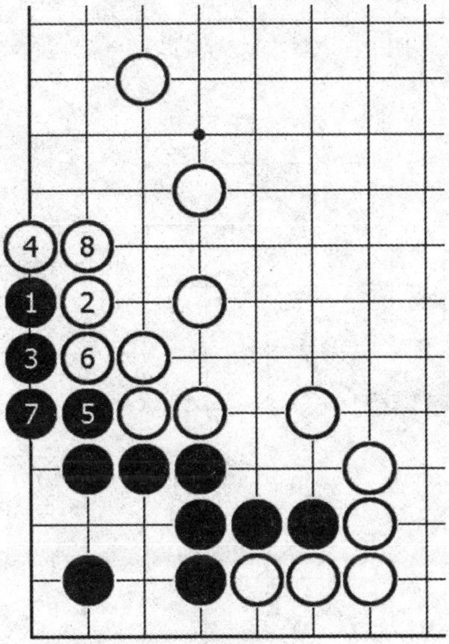

图 8－51A

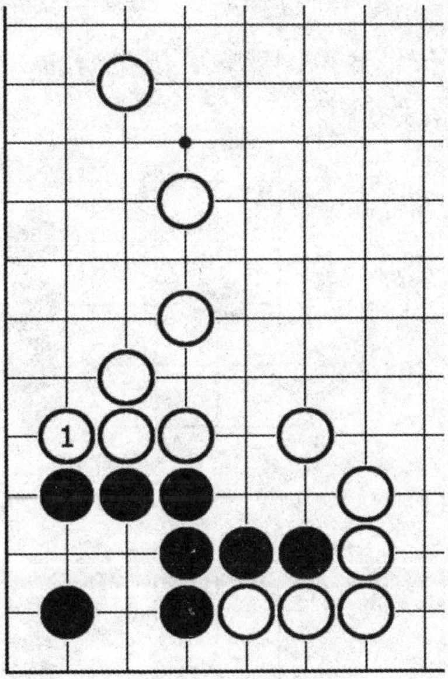

图 8－51B

图 8－52，A 图黑 1 大飞腿，白 2 挡 4 退为后手。B 图中白 1 立虽为逆手官，但黑 2 一般脱先，以后白还可以 3、5 扳接，黑 4 挡 6 粘为后手。A、B 两图比较，黑棋增加 2 目，白棋则减少 6 目，因此这个官子为单先手 8 目。

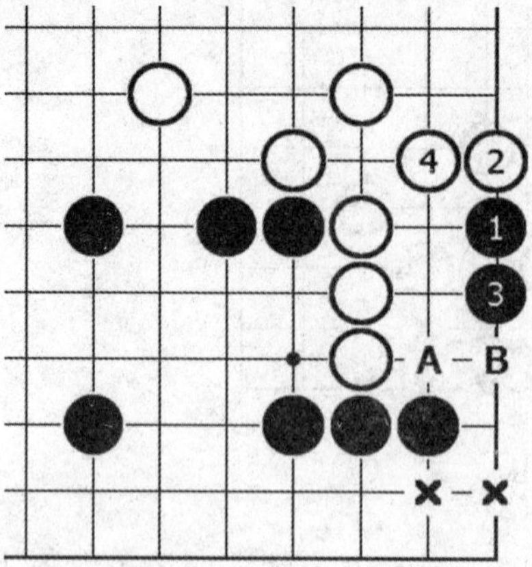

图 8－52A

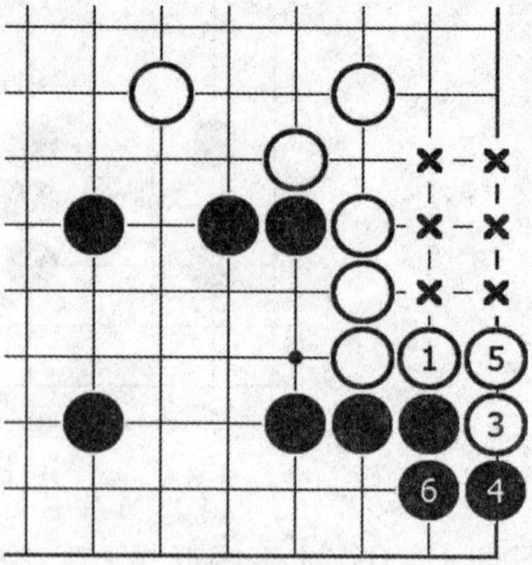

图 8－52B

图 8－53，A 图中黑 1 大飞腿，白 2 顶住，以后至白 8，黑为先手。B 图中白 1 立收逆手官，黑 2 一般脱先，白 3 扳 5 接，黑 4 挡 6 粘，为基本应对。A、B 两图比较，黑棋增加 3 目，白棋则减少 6 目，因此，这个官子为单先手 9 目。

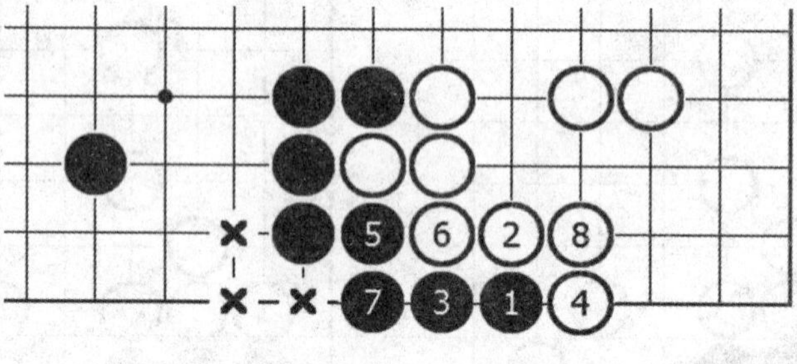

图 8－53A

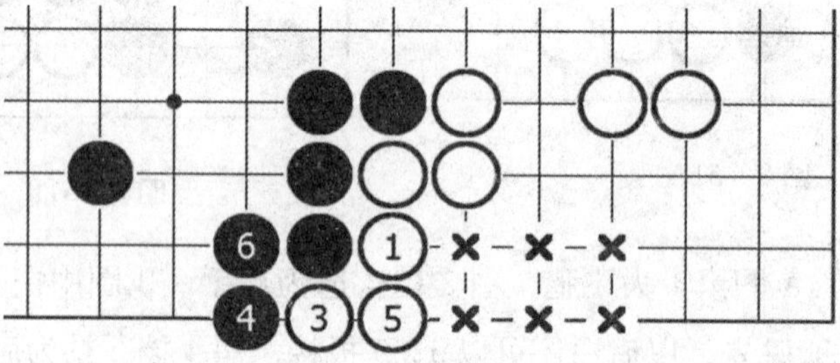

图 8－53B

（2）小飞腿。在一路大飞腿不成立或不利的情况下，采取小飞腿，往往可以收到较好的效果。

图 8－54，这个图不适合大飞腿。A 图白 1 大飞腿，黑 2 尖点，白 3 退，黑 4 虎，以后至白 7，黑得先手，白棋不合算。B 图中白 1 小飞，好手。黑 2 尖补，白方先手收官。如果黑棋先走，则可挡下，收逆手官，以后还有先手扳接的第二利益。比较起来，双方出入 7 目，因此，这个官子为单先手官 7 目。

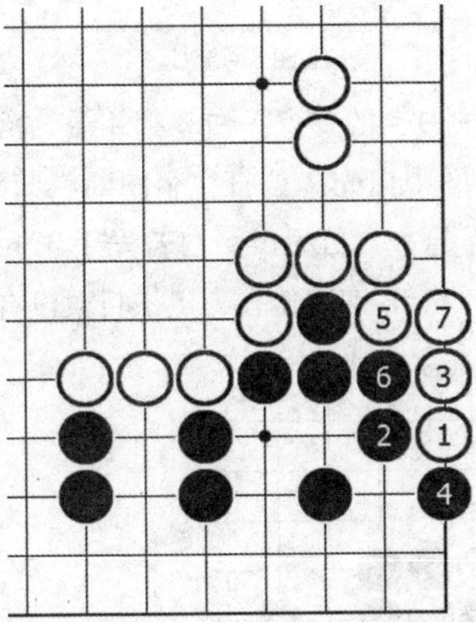

图 8－54A

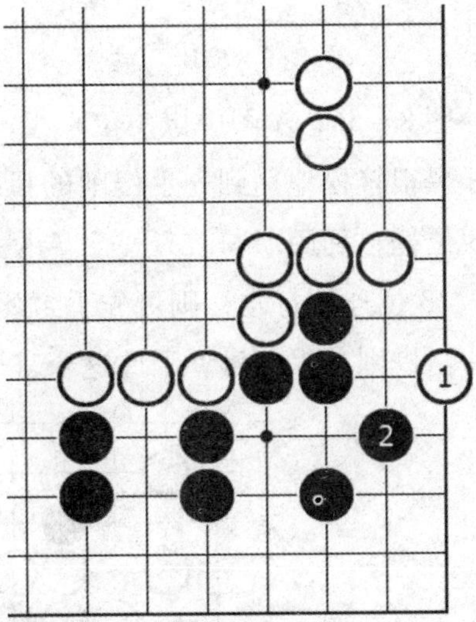

图 8－54B

图 8－55，A 图中，如果白 A 位长，则黑 B 位挡，白无后续手段。白如再一线扳粘，有接不归的危险。B 图中白 1 小飞，妙手。黑 2 如挡则白 3 退，白得先手。C 图中黑先走则 1 位拐下，白如不补棋，可吃 1 子。B、C 二图比较，白棋没有增减，黑棋却减少 4 目。因此这个官子为双先手官 4 目。

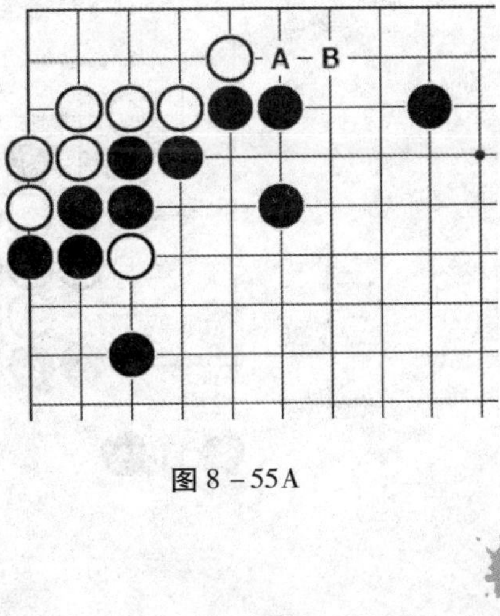

图 8－55A

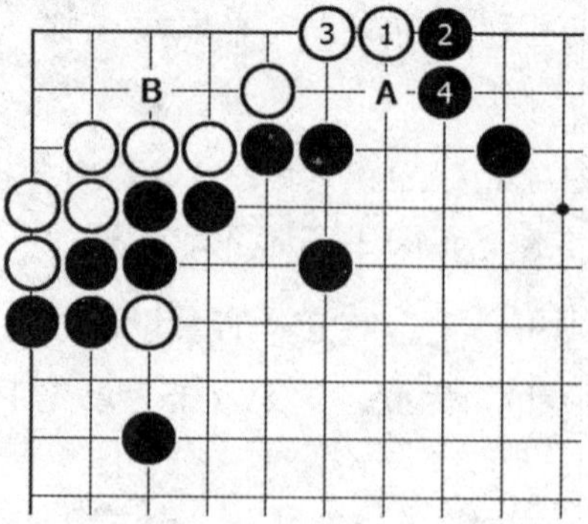

图 8－55B

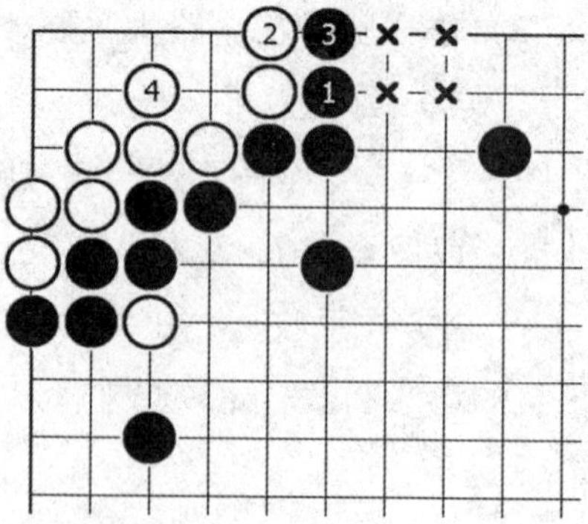

图 8－55C

图 8－56，A 图中黑 1 位小飞，是侵削白空的要点。白 2 挡 4 退，落后手，黑很轻松地达到先手侵削的目的。B 图中白先 2 位打，企图断黑归路。黑 3 位托，利用“打二还一”巧妙地通连起来，白无谋。白若先手于 B 图的 2、3 位连续打吃，则可先手封死黑棋。A、B 两图比较，黑棋目数没有变动，白棋则减少 4 目。因此这个官子为双先手官 4 目。

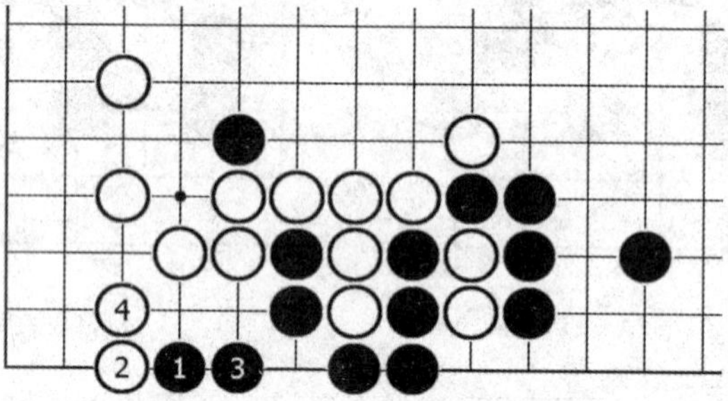

图 8－56A

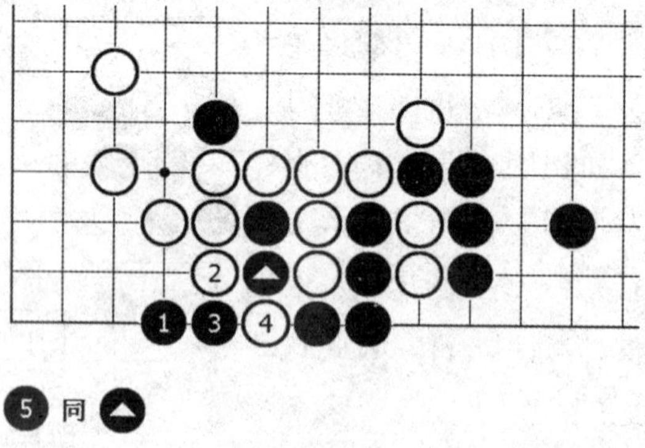

图 8－56B

四、立

在有些收官的场合中，采取扳粘的手法，往往会落后手，或出现别的不利情况。这对，如果能采取立的收官手法，一般都能收到较好的效果，既保持了先手，还能进一步获得第二利益。

图 8－57，A 图中黑 1 立下白不得不跟着立下，否则黑可以仙鹤伸腿破空。黑 3、5 扳接后，白 4、6 应接落后手。B 图中黑 1 扳 3 接，虽比 A 图增加 1 目，但落了后手，并不划算。C 图中白先走，亦于 1 位立，到 6 止，白先手收官。A、C 两图比较，黑增加 2 目，白减少 2 目，因此，这个官子为双先子官 4 目。

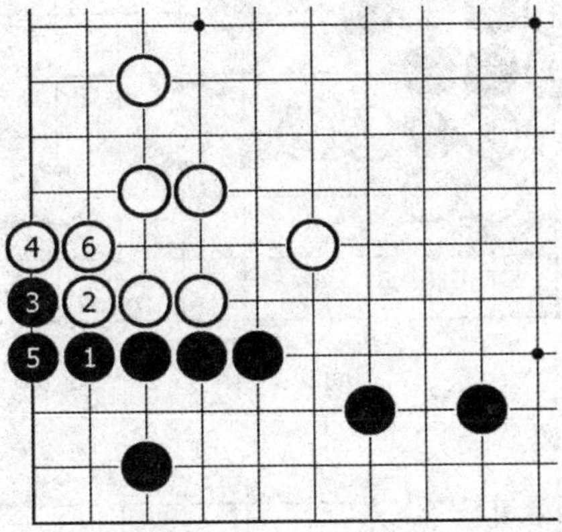

图 8－57A

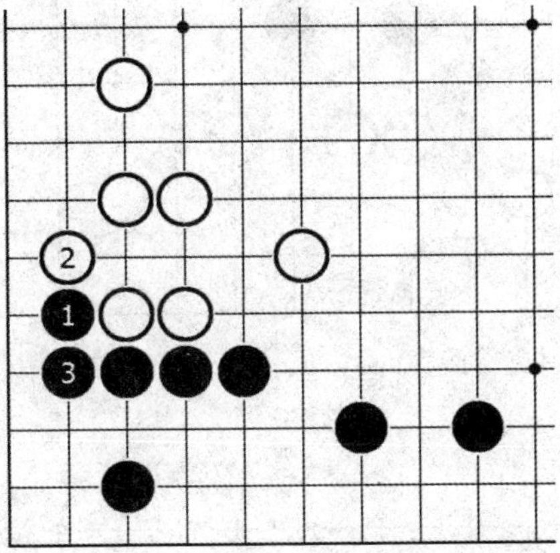

图 8－57B

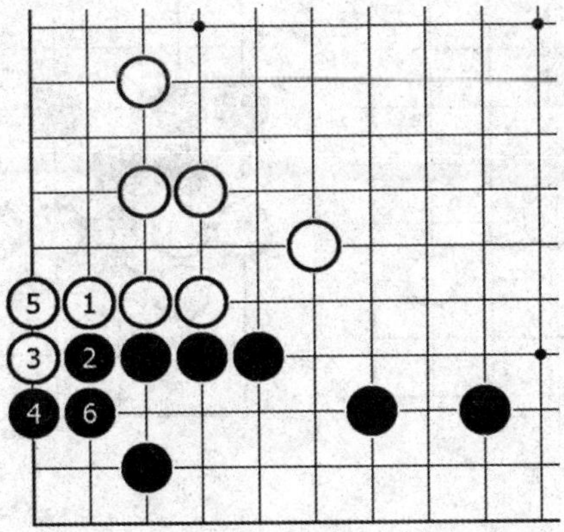

图 8－57C

图 8－58，A 图中白 1 立下，好棋。B 图中白 1 继续在 1 位大飞伸腿，至 8 止先手获利。C 图中白如 1 位扳 3 位接，落了后手，以后虽还可如 D 图那样 1 扳 3 接得先手，但与 B 图中相比少收 2 目。E 图中黑如先手可 1 扳 3 长。这时白如脱先——则有 F 图的扳接手段。B、F 两图相比，白棋增加 11 目，黑棋减少 11 目。因此这个官子是双后手 22 目，相当于吃掉对方 11 子。

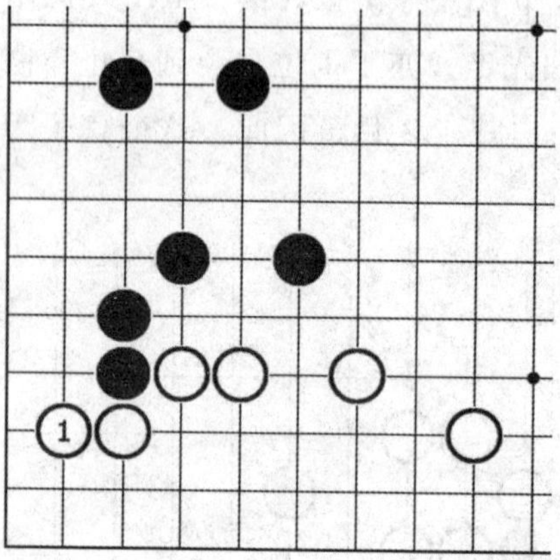

图 8－58A

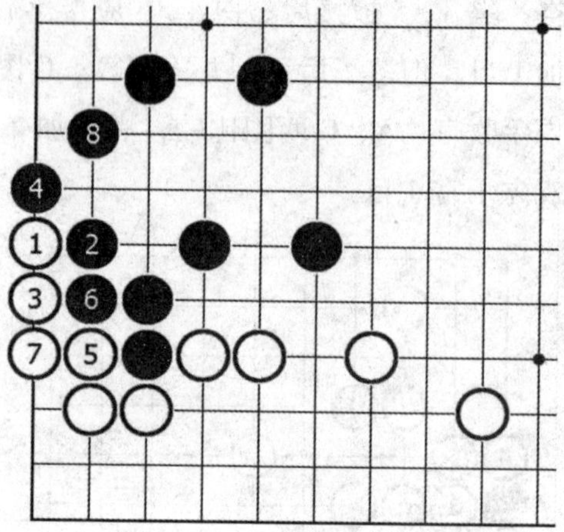

图 8－58B

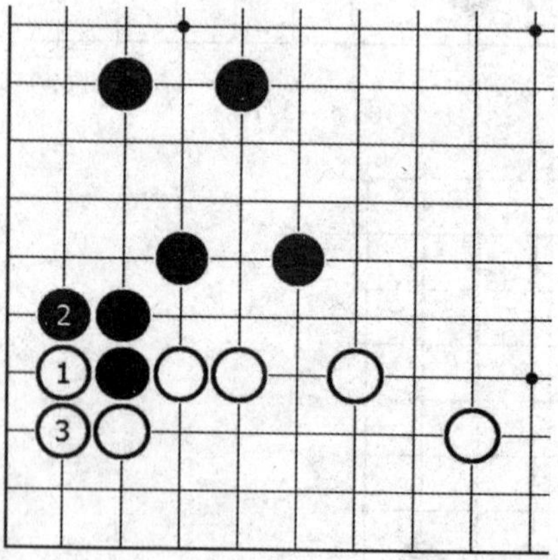

图 8－58C

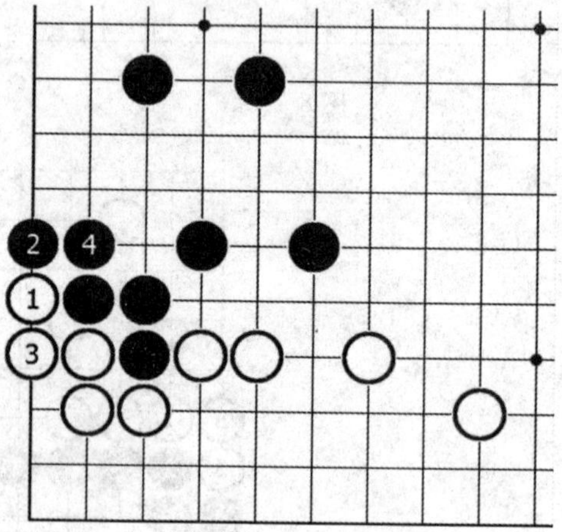

图 8－58D

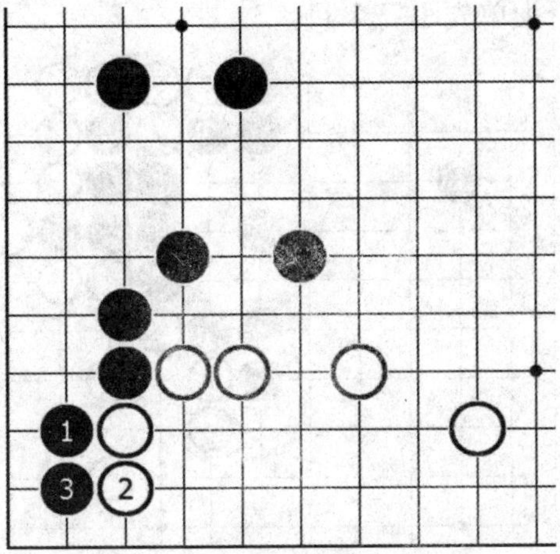

图 8－58E

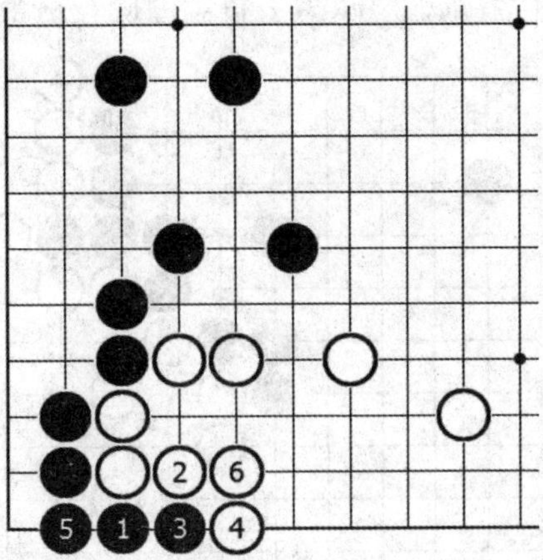

图 8－58F

图 8－59，A 图中黑如扳，明显会落后手，那么立下如何呢？如果白棋挡应一手则先后手易位；如白不应，则有了 B 图的 1 位托，白 2 位打，黑 3 接反打，先手挤掉白 A 位 1 目。如白不接，黑“打二还一”先手得 1 目。

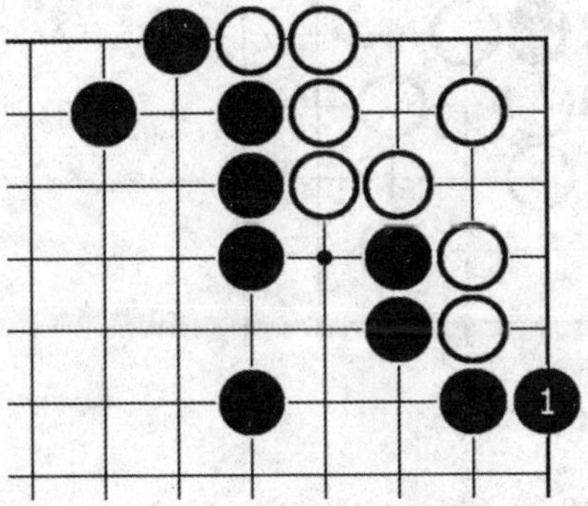

图 8－59A

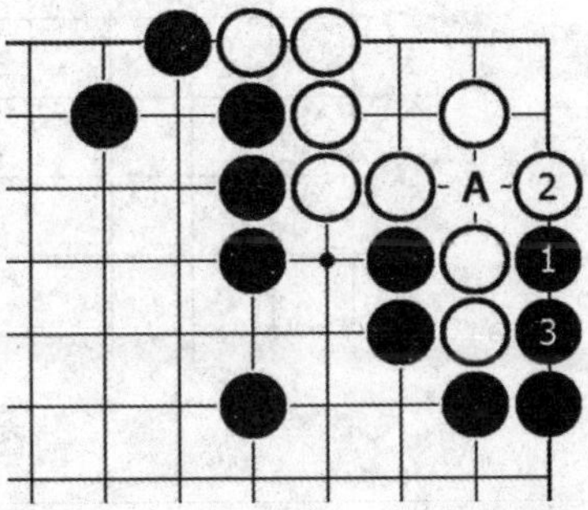

图 8－59B

图 8－60，A 图中白△立下，形成硬腿，有力。此棋白如扳，黑可先扑后挡，白有接不归之虞，故扳不成立。B 图中白 1 位冲，黑 2 为正确应对。

以后到黑 8 止，白先手。C 图中黑 1 挡，后手。B、C 两图相比，白目数没有增减，黑减少 7 目。因此，这个官子为单先手官 7 目。

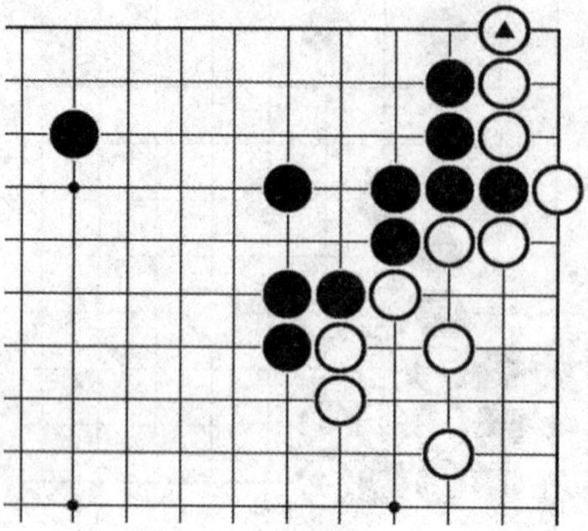

图 8－60A

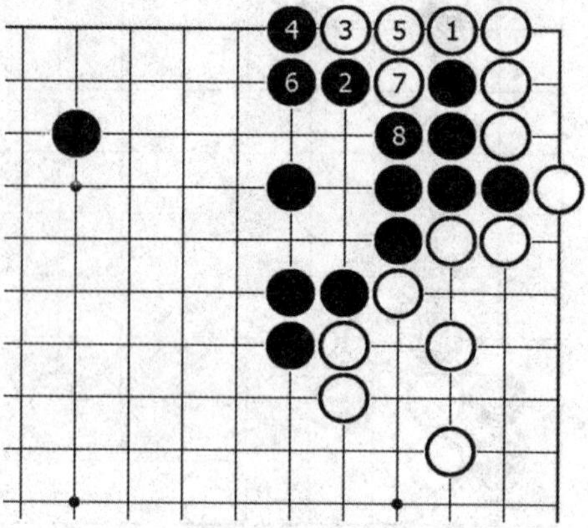

图 8－60B

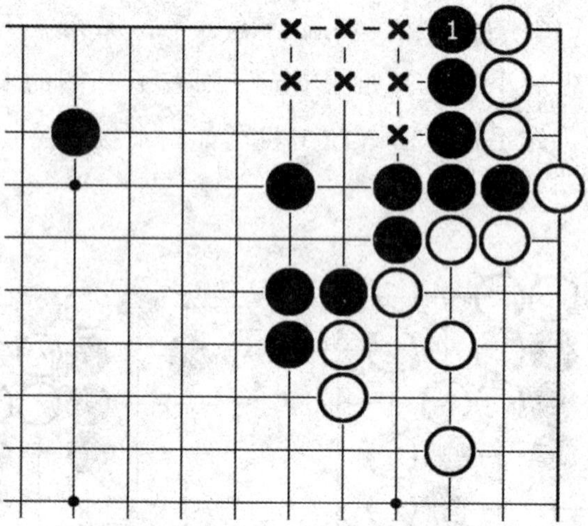

图 8－60C

图 8－61，A 图中白 1 立下，似小实大。以后白可于左右两边冲，白 3 黑 4，白 5 黑 6，黑方穷于应付，白得先手。B 图黑 1 渡过，后手。但逆手官消除了白立下左右冲突的先手官。A、B 两图比较，白目数没有增减，黑却减少 4 目。因此，这个官子为双后手官 4 目。

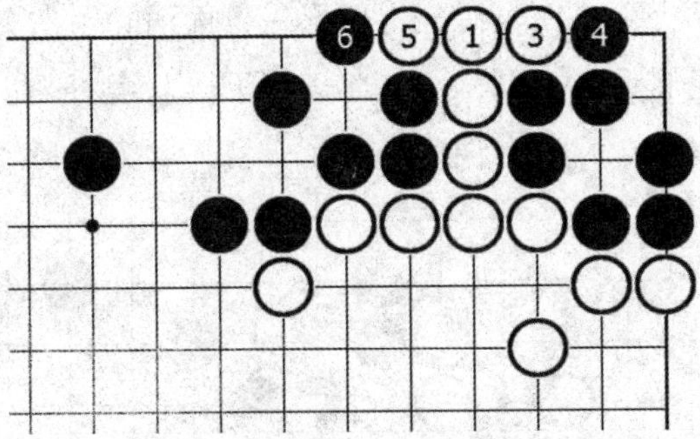

图 8－61A

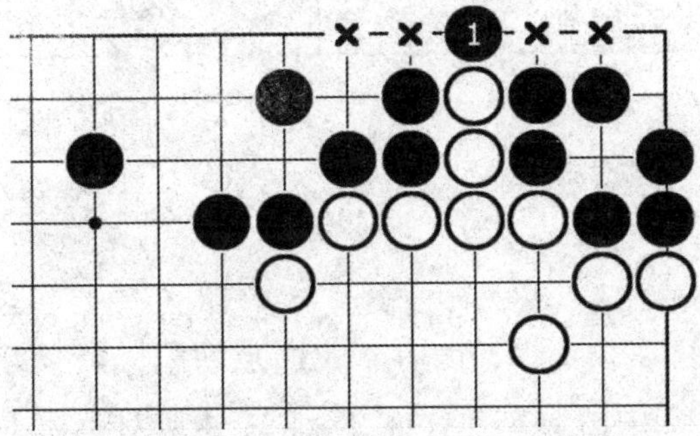

图 8－61B

图 8－62，黑 1 位立下，好棋。白应则为后手；如不应，以后黑有 A 位挤卡收官的手筋。白先走则有 1 位扳粘的先手。两种情况进行比较，白棋减少 3 目，黑棋增加 2 目，这个官子为逆手官 5 目官子。

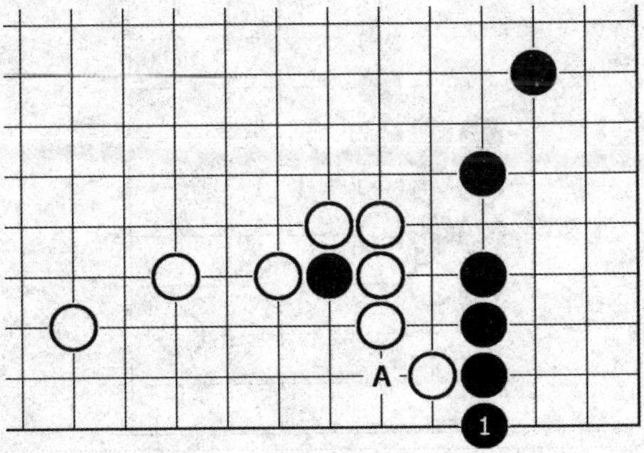

图 8－62

图 8－63 黑 1 立下，白可脱先，但黑一方面消除了白 1 位扳接先手破空的毛病，且以后还能于 A 位托，白挡以后还得双虎补棋。两种情况比较，黑增加白扳接补棋的 2 目空，白则减少了 3 目，共为 5 目。

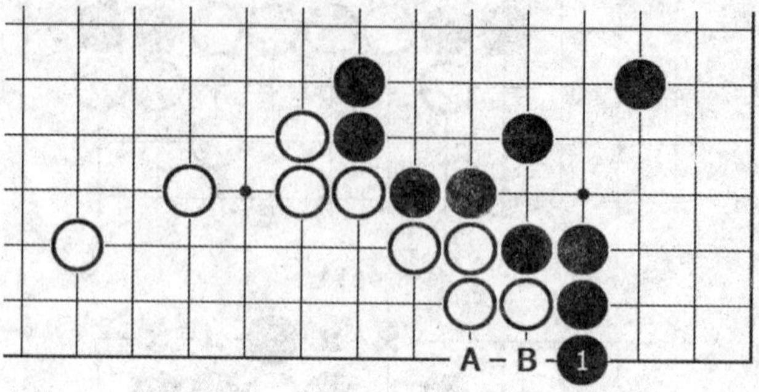

图 8－63

五、夹

图 8－64，A 图中白 1 夹，因有 4 位断点缺陷，黑只好 2 位虎挡。白 3 打吃，黑 4 接。B 图中白 1、3 位扳接，黑 2、4 应对落后手。C 图黑如先走则可逆手收官。黑 1 位跳，白 2 冲，以后到 5 接告一段落。B 图和 C 图相比较，白增加 2 目，黑则减少 5 目，这个官子为单先手官 7 目。

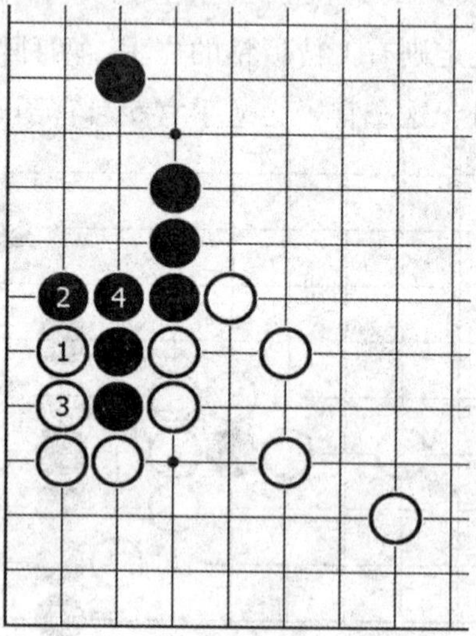

图 8－64A

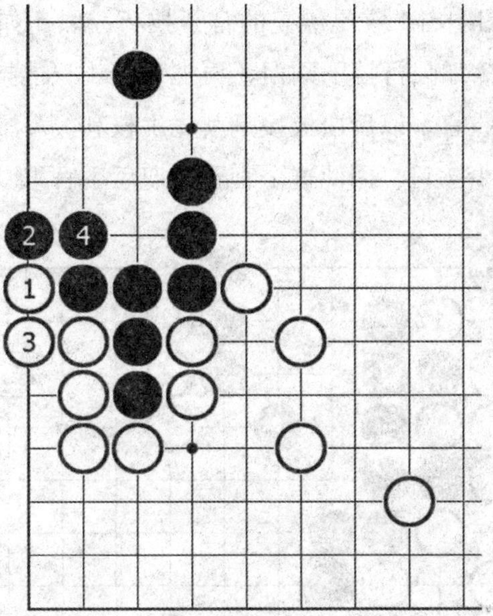

图 8－64B

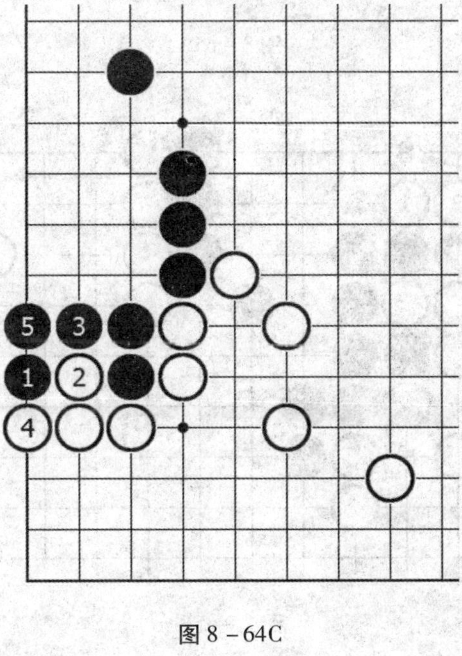

图 8－64C

图 8－65，A 图中白 1 夹是漂亮的官子技巧，黑 2 如虎则白 3 打 5 虎夺取角地。B 图中黑 2 如强行挡下则白 3 再夹，黑 4 只能接，白 5 渡过。C 图黑如先走则 1 位挡收官，以后白扳接是其先手权利。A 图与 C 图比较，白棋增加 5 目，黑棋减少 7 目，因此这个官子为双后手官 12 目。

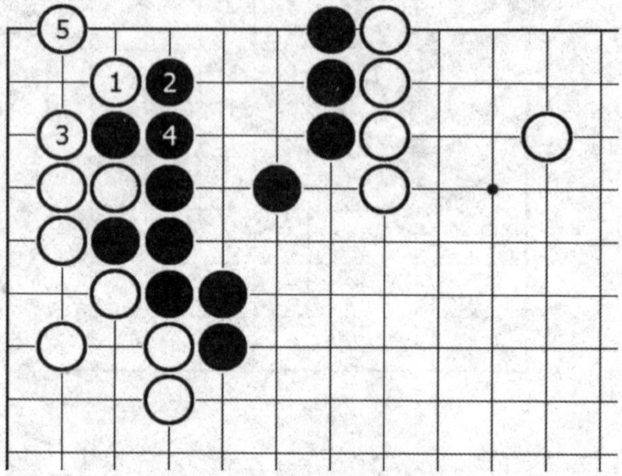

图 8－65A

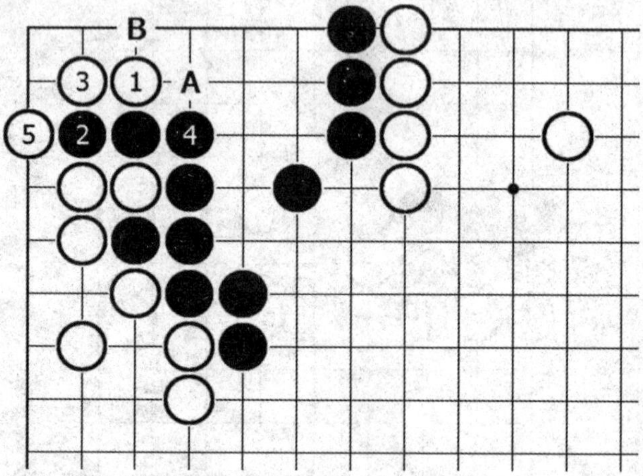

图 8－65B

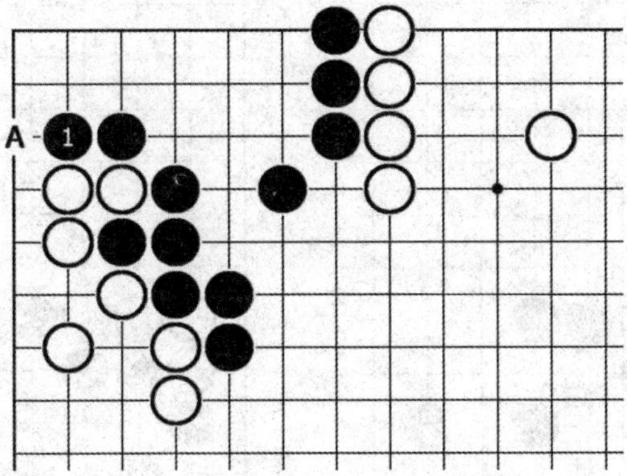

图 8－65C

图 8－66，利用黑 2 颗弃子，黑 1 位夹好棋。白 2 打吃不得已。黑 3 先手渡回。白 2 如走在 3 位，则黑 A 为劫，这劫白棋负担重，一般不敢轻易开衅。白如先走，可在 2 位打吃，消除黑棋在 1 位夹的官子。这样，双方出入目数大约在 4 目，为单先手官 4 目。

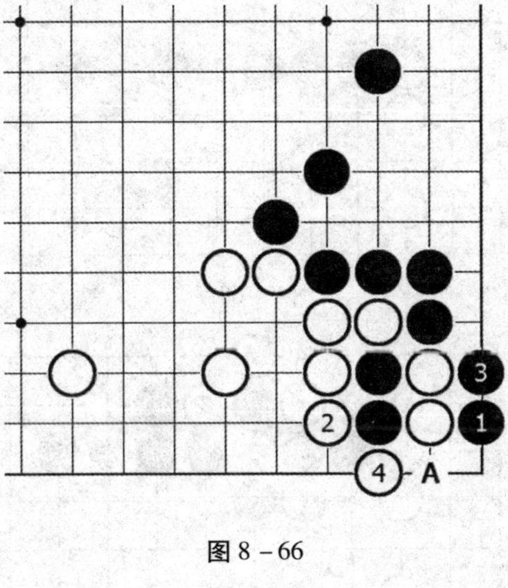

图 8－66

图 8－67，A 图中白 1 位夹，黑因有 4 位断点不能于 3 位立下，只好 2 位虎应，白 3 打先手渡回。B 图中黑先则在 1 位虎补。A、B 两图比较，白棋目数没有增减，黑棋减少 6 目，因此这个官子为单先手官 6 目。

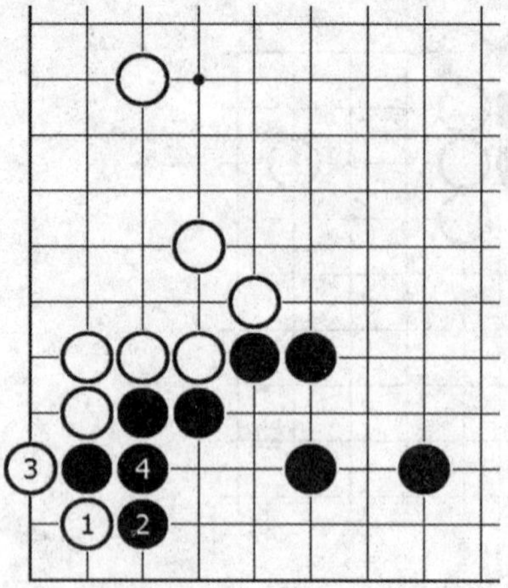

图 8－67A

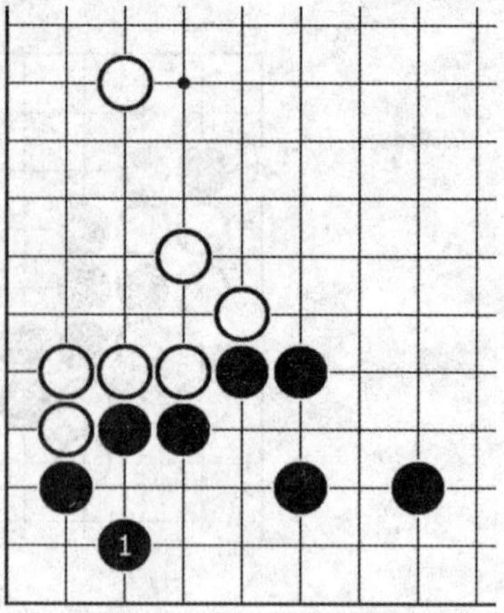

图 8－67B

图 8－68，A 图中白 1 夹妙棋。黑 2 位退，白 3 连回，既消除黑的扳接，又破了黑空。B 图中黑 2 是最顽强的应对，以后 3 扳 5 吃；到 11 止，黑 3 子被吃，损失惨重。

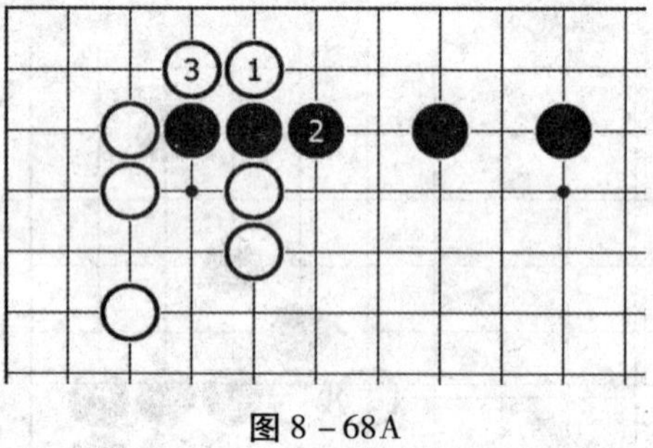

图 8－68A

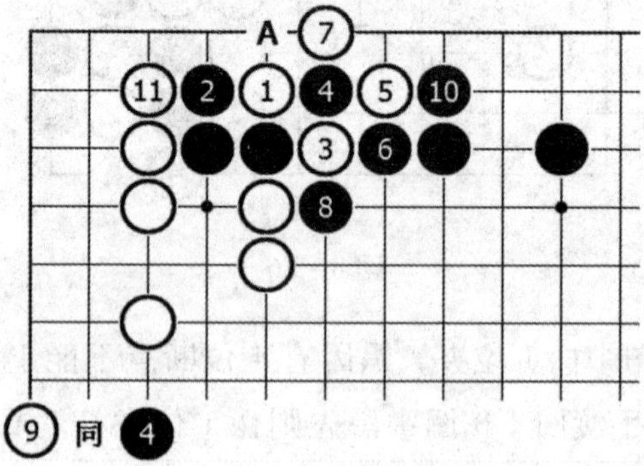

图 8－68B

六、跳

图 8－69，A 图中白 1 跳，黑 2 应，白得先手。黑如脱先，则如 B 图白 1 尖，再 3、5 位扳接，黑 6 挤，白 7 粘，黑再 8 补，白又得先手。C 图中黑如先走，可 1 位立下逆手收官。B、C 两图相比，白棋增加 5 目，黑棋减少 11 目，因此，这个官子为双后手官 16 目。

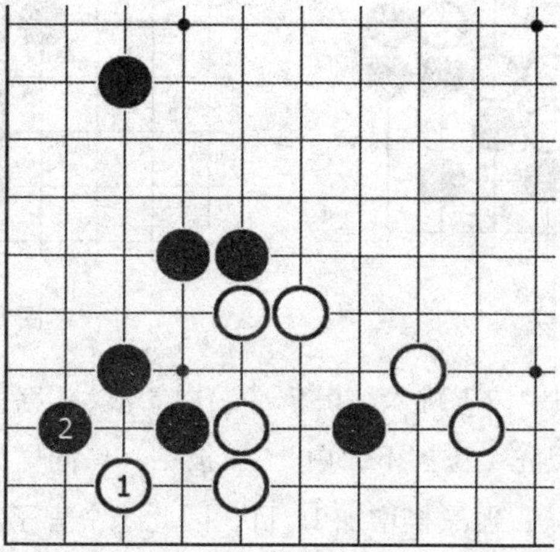

图 8－69A

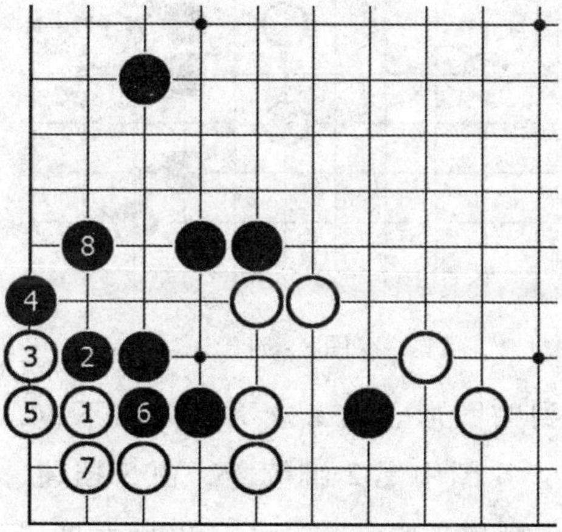

图 8－69B

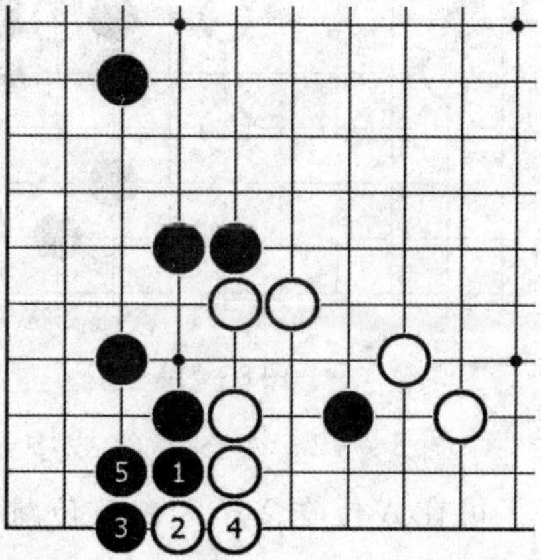

图 8－69C

图 8－70，A 图中黑 1 位跳入，白 2 不能在 3 位断吃，否则黑 2 位打再 B 位吃，白全死，白只得 2 位团，黑 3 接回，以后黑 A 则白 B。B 图白棋先走，1 位挡住，A、B 两图相比，黑棋目数没有增减，白棋减少 5 目，因此这个官子为双后手官 5 目。

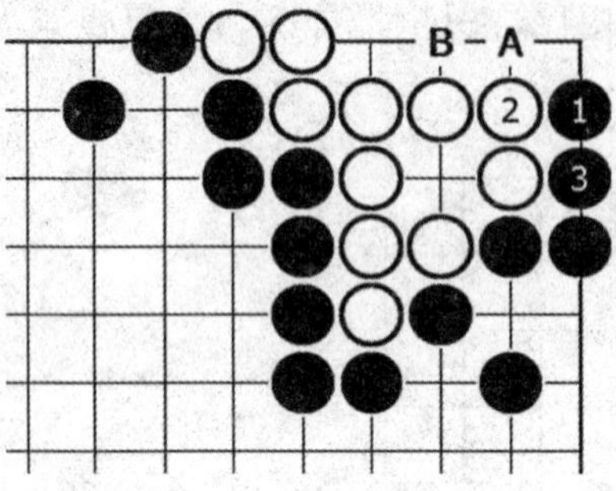

图 8－70A

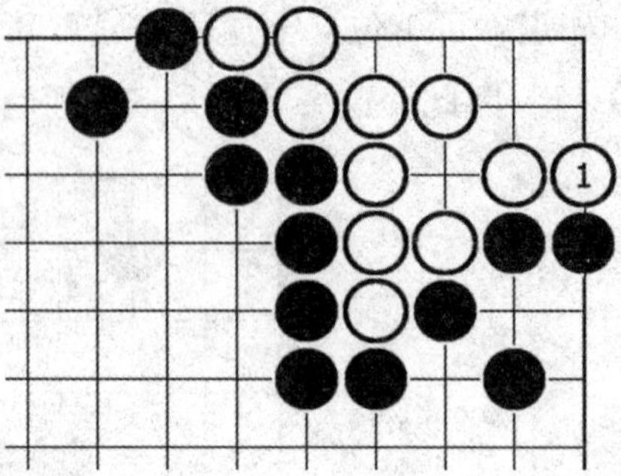

图 8－70B

图 8－71，A 图中白 1 跳入，黑 2 冲，白 3 渡，以后至黑 8 止，白先手破掉黑角。B 图中黑先 1 位挡下，白 2、4 扳粘，黑同样为后手。A、B 两图相比，白目数无增减，但黑棋增加 11 目，因此这个官子为单先手官 11 目。

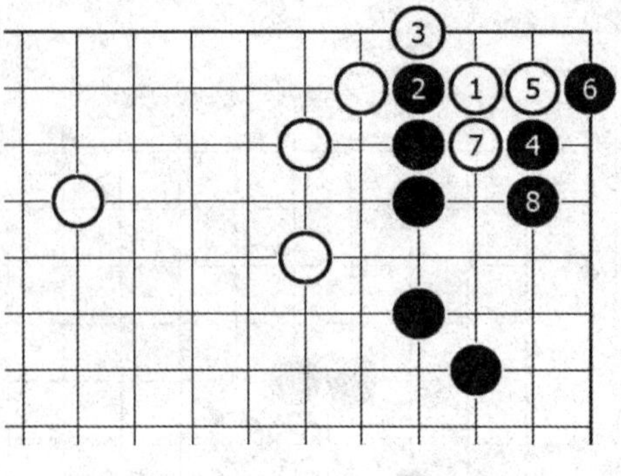

图 8－71A

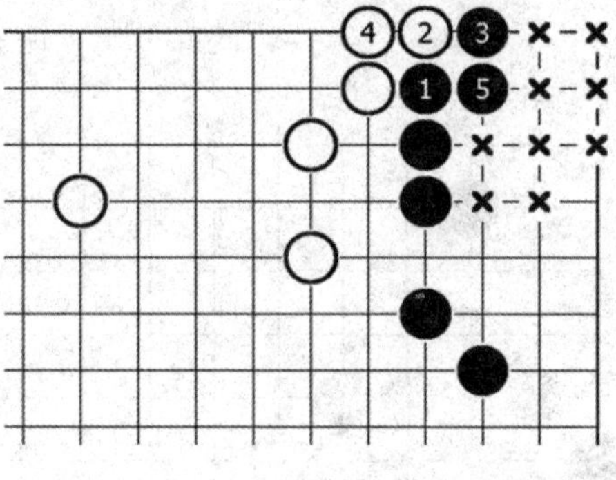

图 8－71B

图 8－72，A 图是实战中经常碰到的图形。黑▲立下，白如不应，黑可在 A 位吃 2 子。白 1 位跳，好棋。B 图中黑 2 继续立，白 3 挡住，比单纯在 A 位接便宜 2 目。C 图白脱先则黑 1 吃住白 2 子，以后大抵白 A 黑 B。B、C 两图相比，白棋增加 3 目，黑棋减少 7 目，因此这个官子为双后手官 10 目。

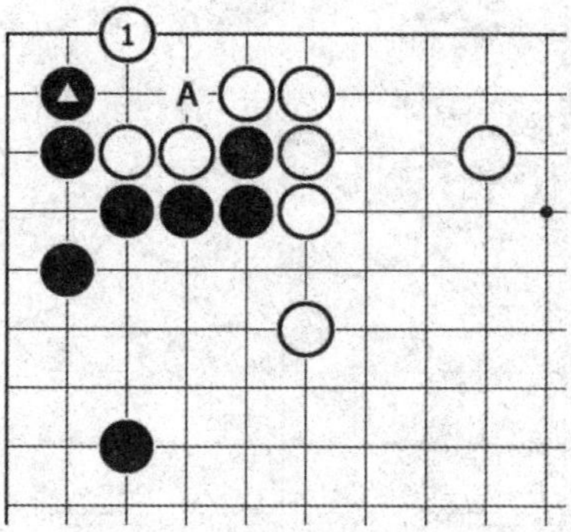

图 8 －72A

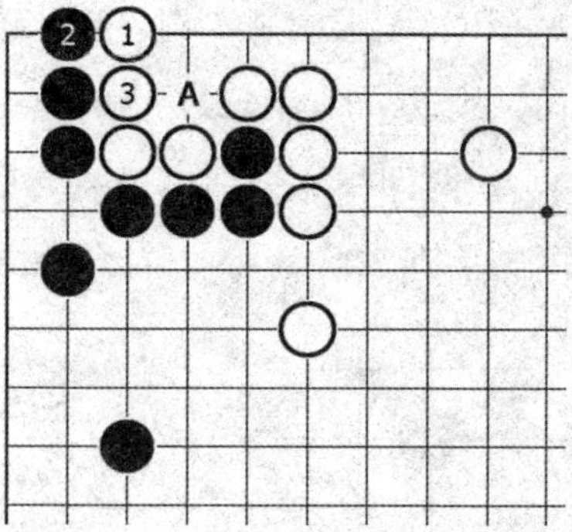

图 8 －72B

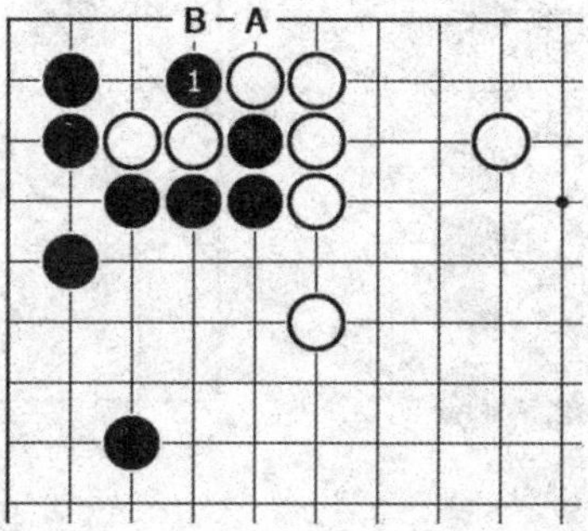

图 8 －72C

图 8 －73，黑 1 位跳入，两边渡必得其一。白 2 顶，黑 3 渡，到黑 7，白为先手。此图如白先走，则 7 位扳。两相比较，黑棋增加 2 目，白棋减少 5 目，因此这个官子为双后手官 7 目。

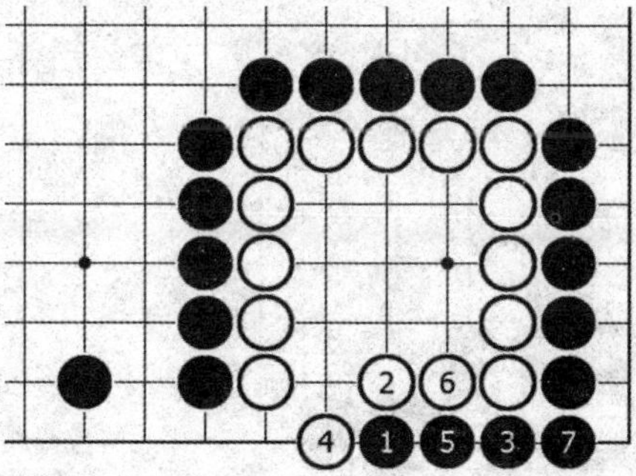

图 8 －73

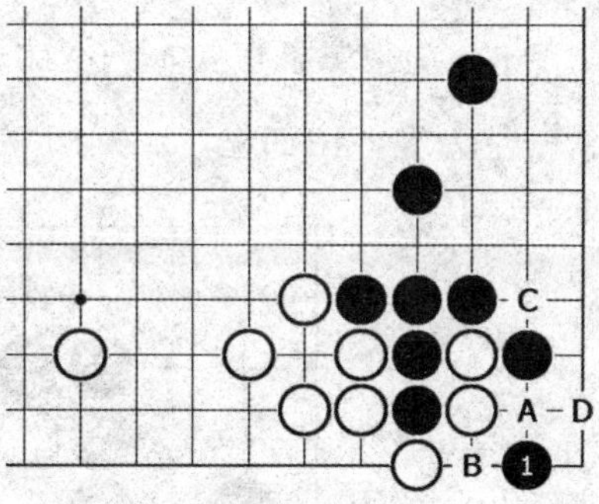

图 8 －74

图 8 －74，此图黑如 A 位打吃，白 1 位扳，“打二还一”，好手！现黑 1 位跳，别出心裁。白 B 位接，黑 A 位打吃，先手得角空，大占便宜。

图 8－75，A 图中黑 1 跳 3 渡，白 4 挡住，黑 5 扳，白 6 如 7 位打吃，黑可造劫，故退。以后至 12 止，黑得先手。B 图白如先走可 1 位挡住收逆手官。A、B 两图相比，黑棋目数无所增减，白棋却减少 7 目，因此，这个官子为单先手官 7 目。

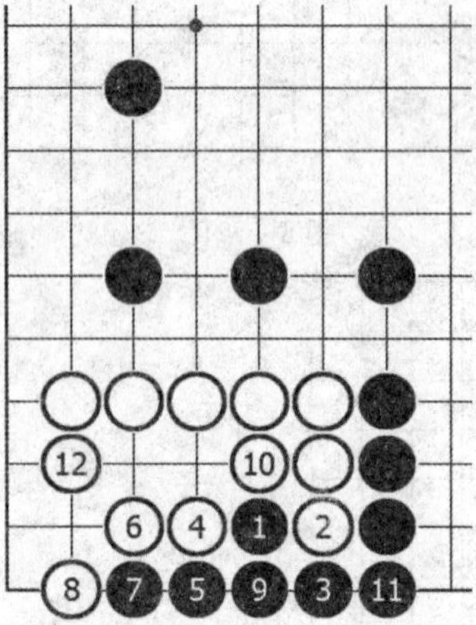

图 8－75A

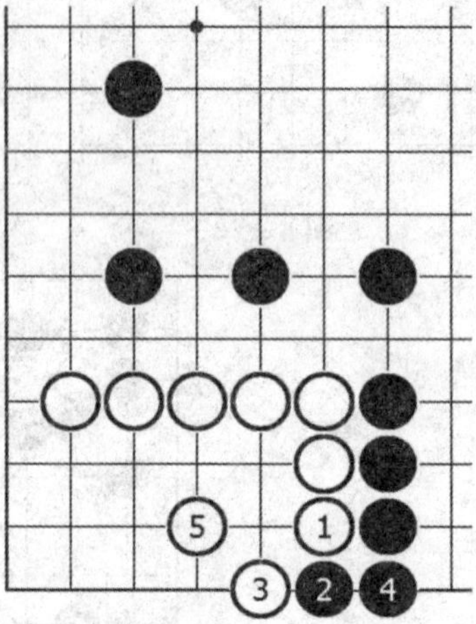

图 8－75B

七、点

利用对方的缺陷，在对方空中点入一子，造成或先手收官或双活的目的。

图 8－76，黑 1 点入，白 2 阻渡，黑 3 跳，白 4 阻渡，黑 5 接，后手双活，白空为零。白如先走，两边立下或扳棋，可望成 4～5 目空。

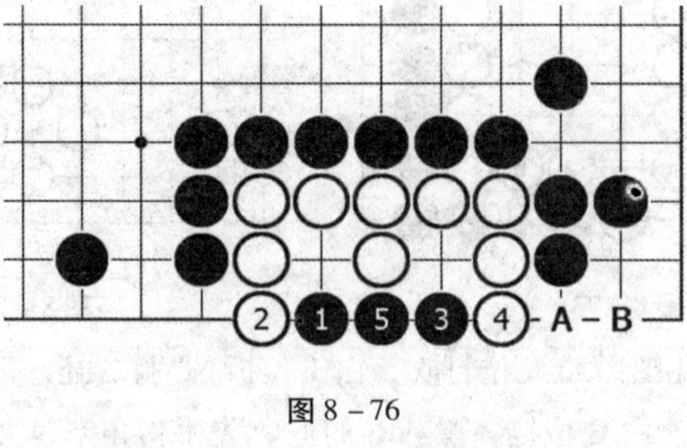

图 8－76

图 8－77，黑 1 点入，白 2 阻渡。以后应对到白 6，双方已共活，白空被破。此图白如先走，则后手扳粘，既保住自己 8 目空地，又使黑棋减少 1 目，因此，为单先手官 9 目。

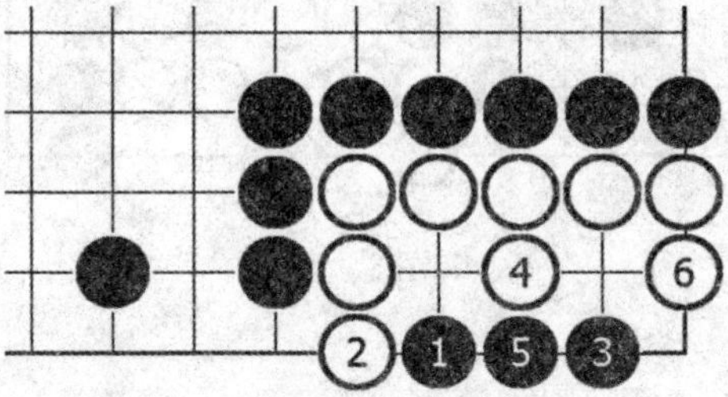

图 8－77

图 8－78，黑 1 利用 2 颗死子，于白空中点入，好手。白 2 接，黑 3 托，白 4 只好打吃，黑 5、7 位后手接回。白如先走则 3 位立下，可保 5 目空地。按出入计算法计算，黑目数无增减，白增加 5 目，因此为双后手官 5 目。

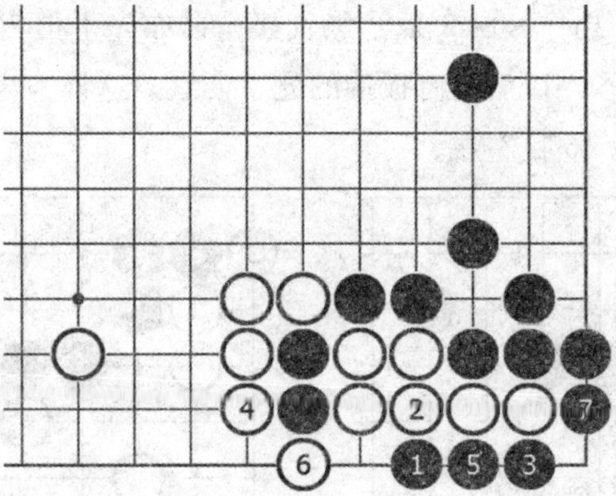

图 8－78

图 8－79，如图黑 1 点入，白 2 接，黑 3 退，白 4 位只得做眼，黑 5 立，白 6 位再做眼，最后白只剩 2 目。白如先走，在 1 位虎，双方目数出入在 10 目左右。

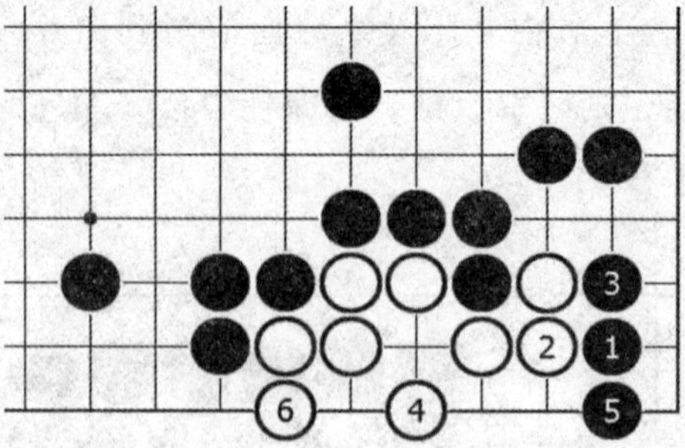

图 8－79

八、挡

在收官中，挡一般是后手，对方可脱先去走别的大棋，因此，初学者对挡往往是颇费踌躇的。但是，对目数出入颇大，或挡后还能带来第二利益，或甚至关系到一片棋的根据地时，花一手棋挡住是必要的，往往似小实大。这就需要初学者对官子进行仔细计算，权衡大小以作决断。

图 8－80，A 图中黑 1 挡住，既阻止了白棋的继续爬进，同时还有夹吃白一子，再继续扳接的第二利益。白如 2 应，黑得先手，有 7 目左右。B 图中白 1 位爬，黑 2 挡住，白 3 扳，黑 4 接，白亦先手得 7 目左右。C 图中，黑 1、3 夹吃白一子，以后还有扳接的先手便宜。这样，当初 A 图中的挡虽为后手，但目数为 16 目左右。

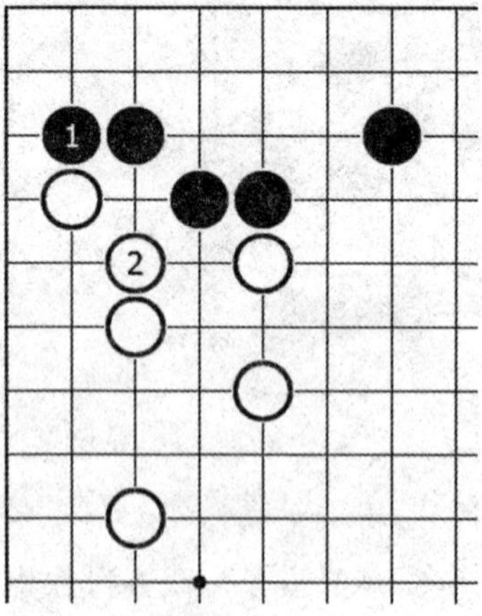

图 8－80A

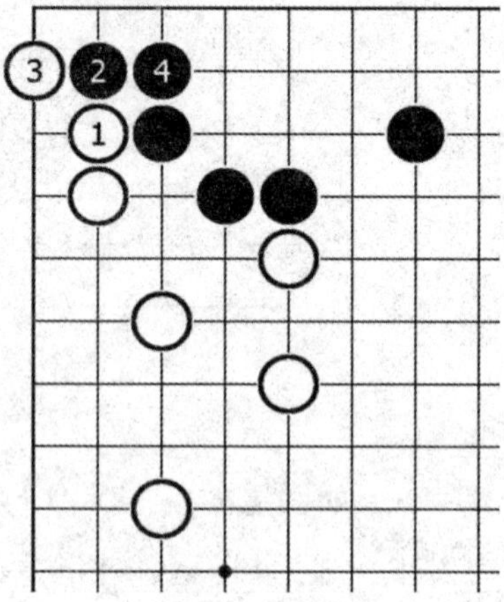

图 8－80B

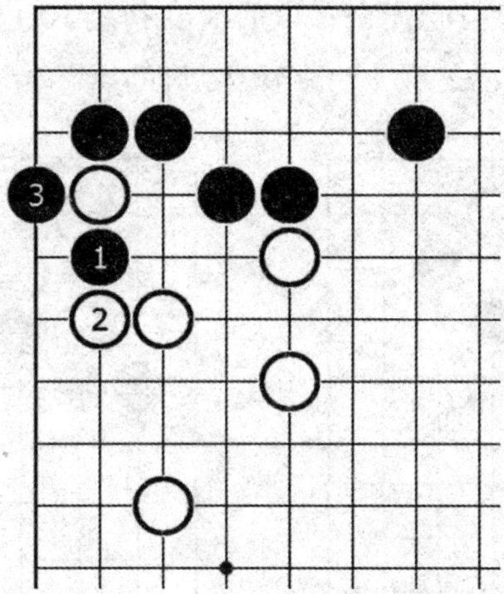

图 8－80C

图 8－81，A 图中白 1 挡，黑 2 若脱先，白以后有先手 3、5 位扳接的便宜。B 图中黑 1 曲，可吃掉白△子，白 6 立下挡住。A、B 两图比较，双方目数出入达 14 目，为后手 14 目的大官子。B 图中白 6 如不挡下，以后黑还可 6 位扳，白不能挡，只好退，损失就更大了。

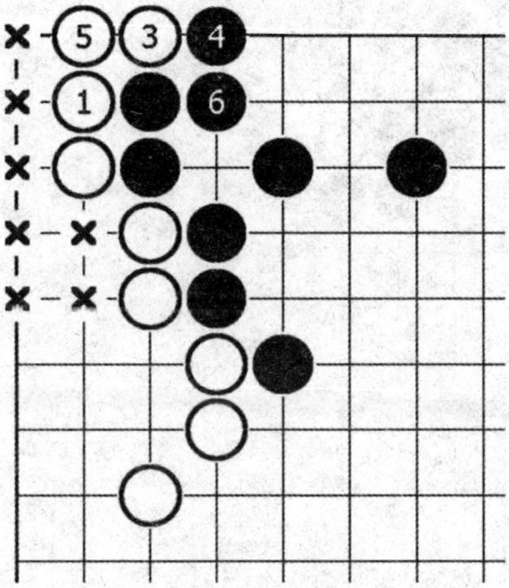

图 8－81A

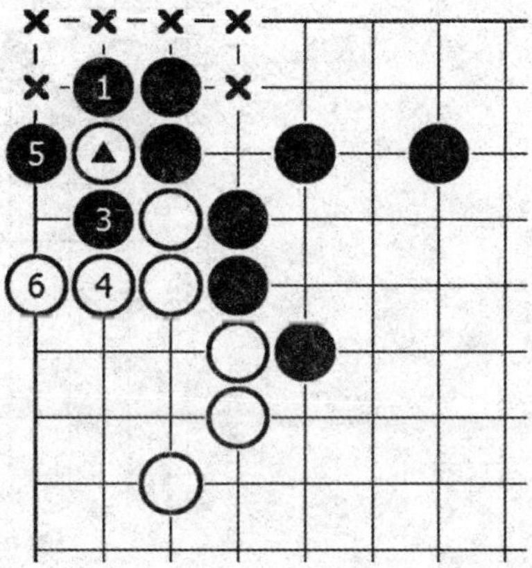

图 8－81B

图 8－82，A 图是由星位压长定式演变而成的棋形，A 位断是双方注意的焦点。B 图黑 1 挡下，虽为后手，但既守住角地，又补了断点，很大。C

图中白 1 位断，黑 2 位打吃无奈，以后演变到黑 10 止告一段落。B、C 两图比较，双方出入目数达 22 目，为多达 22 目的后手大官子。

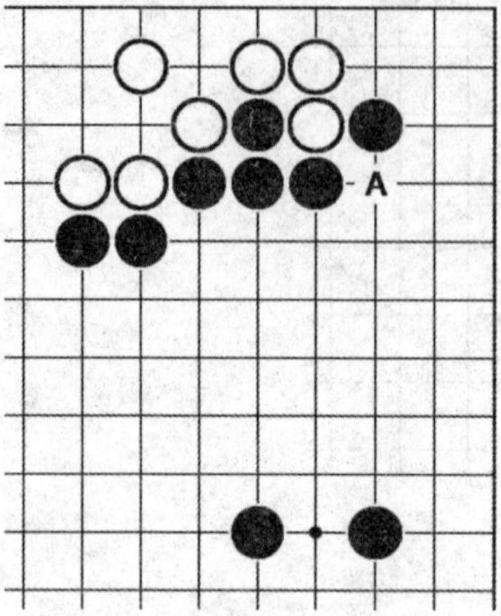

图 8 －82A

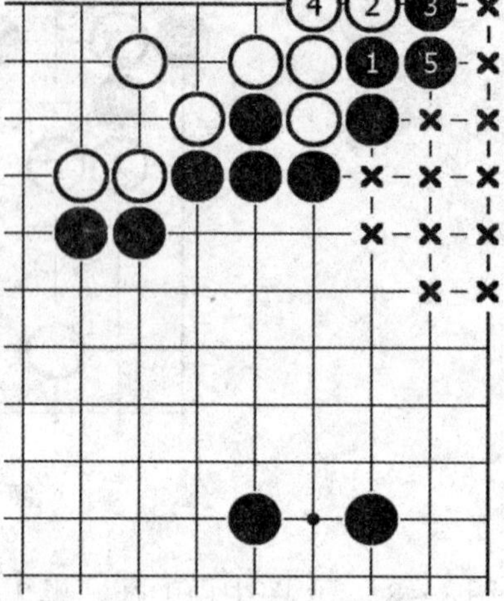

图 8 －82B

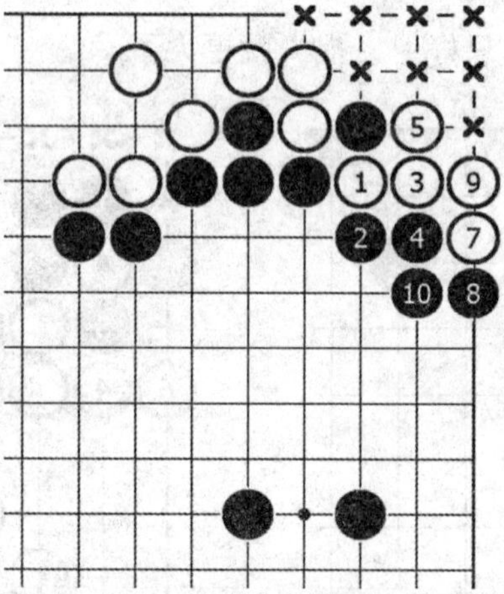

图 8 －82C

图 8 －83，A 图是高挂一间低夹定式后的形状。黑 1 挡住，白如脱先，则有 B 图中黑 1、3 吃到白 1 子的结果。C 图中白先走则 1 位立，黑 2 只得提白 1 子。B、C 两图比较，双方目数出入约 13 目，因此，这个官子为后手

13 目的大官子。

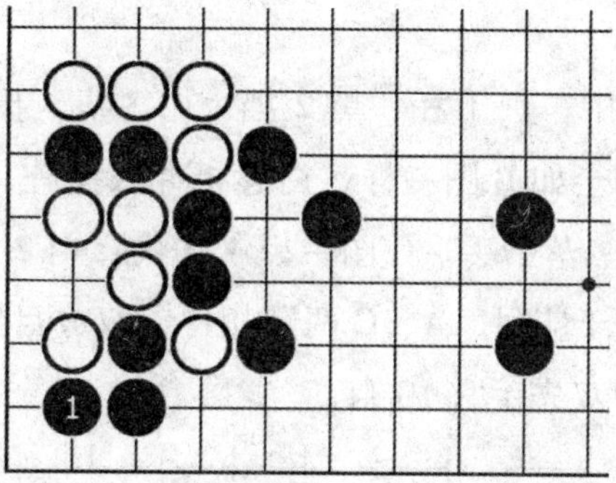

图 8－83A

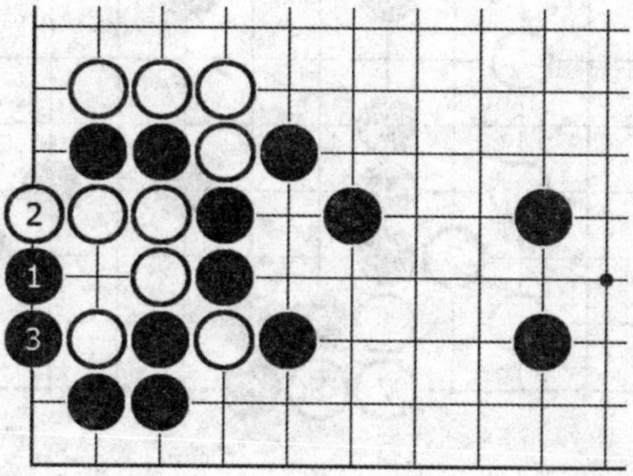

图 8－83B

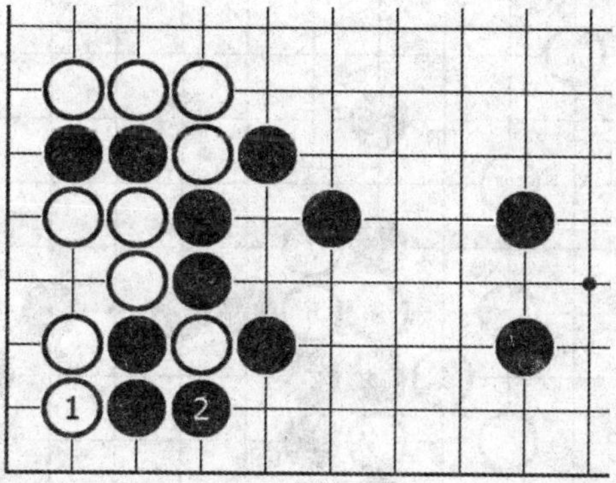

图 8－83C

九、托

图 8－84，A 图中，白 1 托，黑 2 挡，白 3 虎，黑 4 不能于 7 位打吃，只能在 4 位接，否则会如 B 图一样，白趁机冲入黑阵，黑大损。黑 4 接后，白在 5 位扳，7 粘，黑落后手。C 图中黑 1 先尖，白 2 也必须补，否则黑有 A 位夹的手筋，白穷于应付。A、C 两图相比，双方目数增减出入之和为 10 目，因此这个官子为双先手官 10 目。

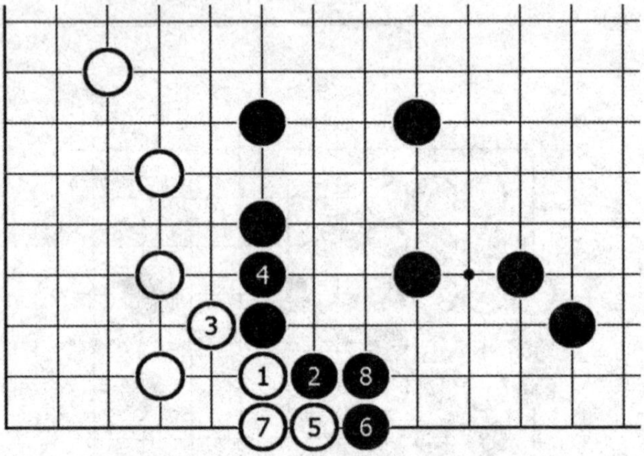

图 8－84A

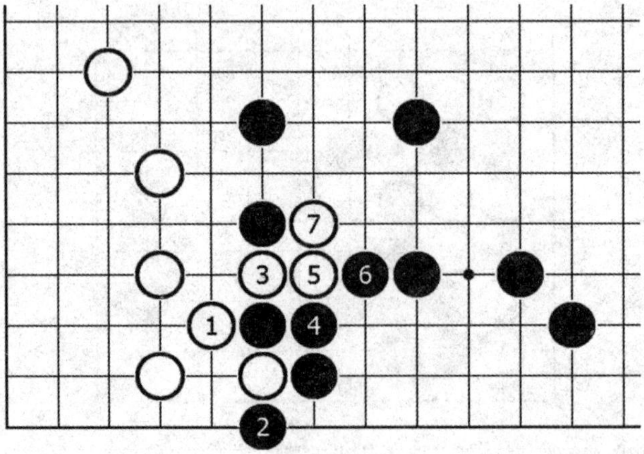

图 8－84B

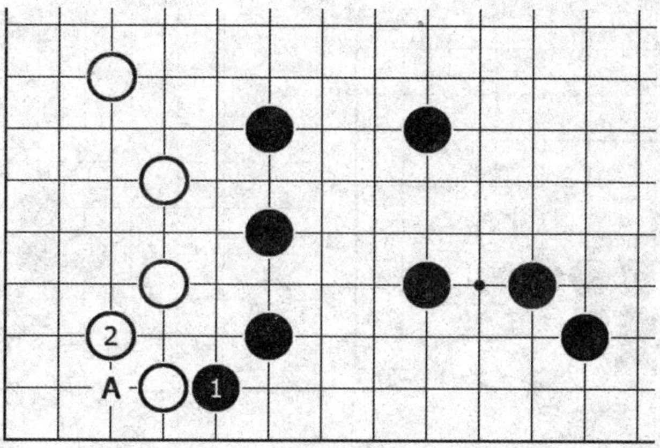

图 8－84C

图 8－85，黑 1、3 托退，白 2、4 应对落后手，以后黑还可先手扳粘，大约先手 8 目。黑 1 如在 3 位尖，也是收官常见手段。但在这里不如托退所得目数。白先，在 3 位粘尖是大官子。

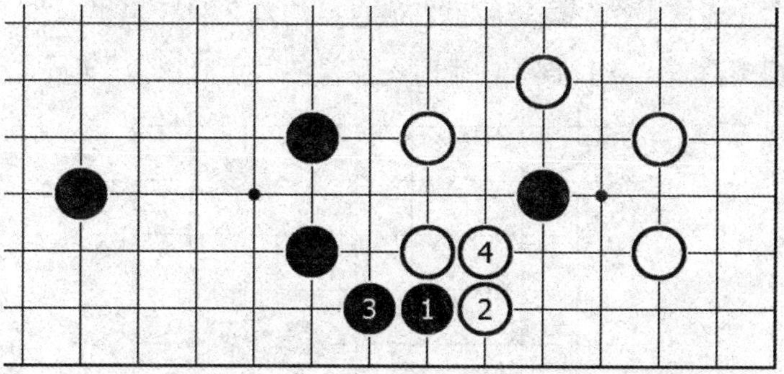

图 8－85

十、扑

图 8－86，黑如 3 位打白顺势接回，黑没占到什么便宜。如图黑先 1 位扑，白 2 提，黑 3 再打，这时白因接不归而不得不舍弃 2 子。

图 8－87，是极为常见的“倒扑”。白提黑 2 子后，黑再扑，然后可提白 5 子，得 10 目。

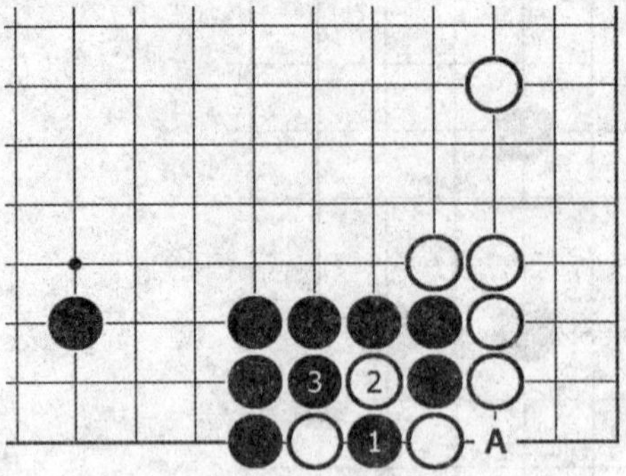

图 8－86

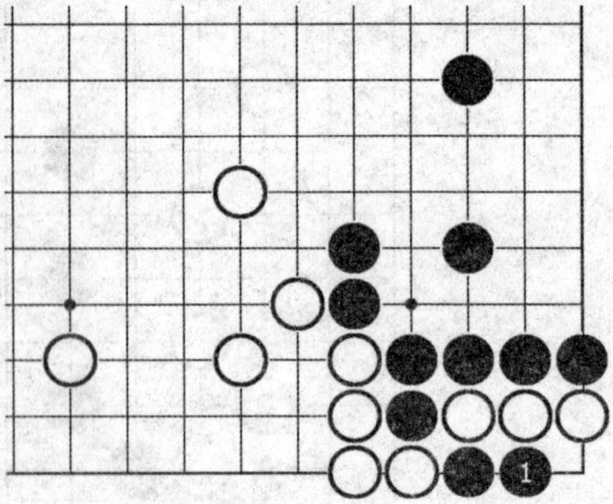

图 8－87

十一、挖

图 8－88 黑 1 挖，白 2 打，黑 3 接，白 4 还要补一手棋，落了后手。相反，如果白先 3 挖 1 接，虽是后手，但自己增加 2 目，黑棋减少 1 目，为 3 目官子。别小看了这 3 目官子，有时一盘棋的胜负就由 2～3 目官子决定。

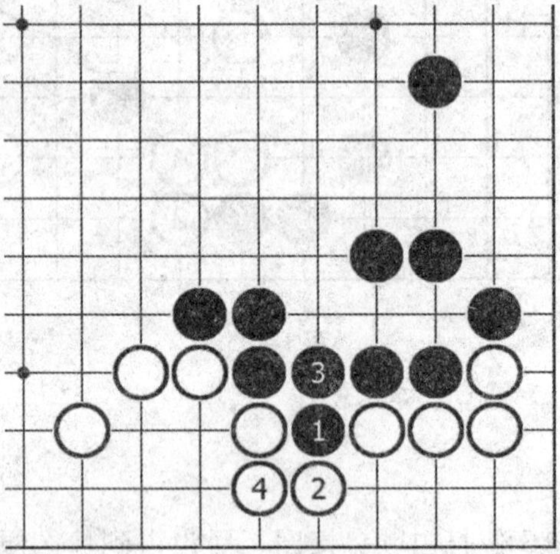

图 8－88